环保疏浚岩土工程勘察技术指南

HUANBAO SHUJUN YANTU GONGCHENG KANCHA JISHU ZHINAN

胡保安　张云冬　贾洪彪　等编著

中国地质大学出版社
ZHONGGUO DIZHI DAXUE CHUBANSHE

图书在版编目(CIP)数据

环保疏浚岩土工程勘察技术指南/胡保安等编著.—武汉:中国地质大学出版社,2024.3
ISBN 978-7-5625-5813-2

Ⅰ.①环… Ⅱ.①胡… Ⅲ.①疏浚工程-岩土工程-地质勘探-指南 Ⅳ.①U616-62

中国国家版本馆 CIP 数据核字(2024)第 055435 号

环保疏浚岩土工程勘察技术指南	胡保安	张云冬	贾洪彪 **等编著**

责任编辑:谢媛华	选题策划:谢媛华	责任校对:张咏梅

出版发行:中国地质大学出版社(武汉市洪山区鲁磨路388号)	邮编:430074
电　话:(027)67883511　　　传　真:(027)67883580	E-mail:cbb@cug.edu.cn
经　销:全国新华书店	http://cugp.cug.edu.cn

开本:787毫米×1092毫米　1/16	字数:448千字	印张:17.5
版次:2024年3月第1版	印次:2024年3月第1次印刷	
印刷:武汉中远印务有限公司		

ISBN 978-7-5625-5813-2	定价:98.00元

如有印装质量问题请与印刷厂联系调换

《环保疏浚岩土工程勘察技术指南》

编 委 会

主　　　任：胡保安
副 主 任：张云冬　贾洪彪　董先锋　程　瑾
编　　　委：张　勇　殷瑞林　马永刚　黄佳音　李　龙
　　　　　　耿月双　李　能　刘登生　刘天宝　李建勇
专家组名单：贾洪彪　教授　中国地质大学（武汉）
　　　　　　程　瑾　正高级工程师　中交（天津）生态环保设计研究院有限公司
　　　　　　李素江　正高级工程师　中交（天津）生态环保设计研究院有限公司
　　　　　　董先锋　正高级工程师　中交（天津）生态环保设计研究院有限公司
　　　　　　黄顺深　高级工程师　中交广州航道勘察设计研究院有限公司
　　　　　　蔡　建　高级工程师　中交上海航道勘察设计研究院有限公司
　　　　　　马淑芝　教授　中国地质大学（武汉）
　　　　　　刘　璟　正高级工程师　中交（天津）生态环保设计研究院有限公司
　　　　　　黄佳音　正高级工程师　中交（天津）生态环保设计研究院有限公司
　　　　　　张　勇　正高级工程师　中交（天津）生态环保设计研究院有限公司
　　　　　　张云冬　高级工程师　中交（天津）生态环保设计研究院有限公司

前　言

环保疏浚岩土工程勘察是指采用调查、工程地质测绘、钻探取样及测试、室内物理化学试验、统计及分析评价等技术手段查明江河湖库底泥的类型、物理力学性质、分布特征，以及底泥中污染物种类、污染物分布范围、污染深度、污染程度及生态风险等，为环保疏浚工程的设计施工提供依据（金相灿等，2016）。

环保疏浚岩土工程勘察是岩土工程勘察的一个分支，一方面它与岩土工程勘察存在较强的联系，遵守岩土工程勘察的基本理论、技术方法，但它又有其自身的特殊性，比如对底泥污染物的识别、分析评价是环保疏浚岩土工程勘察的重要组成部分。常规的岩土工程勘察主要的偏重点是土的分类及其物理力学性质分析、不良地质作用分析等方面，评价则以场地的适宜性、地基承载力、地震与液化、地基与基础等方面为主。而通过太湖、滇池、西湖等多个大型湖泊的环保疏浚工程实践来看，环保疏浚工程勘察则偏重于底泥的类型及可疏挖性，管道输送的适宜性，污染物的分布、种类及底泥的污染程度、疏挖深度、疏浚范围等的评价以及对疏浚底泥处理处置的建议等方面。不同的服务对象也就导致两者的主要勘察工作内容存在不同的重点。因此两者既有统一性，又有差异性。

目前环保疏浚岩土工程勘察没有专门的勘察技术行业规范，污染底泥分类分级有中国交通建设股份有限公司企业标准《环保疏浚污染土分类分级标准》（Q/CCCC ZH006—2019）和中国疏浚协会团体标准《内河湖库环保疏浚污染土分类分级标准》（T/CHIDA 203.3—2021）。当前对于污染底土的勘察在《岩土工程勘察规范（2009年版）》（GB 50021—2001）中仅在污染土勘察章节有少量涉及；《场地环境监测技术导则》（HG 25.2—2014）对用于理化性质分析的场地土壤取样有较详细的规定；《水运工程岩土勘察规范》（JTS 133—2013）对与水运工程相关的疏浚勘察有较详细的规定；《湖泊河流环保疏浚工程技术指南》（试行）则对环保疏浚工程岩土勘察的钻孔布置、取样等有较明确的原则性意见。近几年，北京、江苏等省市对污染场地的勘察编制了《污染场地勘察规范》（DB11/T 1311—2015）、《污染场地岩土工程勘察标准》（DB32/T 3749—2020）等地方标准，对污染场地的勘察工作开展提出了明确的技术要求；广东省《城市河湖环保清淤及底泥处理处置技术规程》（DBJ 15—2020）对底泥勘测、环保清淤和底泥处理处置进行了较明确的规定，促进了广东省环保清淤工作的规范开展。当前在开展环保疏浚岩土工程勘察工作时，不仅要查明疏浚范围内土的物理力学性质及分布情况,还要查明底泥中污染物的种类、分布范围,评价污染程度及生态风险等。在没有专门环保疏浚岩土勘察规范的情况下,现阶段只能是综合灵活运用与环保疏浚相关的各种勘察规范、指南及团体标准等,使勘测成果尽可能地满足环保疏浚设计对底泥疏浚范围确定、疏浚深度论证、底泥处理处置方案比选、环保疏浚工艺及机具选择等方面的需要(范成新等,2020)。

  本指南主要是针对环保疏浚岩土勘察工作当前存在的一些情况,结合滇池、太湖、西湖、白洋淀、洱海、星云湖、武汉金银湖、安徽巢湖、朔州太平窑水库、北京官厅水库、天津于桥水库等多个大型湖泊河流及水库环保疏浚工程的勘察实践经验(陈尚士和程瑾,2012;张更生等,2012;赵海涛等,2012;程瑾等,2017;张云冬等,2018;梅晓庆和王帅,2019;朱毅伟,2023),基于岩土工程勘察、污染物取样分析与评价相关的理论和技术方法,综合岩土工程勘察、取样、污染调查与分析评价等相关的规范、指南、团体标准及文献等,对环保疏浚岩土工程勘察从污染调查、钻探取样、原位测试、室内物理化学试验、污染底泥的分析评价等全过程多个方面环保疏浚岩土勘察的工作方法、工作要点和工作重点进行讲述,为从事环保疏浚岩土勘察的相关技术人员开展相关工作提供参考和借鉴。

  本指南第1章、第2章、第3章、第4章、第5章、第8章和第9章由张云冬编写,第6章由殷瑞林编写,第7章由马永刚编写。全书由张云冬统稿,由张勇和程瑾校核,图表由耿月双、李能、刘登生和刘天宝等绘制。本指南在技术上得到了正高级工程师程瑾和中国地质大学(武汉)教授贾洪彪、马淑芝的支持。书中参考了大量宝贵的文献资料和中交(天津)生态环保设计院有限公司近些年在水环境治理方面的研究成果,编委会在此对各位作者和研究人员表示衷心的感谢。

  由于参考了较多与环保疏浚工程相关的文献,且限于编委会水平,本指南在整合编著的过程中难免存在不足之处,敬请读者批评指正,我们后续将做进一步改进!

联系方式:hby@cccltd.cn。

联系地址:天津市河西区台儿庄路41号中交(天津)生态环保设计研究院有限公司。

编委会

2023年8月

目 录

第1章 绪 论 ··· (1)
  1.1 环保疏浚岩土工程勘察 ·· (1)
    1.1.1 底泥污染物的来源 ··· (2)
    1.1.2 污染底泥的分类和分级 ··· (3)
    1.1.3 环保疏浚岩土工程勘察的特点 ···································· (3)
    1.1.4 环保疏浚岩土工程勘察的现状 ···································· (4)
  1.2 环保疏浚岩土工程勘察的目的和主要内容 ····························· (6)
    1.2.1 勘察目的 ·· (6)
    1.2.2 主要工作内容 ·· (6)

第2章 疏浚岩土的分类及工程性质 ··· (7)
  2.1 疏浚岩土分类概述 ·· (7)
  2.2 疏浚土的物质组成 ·· (7)
    2.2.1 土的粒度成分 ·· (8)
    2.2.2 土的矿物成分 ·· (10)
  2.3 疏浚土的物理力学性质及其指标 ·· (12)
    2.3.1 土的三相比例指标 ··· (12)
    2.3.2 无黏性土的密实度 ··· (14)
    2.3.3 黏性土的物理特征 ··· (16)
    2.3.4 特殊性土的性质 ·· (17)
  2.4 疏浚土的分类与分级 ··· (23)
    2.4.1 土的分类依据 ·· (23)
    2.4.2 土的工程分类 ·· (25)
    2.4.3 疏浚岩土的分类 ·· (29)
    2.4.4 疏浚岩土的分级 ·· (33)

第3章 环保疏浚岩土工程勘察阶段划分及基本要求 ····················· (39)
  3.1 环保疏浚岩土工程勘察等级的划分 ······································· (39)

3.1.1　岩土工程重要性等级的划分 …………………………………………（39）
　　3.1.2　场地等级的划分 ………………………………………………………（39）
　　3.1.3　场地复杂程度的划分 …………………………………………………（40）
　　3.1.4　岩土工程勘察等级的划分 ……………………………………………（41）
　3.2　环保疏浚岩土工程勘察阶段划分及基本要求 ……………………………（41）
　　3.2.1　总体要求及勘察阶段划分 ……………………………………………（41）
　　3.2.2　可行性研究阶段 ………………………………………………………（43）
　　3.2.3　初步设计阶段 …………………………………………………………（44）
　　3.2.4　施工图设计阶段 ………………………………………………………（45）

第4章　环保疏浚工程地质测绘与底泥污染调查 ……………………………（47）
　4.1　概　述 ………………………………………………………………………（47）
　4.2　工程地质测绘的内容 ………………………………………………………（47）
　4.3　工程地质测绘前的准备工作 ………………………………………………（48）
　　4.3.1　资料收集和研究 ………………………………………………………（48）
　　4.3.2　踏　勘 …………………………………………………………………（48）
　　4.3.3　编制测绘纲要 …………………………………………………………（49）
　4.4　工程地质测绘的技术方法 …………………………………………………（49）
　4.5　工程地质测绘与调查的技术要求 …………………………………………（50）
　　4.5.1　比例尺和精度的要求 …………………………………………………（50）
　　4.5.2　测绘及调查范围的要求 ………………………………………………（50）
　　4.5.3　地质观测点布置的要求 ………………………………………………（51）
　4.6　底泥污染调查 ………………………………………………………………（52）
　　4.6.1　污染调查的阶段性 ……………………………………………………（52）
　　4.6.2　污染调查的内容 ………………………………………………………（53）
　　4.6.3　污染调查的方法 ………………………………………………………（55）
　4.7　资料整理及成果 ……………………………………………………………（55）
　　4.7.1　检查外业作业 …………………………………………………………（55）
　　4.7.2　成果资料整理 …………………………………………………………（56）

第5章　环保疏浚岩土工程勘探与取样 ………………………………………（57）
　5.1　勘　探 ………………………………………………………………………（57）
　　5.1.1　勘探点位的测设 ………………………………………………………（57）
　　5.1.2　钻　探 …………………………………………………………………（58）

  5.1.3 井探、槽探、洞探 ·· (61)
  5.1.4 地球物理勘探 ·· (62)
 5.2 岩土的分层 ·· (72)
  5.2.1 土工分层 ··· (72)
  5.2.2 污染分层 ··· (72)
 5.3 岩土取样 ·· (73)
  5.3.1 土样质量等级划分 ·· (73)
  5.3.2 不同等级土样的取样方法及取样工具 ································· (75)
  5.3.3 钻孔取样的一般要求 ··· (78)
  5.3.4 钻孔原状土样的采取方法 ·· (79)
  5.3.5 探井与探槽取样的一般要求 ··· (80)
  5.3.6 土样的现场检验、封存、储存及运输 ································ (80)
  5.3.7 保证土取样质量的主要措施 ··· (81)
 5.4 物理化学样品采取的要求 ··· (82)
  5.4.1 土工样品 ··· (82)
  5.4.2 化学样品 ··· (83)
  5.4.3 水样采取 ··· (84)
 5.5 轻型便携钻探取样设备的应用 ·· (85)
  5.5.1 便携式回转取样钻机 ··· (85)
  5.5.2 便携式冲击取样钻机 ··· (85)
  5.5.3 表层土壤样品取样器 ··· (86)

第6章 环保疏浚岩土工程原位测试 ·· (88)
 6.1 标准贯入试验 ·· (88)
  6.1.1 试验原理及目的 ·· (88)
  6.1.2 试验设备与技术要求 ··· (88)
  6.1.3 试验成果分析及应用 ··· (90)
 6.2 十字板剪切试验 ·· (90)
  6.2.1 试验原理及目的 ·· (90)
  6.2.2 试验设备与技术要求 ··· (91)
  6.2.3 试验成果分析及应用 ··· (93)
 6.3 静力触探试验 ·· (94)
  6.3.1 试验原理及目的 ·· (94)

  6.3.2 试验设备与技术要求 …………………………………………………………… (94)
  6.3.3 试验成果分析及应用 …………………………………………………………… (98)
 6.4 圆锥动力触探试验 ……………………………………………………………………… (103)
  6.4.1 试验目的及原理 ………………………………………………………………… (104)
  6.4.2 试验设备与技术要求 …………………………………………………………… (104)
  6.4.3 试验成果分析及应用 …………………………………………………………… (105)
 6.5 旁压试验 ………………………………………………………………………………… (108)
  6.5.1 试验目的及原理 ………………………………………………………………… (108)
  6.5.2 试验设备与技术要求 …………………………………………………………… (109)
  6.5.3 试验成果分析及应用 …………………………………………………………… (113)
 6.6 扁铲侧胀试验 …………………………………………………………………………… (114)
  6.6.1 试验目的及原理 ………………………………………………………………… (114)
  6.6.2 试验设备与技术要求 …………………………………………………………… (115)
  6.6.3 试验成果分析与应用 …………………………………………………………… (116)
 6.7 原位剪切试验 …………………………………………………………………………… (117)
  6.7.1 试验目的及基本原理 …………………………………………………………… (117)
  6.7.2 试验设备与技术要求 …………………………………………………………… (118)
  6.7.3 试验成果分析与应用 …………………………………………………………… (119)
 6.8 波速测试 ………………………………………………………………………………… (120)
  6.8.1 试验目的及原理 ………………………………………………………………… (121)
  6.8.2 试验设备与技术要求 …………………………………………………………… (121)
  6.8.3 试验成果分析与应用 …………………………………………………………… (124)
 6.9 底泥污染物快速检测 …………………………………………………………………… (125)
  6.9.1 快速检测目的及原理 …………………………………………………………… (125)
  6.9.2 快速检测设备及技术要求 ……………………………………………………… (126)
  6.9.3 试验成果分析与应用 …………………………………………………………… (127)
 6.10 水体污染物快速检测技术 ……………………………………………………………… (130)

第7章 室内试验 …………………………………………………………………………… (131)

 7.1 土工试验 ………………………………………………………………………………… (131)
  7.1.1 试验指标 ………………………………………………………………………… (131)
  7.1.2 土的物理性质试验 ……………………………………………………………… (132)
  7.1.3 土的剪切强度试验 ……………………………………………………………… (154)

7.1.4　土的渗透试验 ··· (166)
　　7.1.5　土的固结试验 ··· (169)
　　7.1.6　土的渗透固结试验 ··· (176)
　　7.1.7　土的微型十字板剪切试验 ··· (178)
7.2　化学试验 ··· (179)
　　7.2.1　试验指标 ·· (179)
　　7.2.2　营养盐含量试验 ·· (180)
　　7.2.3　重金属含量试验 ·· (181)
　　7.2.4　有毒有害有机物含量试验 ··· (181)
　　7.2.5　氮磷吸附解吸试验 ·· (182)
　　7.2.6　释放通量试验 ·· (185)
7.3　水质分析试验 ··· (189)

第8章　底泥污染分析评价 (191)

8.1　分析评价内容及流程 ·· (191)
8.2　污染评价参比值的选取及计算 ··· (192)
　　8.2.1　《土壤环境质量　农用地土壤污染风险管控标准(试行)》
　　　　　(GB 15618—2018) ··· (192)
　　8.2.2　《土壤环境质量　建设用地土壤污染风险管控标准(试行)》
　　　　　(GB 36600—2018) ··· (194)
　　8.2.3　《场地土壤环境风险评价筛选值》(DB11/T 811—2011)
　　　　　(北京市地方标准) ··· (200)
　　8.2.4　海洋沉积物质量分类与指标 ·· (203)
　　8.2.5　中国土壤元素背景值 ··· (205)
8.3　环保疏浚底泥污染评价方法 ·· (205)
　　8.3.1　内梅罗污染指数法 ·· (205)
　　8.3.2　潜在生态危害指数法 ··· (206)
　　8.3.3　地积累指数法 ·· (208)
　　8.3.4　富集因子法 ··· (208)
　　8.3.5　污染负荷指数法 ··· (209)
　　8.3.6　有机污染指数法 ··· (210)
　　8.3.7　平均毒害指数商值法 ··· (210)
　　8.3.8　综合污染指数法 ··· (211)

  8.3.9 环境风险指数法 ……………………………………………………………（212）
  8.3.10 水体底泥重金属质量基准法 SQC ………………………………………（213）
 8.4 环保疏浚污染底泥的分类分级 ……………………………………………………（213）
  8.4.1 环保疏浚污染土的分类 ………………………………………………………（213）
  8.4.2 环保疏浚污染土的分级 ………………………………………………………（214）
  8.4.3 环保疏浚污染土的分级处置 …………………………………………………（215）
 8.5 底泥疏浚深度的确定 ………………………………………………………………（215）
  8.5.1 视觉分层法 ……………………………………………………………………（216）
  8.5.2 拐点法 …………………………………………………………………………（216）
  8.5.3 背景值法 ………………………………………………………………………（217）
  8.5.4 标准偏差倍数法 ………………………………………………………………（217）
  8.5.5 生态风险指数法 ………………………………………………………………（217）
  8.5.6 分层释放法 ……………………………………………………………………（218）
  8.5.7 吸附解吸法 ……………………………………………………………………（218）
  8.5.8 综合法 …………………………………………………………………………（219）
 8.6 底泥疏浚范围的确定 ………………………………………………………………（219）
  8.6.1 控制指标的选择 ………………………………………………………………（219）
  8.6.2 控制指标的取值 ………………………………………………………………（220）
  8.6.3 疏浚范围确定的步骤 …………………………………………………………（221）

第9章 环保疏浚岩土工程分析评价和成果报告编写 …………………………（222）
 9.1 概　述 ………………………………………………………………………………（222）
 9.2 岩土参数的分析和选定 ……………………………………………………………（222）
  9.2.1 统计方法 ………………………………………………………………………（222）
  9.2.2 数据的取舍 ……………………………………………………………………（224）
  9.2.3 指标的选用 ……………………………………………………………………（224）
 9.3 岩土工程的分析评价 ………………………………………………………………（225）
  9.3.1 基本要求 ………………………………………………………………………（225）
  9.3.2 计算的要求 ……………………………………………………………………（226）
 9.4 底泥污染的分析评价 ………………………………………………………………（226）
  9.4.1 基本要求 ………………………………………………………………………（226）
  9.4.2 评价的要求 ……………………………………………………………………（227）
 9.5 勘察报告的编写 ……………………………………………………………………（227）

  9.5.1 基本要求 …………………………………………………………………… (227)
  9.5.2 文字报告的要求 ……………………………………………………………… (229)
  9.5.3 图表编制的要求 ……………………………………………………………… (231)
 9.6 勘察报告实例 ………………………………………………………………………… (240)
  9.6.1 项目概况 ……………………………………………………………………… (240)
  9.6.2 勘察目的和任务 ……………………………………………………………… (240)
  9.6.3 工作依据及规范标准 ………………………………………………………… (240)
  9.6.4 勘察工作布置 ………………………………………………………………… (241)
  9.6.5 岩土工程条件及评价 ………………………………………………………… (242)
  9.6.6 岩土物理力学指标及疏浚工程特性评价 …………………………………… (244)
  9.6.7 水的腐蚀性评价 ……………………………………………………………… (245)
  9.6.8 底泥成分分析 ………………………………………………………………… (245)
  9.6.9 地震 …………………………………………………………………………… (246)
  9.6.10 底泥污染分析评价 …………………………………………………………… (246)
  9.6.11 结论与建议 …………………………………………………………………… (259)

主要参考文献 ……………………………………………………………………………… (261)

第1章 绪 论

1.1 环保疏浚岩土工程勘察

我国湖泊类型全,数量多,分布较广泛,各湖泊在维系流域生态平衡、满足生产生活用水、减轻洪涝灾害和提供丰富水产品等方面发挥着不可替代的作用。但近几十年来,随着区域气候环境的变化以及人类活动对河湖水环境的干扰加剧,河湖生态系统退化、水体富营养化、洪水调蓄能力降低、水土污染等一系列问题出现,引起了政府和社会各界的高度关注。为恢复河湖生态系统功能,需控制内源及外源两个污染的来源。近年来,通过关闭河湖附近污染严重的企业、水产养殖业,建立环湖生活污水收集及处理厂,退垸还湖等,有效地控制了外源污染进入河湖。但作为内源污染的底泥,自然状态下泥水中的污染物处于动态平衡状态,伴随着河湖生态环境的改善、水质的提升,底泥中污染物有向水体释放的可能,因此需要采取包括环保疏浚在内的工程措施以消除底泥中的污染物向水体释放的风险(胡小贞等,2009)。

环保疏浚指采取工程措施对水体中的污染底泥进行疏挖(图1-1),以减少底泥中污染物向水体释放,为水生态系统的恢复创造条件,是一种重污染底泥的异位修复技术。

环保疏浚岩土工程勘察(图1-2)是针对环保疏浚工程,采用综合勘察的技术与方法,在查明并分析评价拟疏浚工程区和底泥处理处置场区内的岩土层性质与分布情况的基础上,重点调查江河湖库底泥的污染物来源、种类,分析底泥的污染物含量,分类评价底泥的污染程度和

图 1-1 环保疏浚

图 1-2 环保疏浚岩土工程勘察

生态风险,探明底泥的污染范围、污染类型、污染程度和污染深度,明确污染底泥的物理力学和环境化学性质,最后综合资料调查、钻探取样、原位测试及室内试验等方面的技术成果编制环保疏浚岩土工程勘察文件的活动,为环保疏浚工程的设计施工提供依据。环保疏浚岩土工程勘察的技术与方法包括踏勘调查、钻探取样、原位测试、室内物理化学试验、模型及模拟试验等。

1.1.1 底泥污染物的来源

江河湖库水体污染物按来源可分为外源污染和内源污染。外源污染又可分为点源污染和面源污染,如工厂污水属点源污染,农业化肥等随降雨进入江河湖库属于面源污染等。内源污染一般是指污染的底泥在一定条件下打破水与土之间污染物的原有动态平衡时向水体释放的污染物。

底泥是江河湖库的沉积物,是自然水域的重要组成部分。当底泥中污染物质的含量由于生产生活的影响超过自然状态可能的含量时,底泥将出现物理、化学等性质的变化,此时底泥及其中的污染物就会反过来对人类的生产生活、生态环境产生明显的影响。底泥中的污染物是由各种污染源排出的污染物进入水体并经沉淀聚集于底泥中形成的,常见的污染来源途径如下:

(1)工业废水。包括生产废水和生产污水,是指工业生产过程中产生的废水和废液,其中含有随水流失的工业生产用料、中间产物、副产品以及生产过程中产生的污染物。

(2)生活污水。指居民日常生活中排出的废水,主要来源于居住建筑和公共建筑,如住宅、机关、学校、医院、商店、公共场所及工业企业卫生间等。生活污水所含的污染物主要是有机物(如蛋白质、碳水化合物、脂肪、尿素、氨氮等)和大量病原微生物(如寄生虫卵和肠道传染病毒等)。

(3)农业污水。农业污水是指农作物栽培、牲畜饲养、农产品加工等过程中排出的影响人体健康和环境质量的污水或液态物质,主要包括农田径流、饲养场污水、农产品加工污水,污水中含有的各种病原体、悬浮物、化学农药、不溶解固体和盐分等被雨水冲刷随地表径流进入水体。

(4)固体废物。指人类在生产建设、日常生活和其他活动产生的,在一定时间和地点无法利用而被丢弃的污染环境的固体、半固体废弃物质,包括城市生活垃圾、农业废弃物和工业废渣,从废水、废气分离出来的固体颗粒等中的有害物质,进入水体并沉淀于底泥中。

(5)工业粉尘。指在生产过程中排放的能在空气中悬浮一定时间的固体颗粒,如钢铁企业的耐火材料粉尘、焦化企业的筛焦系统粉尘、烧结机的粉尘、石灰窑的粉尘、建材企业水泥粉尘等,经直接降落或被雨水淋洗而进入水体,并沉淀于底泥中。

其他还包括降雨和雨后的地表径流携带大气、土壤和城市地表污染物进入水体而形成天然的污染源,如黄河中游段有严重的砷污染,其原因是黄河含沙量的90%来自黄土高原,而高原黄土中砷的本底含量很高,故造成该河段水体有严重砷污染;又如伊春市西山水库因周边本底铁含量高,导致水库中水的铁含量超标,水体稍泛黄。

1.1.2　污染底泥的分类和分级

当前对于污染土的分类尚没有较明确的国家或行业层面的标准，仅有中国交通建设股份有限公司企业标准《环保疏浚污染土分类分级标准》(Q/CCCC ZH006—2019)和中国疏浚协会发布的团体标准《内河湖库环保疏浚污染土分类分级标准》(T/CHIDA 203.3—2021)。《环保疏浚污染土分类分级标准》(Q/CCCC ZH006—2019)根据底泥中所含污染物的种类和影响途径将污染土分为4类，具体如下：

(1) 营养盐污染底泥。主要是底泥中营养盐，如总氮、总磷等一种或多种含量超标而导致底泥污染。

(2) 重金属污染底泥。主要是底泥中各种重金属，如铜、镉、铬、镍等重金属的一种或多种含量超标导致底泥污染。

(3) 有毒有害有机物污染底泥。底泥中苯、多环芳烃等有毒有害有机物中的一种或多种含量超标导致底泥污染。

(4) 复合污染底泥。指同时受到营养盐、重金属/类金属、有毒有害有机物中两种或以上污染物导致底泥污染。

团体标准依据污染程度、潜在生态风险程度和生物毒害程度对以上4种类型的污染土从轻到重分为Ⅰ、Ⅱ、Ⅲ、Ⅳ、Ⅴ五个等级，针对不同等级的土又分别制定了针对性的处理措施。

1.1.3　环保疏浚岩土工程勘察的特点

环保疏浚岩土工程勘察与传统的工民建、水利水电、港航工程、公路及铁路等的岩土工程勘察有很多共同点，如遵循基本的勘察原理、勘察理论方法、勘察技术手段、岩土工程分析评价等，但又有其自身的特点，具体如下。

环保疏浚岩土工程勘察按工程性质可以分为疏浚区、纳泥区、附属建(构)筑物岩土工程勘察。其中疏浚区岩土工程勘察具有如下明显特征：

(1) 钻孔深度浅。查明污染底泥的分布范围、厚度等关键参数对于环保疏浚工程量的确定、投资控制等具有较大的指导意义，因此勘察钻孔一般布置得较密，以准确地查明污染底泥的分布范围；而勘察钻孔的深度受污染层厚度的影响较大，河湖底泥污染层的厚度一般均不大，钻孔一般穿透污染层进入设计疏浚深度以下1~2m，钻探深度一般不超过3~5m。

(2) 重底泥污染物及污染程度和生态风险的分析评价。环保疏浚工程实施的主要目的就是对污染底泥的疏挖。底泥的污染物种类、污染程度、污染分布范围及污染层的厚度等指标直接关系到环保疏浚工程量及投资的确定，因此详细查明底泥的污染物及其种类、评价污染程度、确定污染层厚度、计算生态风险等是环保疏浚岩土工程勘察的核心内容之一。

(3) 重底泥质地、含水率及剪切强度的分析。对于污染较重的河湖底泥，一般采取环保疏浚的方式进行疏挖，并采用管道输送的方式输送到指定的纳泥区，最后采用板框压滤、真空预压、脱水管袋等方式对底泥进行脱水减容。底泥的剪切强度、质地、含水率对疏浚设备的选型、疏浚工艺的选择、脱水方式及干土质量的计算、脱水后底泥的资源化利用等的确定都具有重要参考意义。

(4)勘察区域的地形地貌环境一般较复杂,钻探取样设备进场及转场困难,常规设备外业钻探效率低。部分勘察区域的河道或库区存在水陆交互、水浅草盛、障碍物多等复杂的地形地貌条件(图1-3),导致常规的钻探取样设备进场与转场困难,再加上钻孔深度浅、转场频繁,导致外业取样效率低、有效工作时间短等一系列的问题。针对此种工况,轻型钻探取样设备及工艺比较适用,可有效提高外业钻探取样的效率。

疏浚纳泥区注重原泥(地)面岩土工程勘察以及探明吹填土尤其是疏浚吹填超软土固结沉降、原地面沉降变形特性。

疏浚附属建(构)筑物(如脱水场地、管线路由、附属构筑物)等的勘察应遵循《岩土工程勘察规范(2009年版)》(GB 50021—2001)等相应规范的要求。

图1-3 白洋淀外业勘察

1.1.4 环保疏浚岩土工程勘察的现状

随着国家对环保的重视,全国各地水环境治理力度加大,城市黑臭水体治理快速推进,河流、湖泊环保疏浚项目如火如荼地随之开展起来。虽然《岩土工程勘察规范(2009年版)》(GB 50021—2001)等对污染土勘察有相应的要求,但环保疏浚岩土工程勘察作为岩土工程勘察的一个分支,在钻探取样、污染物调查及分析评价、污染底泥分级分类、污染底泥疏浚范围及疏浚深度确定等较多方面都还处于摸索阶段,暂没有技术规范系统性地明确环保疏浚岩土工程勘察过程中相关的技术要求,故部分工作的开展不太统一,现就环保疏浚岩土工程勘察的现状作以下几个方面的分析:

(1)勘察技术规范方面。环保疏浚岩土工程勘察工作暂还没有相应的国家、行业或团体规范,目前参考比较多的包括《岩土工程勘察规范(2009年版)》(GB 50021—2001)、《水运工程岩土勘察规范》(JTS 133—2013)、《建筑工程地质勘探与取样技术规程》(JGJ/T 87—2012)、《河流湖泊环保疏浚工程技术指南》、《城市水环境综合治理技术指南》(T/CHIDA 02—2022),地方标准如广东的《城市河湖环保清淤及底泥处理处置技术规程》(DBJ 15—2020)、北京的《污染场地勘察规范》(DB11/T 1311—2015)、江苏的《污染场地岩土工程勘察标准》(DB32/T 3749—2020)等。勘察孔位布置、样品采集、原位测试等根据工程的具体情况参考以上规范进行灵活布置,以能查明污染物种类、污染物分布范围、底泥物理力学性质及土层分布规律等为准。

(2)污染物调查及分析评价。污染物调查一般参考《建设用地土地污染状况调查技术导则》(HJ 25.1—2019)、《建设用地土壤污染风险管控和修复监测技术导则》(HJ 25.2—2019)、《河流湖泊环保疏浚工程技术指南》、《建设用地土壤污染风险评估技术导则》(HJ 25.3—2019)等规范、指南和团体标准开展污染物识别、土壤的取样及分析、底泥的污染分层与分析评价等。用于底泥污染评价的方法比较多,当前常用的方法包括内梅罗污染指数法、综合污染指数法、重金属生态风险评价法、有机污染指数法等(梅明等,2016;吴莹,2021;吕广阔等,2022;解兴春等,2022),可根据底泥中不同的污染物类型采用不同的方法进行评价。污染分析评价的参比值一般以《土壤环境质量 建设用地土壤污染风险管控标准(试行)》(GB 36600—2018)、《土壤环境质量 农用地土壤污染风险管控标准(试行)》(GB 15618—2018)、《海洋沉积物质量》(GB 18668—2002)等,以及地方的一些土壤标准管控值或筛选值为参考依据。参比值不确定性大的是总氮、总磷,主要原因是各地区的土壤总氮、总磷含量差异较大,故暂无全国统一的标准参比值或筛选值,实践中一般以背景值含量统计结果的特征值(如平均值、大值平均值或某一分位值)为参考。

(3)污染底泥的分级分类。当前环保疏浚底泥污染的分级分类还没有统一的国家或行业标准,仅有一个中国疏浚协会的团体标准《内河湖库环保疏浚污染底泥分类分级标准》(T/CHIDA 203.3—2021)。对底泥污染程度的分级分类、底泥污染到何种程度需要处理、如何分级分类处置,当前还没有行业或国家层面的统一定论,基本还都是靠经验、底泥分析试验、专家综合论证及评价等方式最终确定疏浚的范围、底泥的处理方式等。

(4)污染底泥疏浚范围。河湖污染底泥疏浚范围的确定需要以相应的指标为依据,即选择的指标应能反映底泥污染特征,具有代表性和可操作性、功能性和安全性等,具体包括底泥营养盐含量、重金属生态风险、有机污染指数、底泥厚度、工程安全性指标。但因受氮磷污染的底泥受地域影响大,不同治理的控制值不太一致,如《河流湖泊环保疏浚工程技术指南》中太湖高氮、高磷污染底泥环保疏浚范围控制值为总氮 TN 含量≥1627mg/kg、总磷 TP 含量≥625mg/kg,而《城市河湖环保清淤及底泥处理处置技术规程》(广东省)则规定,对有氮磷背景值的区域采用中度污染等级所对应的氮磷指标为底泥营养盐的清淤控制值,对于无氮磷背景值的区域总氮 TN 的控制值为 1000mg/kg≤TN≤2000mg/kg,总磷 TP 的控制值为 420mg/kg≤TP≤640mg/kg。

其他疏浚范围控制指标,在《河流湖泊环保疏浚工程技术指南》中有底泥重金属生态风险采用重金属潜在生态风险指数≥300,工程指标则没有明确的要求,以安全为宜;在《城市河湖环保清淤及底泥处理处置技术规程》(广东省)中,有机污染指数 OI≥0.2,距离大坝、养殖区的安全距离为 200m 等。以上指标的选择宜根据项目的具体情况综合选择,不同地区、不同工程针对不同工况环境等可有所侧重。

(5)污染底泥疏浚深度方面。疏浚深度是环保疏浚研究中的关键参数之一。疏浚深度确定得合适与否直接关系到环保疏浚的效果好坏及工程费用的高低,被认为是环保疏浚研究的焦点所在。当前可用于环保疏浚深度确定的方法比较多,包括视觉分层法、拐点法、背景值法、生态风险指数法、氮磷吸附解吸试验法等数十种(龚春生,2007;王雯雯,2012;丁涛等,2015;范成新等,2020;马永刚等,2020;张鑫等,2020),但在具体工程实践中,一般很少只采用一种方法确定疏浚深度,而是采用多种方法从不同角度综合论证疏浚深度的合理性,以确保结果科学合理,达到预期的工程实施效果。

1.2 环保疏浚岩土工程勘察的目的和主要内容

1.2.1 勘察目的

在查明环保疏浚工程范围内(包括疏浚区、底泥脱水区、附属建(构)筑物等)岩土层的类型、分布规律及其物理力学性质的基础上,重点分析拟疏浚区域内底泥的主要污染物类型、污染物分布范围及深度,评价底泥的污染程度、生态风险、疏浚岩土等级和管道输送适宜性等,针对环保疏浚工艺的比选及设备选型、底泥处理处置及资源化利用等提出合理化建议,为环保疏浚工程的设计和施工提供科学的依据。

1.2.2 主要工作内容

(1)踏勘并收集与工程相关的资料,根据相关规范布置勘察钻孔,编制水土取样和分析测试方案,制订勘察进度计划。

(2)划分工程场地的地质、地貌单元类型。

(3)查明场地范围(含疏浚区、脱水场地等)的岩土类型、分布规律及其物理力学性质。

(4)查明拟疏浚区域内底泥中污染物的种类、纵横向分布范围及污染深度,评价底泥的污染程度及生态风险等。

(5)对疏浚岩土的等级、管道输送适宜性等进行评价。

(6)对场地区域内的不良地质作用和特殊岩土进行分析评价,并提出处理的合理化建议。

(7)对场地的地震效应进行分析评价。

(8)分析场地的稳定性及适宜性,评价拟建构筑物的地基承载力。

(9)提出水下开挖岸坡建议值并进行边坡稳定性评价。

(10)对疏浚设备的选型、底泥的处理处置和资源化利用等提出合理化建议。

(11)绘制工程区钻孔布置平面图、综合地质剖面图、底泥污染分层剖面图、污染物分布等值线图等。

(12)编制钻孔统计表、地层一览表、岩土物理力学指标统计表等。

根据踏勘、资料调查、钻探取样、室内土工试验、化学试验及分析评价结果,绘制钻孔平面布置图、综合柱状图、综合地质剖面图、底泥污染分层剖面图、污染物分布等值线图、污染底泥等厚线图等,编制钻孔一览表、地层统计表、岩土物理力学指标统计表、底泥污染评价表等,综合以上技术成果,编制环保疏浚岩土工程勘察报告,并为工程实施过程中存在的工程地质问题提出科学的建议。

第 2 章 疏浚岩土的分类及工程性质

2.1 疏浚岩土分类概述

根据《疏浚与吹填工程设计规范》(JTS 181—5—2012)，疏浚岩土可以分为岩石类和土类。岩石应为颗粒间牢固联结呈整体或具有节理裂隙的块体。疏浚岩石根据其坚固性分为硬质岩石和软质岩石。此外，它尚可按风化程度分为新鲜、微风化、中等风化、强风化、全风化岩石；按成因分为岩浆岩（火成岩）、沉积岩、变质岩；按软化系数分为软化岩石和不软化岩石。疏浚土类应根据颗粒组成及其特征、天然含水量、土的塑性指标（包括液限、塑限和塑性指数）及有机物含量分为有机质土及泥炭、淤泥土类、黏性土类、粉土类、砂土类和碎石土类。

疏浚岩土的分类是环保疏浚岩土工程勘察的重要环节，了解疏浚岩土的工程特性、查明其分布情况是编制环保疏浚设计方案、比选疏浚工程设备和工艺、制定疏浚土处理处置方案的依据。与环保疏浚岩土工程密切相关的主要是土的分类，一般不涉及岩石，故本章重点对疏浚土的物理力学性质、分类等进行详细介绍。

2.2 疏浚土的物质组成

疏浚土在地质成因上属于第四纪沉积物。第四纪是距今最近的地质年代，其沉积物因历史相对较短，又未经固结硬化成坚硬的岩石，通常是松散、软弱、多孔隙的，与疏浚岩石的性质有着显著差异，通常将其笼统地称为土。

第四纪沉积物的形成是地壳表层坚硬岩石在漫长的地质年代里，经过风化、剥蚀等外力作用，破碎成大小不等的岩石碎块或矿物颗粒，这些岩石碎块在斜坡重力作用、风力吹扬作用、流水作用、冰川作用以及其他外力作用下被搬运到适当的环境条件下沉积成各种类型的土。由于土体在形成过程中岩石碎屑物被搬运，沉积物通常按颗粒大小、形状及矿物成分有规律地变化，并在沉积过程中常因分选作用和胶结作用而在成分、结构、构造和性质上表现出有规律的变化。

土是一种三相体系，其物质成分包括作为土骨架的固体矿物颗粒、空隙中的水及其溶解物质和气体。各种土的物质成分差别很大，因而导致不同类型的土具有不同的工程性质。土的三相组成物质的性质、相对含量以及土的结构构造等决定了土的物理性质，土的物理性质和状态又在很大程度上决定了它的力学性质，而污染物质的存在又可能改变土的固有物理力学性质及其与水的关系。

在土的三相物质组成中,固相的固体矿物颗粒构成土的骨架主体,固体矿物颗粒也简称土粒,是土最主要的物质成分。土的工程性质主要取决于土的粒度成分和矿物成分,即土粒的大小和矿物类型。各种土的类型划分、土的结构特征也都与土的粒度成分和矿物成分有关。

2.2.1 土的粒度成分

1. 粒组划分

自然界中存在的土是由各种大小不同的土粒组成的。土粒的大小以直径(单位为 mm)表示,称为粒径(或粒度)。土粒的粒径由粗到细逐渐变化时,土的性质也相应地发生变化。因此可以将土中各种不同粒径的土粒按适当的范围分为各个粒组。介于一定粒径范围的土粒,称为粒组;土粒的大小及其组成情况通常以土中各个粒组的相对含量表示,称为土的粒度成分(或称颗粒级配)。土的颗粒级配是决定土的工程性质的主要内在因素之一,也是土的类别划分的主要依据之一。

土的粒度成分发生变化时,其工程性质也相应地发生变化,在划分粒组时要能明显地区分出不同粒组土粒的工程性质差异。目前一般采用的粒组划分标准及各粒组土粒的性质特征如表 2-1 所示,表中根据界限粒径把土粒分为漂石(块石)颗粒、卵石(碎石)颗粒、砾粒、砂粒、粉粒及黏粒六大粒组。

表 2-1 粒组划分及各粒组土粒的性质特征

粒组名称			粒径范围/mm	一般特征
巨粒	漂石或块石颗粒		>200	透水性很大,无黏性,无毛细作用
	卵石或碎石颗粒		$200 \geq d > 60$	
粗粒	砾粒	粗砾	$60 \geq d > 20$	透水性大,无黏性,毛细水上升高度不超过粒径大小
		中砾	$20 \geq d > 5$	
		细砾	$5 \geq d > 2$	
	砂粒	粗砂	$2 \geq d > 0.5$	易透水,无黏性,无塑性,遇水不膨胀,干燥时松散,毛细水上升高度一般不超过 1m
		中砂	$0.5 \geq d > 0.25$	
		细砂	$0.25 \geq d > 0.075$	
细粒	粉粒		$0.075 \geq d > 0.005$	透水性小,湿时稍有黏性,遇水膨胀性小,干燥时松散,饱和时易透水,毛细水上升高度较大、较快,易冻胀,易液化
	黏粒		$d \leq 0.005$	几乎不透水,湿时有黏性,遇水膨胀大,干时收缩大,毛细水上升高度大,但速度缓慢

一般来说，土颗粒愈细小，愈容易与水发生作用，黏性、塑性以及吸水膨胀性愈大，透水性能愈小；在力学性质上，强度愈小，受外力时愈易变形。

2. 粒度分析及其表示

土的粒度成分是通过颗粒分析试验测定的。对于粒径大于 0.075mm 的粗粒组，可用筛分法测定。试验时将风干、分散的代表性土样通过一套孔径不同的标准筛，称出留在各个筛子上的土的重量，即可求得各个粒组的相对含量。粒径小于 0.075mm 的粉粒和黏粒难以筛分，一般可根据土粒在水中匀速下沉时的速度与粒径的理论关系，用密度计法或移液管法测得颗粒级配。

根据颗粒分析试验结果，可以绘制如图 2-1 所示的颗粒级配累计曲线，其横坐标表示粒径。因为土粒粒径差距较大，相差常在百倍、千倍以上，所以采用对数坐标表示。纵坐标则表示小于（或大于）某粒径的土的含量（或称累计百分含量）。由曲线的坡度可以大致判断土的均匀程度。如曲线较陡，则表示粒径大小相差不大，土粒较均匀，属于级配不良；反之，曲线平缓，则表示粒径大小相差悬殊，土粒不均匀，属于级配良好。

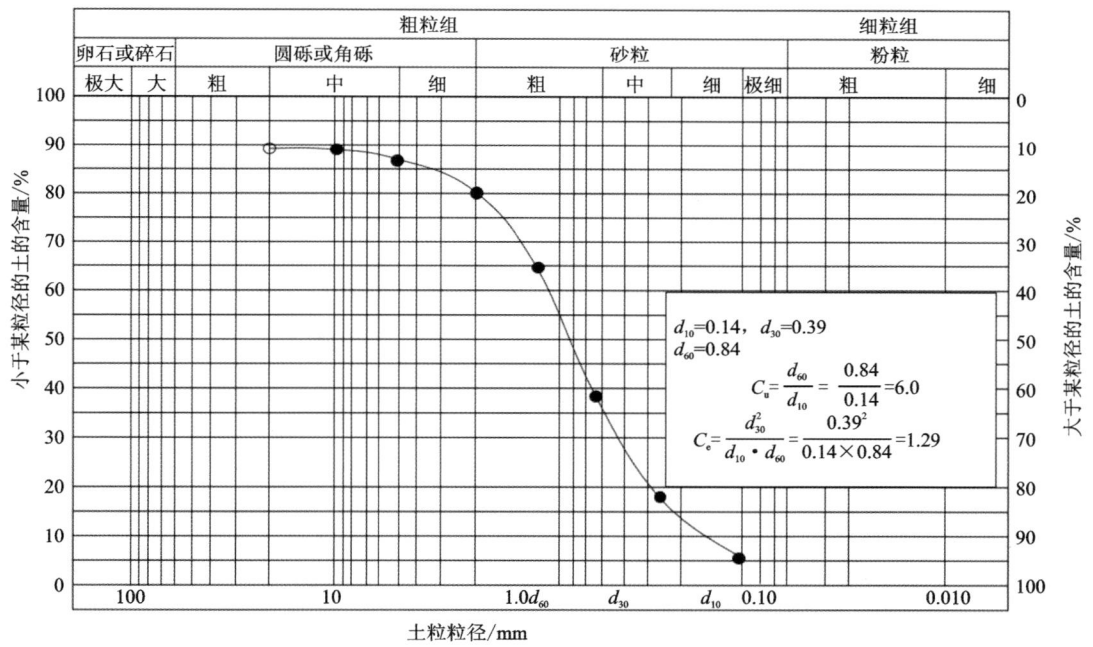

图 2-1 颗粒级配累计曲线

当小于某粒径的土粒重量累计百分数为 10% 时，相应的粒径称为有效粒径 d_{10}；当小于某粒径的土粒重量累计百分数为 60% 时，该粒径称为限定粒径 d_{60}；限定粒径与有效粒径的比值称为不均匀系数 C_u：

$$C_u = \frac{d_{60}}{d_{10}} \tag{2-1}$$

不均匀系数 C_u 反映了颗粒级配的不均匀程度，C_u 愈大，土粒愈不均匀，颗粒级配累计曲线愈平缓,其级配则愈良好,作为填方工程的土料时,则比较容易获得较小的孔隙比和较大的密实度,即容易压实。工程上把 $C_u<5$ 的土看作是均匀的,属级配不良;$C_u>10$ 的土看作是不均匀的,属级配良好。

除不均匀系数 C_u 外,还可用曲率系数 C_c 来分析土颗粒级配的组合特征,其表达式为

$$C_c = \frac{d_{30}^2}{d_{10} \times d_{60}} \tag{2-2}$$

式中:d_{10}、d_{60}——意义同上;

d_{30}——颗粒级配累计含量为30%时对应的粒径值。

曲率系数描述了累计曲线的分布范围,反映了曲线的整体性状。C_c 值在 $1\sim3$ 之间的土属级配良好,C_c 值小于1或大于3的土属级配不良,从累计曲线上看,弯曲度比较大,说明其粒度成分不连续,主要由大颗粒和小颗粒组成,缺少中间颗粒。单一指标的判断土是否级配良好具有片面性,是否级配良好要综合 C_u、C_c 数值,不能依据一个指标判定,因而土级配良好的条件是 $C_u \geqslant 5$ 且 $1<C_c<3$。

2.2.2 土的矿物成分

土粒的矿物成分主要取决于母岩的成分及其所经受的风化作用。不同的矿物成分对土的性质的影响不同,通常把这些矿物分为以下四大类别(《工程地质手册》编委会,2018)。

1. 原生矿物

组成土颗粒的原生矿物主要有石英、长石、角闪石、云母等,它们是组成卵石、砾石、砂粒的主要成分,特点是颗粒粗大,物理性质、化学性质比较稳定。粉粒的矿物成分主要是石英和 $MgCO_3$、$CaCO_3$ 等难溶盐的颗粒。

2. 不溶于水的次生矿物

不溶于水的次生矿物主要为黏土矿物-含水铝硅酸盐,包括蒙脱石、伊利石及水云母高岭石3个基本类别。这类矿物呈高度分散状态,因此具有很高的表面能及亲水性,对土的工程性质影响非常显著。但是不同的黏土矿物对土的工程性质影响也有差异,主要是因为它们具有不同的化学成分和结晶格架构造。研究表明,黏土矿物的晶格结构主要由两种基本结构单元组成,即由硅氧四面体和铝氢氧八面体组成,它们各自连接排列成硅氧四面体和铝氢氧八面体的层状结构,如图2-2所示。而上述四面体层与八面体层之间的不同组合结果,即形成不同性质的黏土矿物类别。

(1)蒙脱石类。蒙脱石类矿物是化学风化的初期产物,其结构单元(晶胞)是由两个硅氧四面体层夹一个铝氢氧八面体组成,如图2-3(a)所示。它的相邻晶胞之间以相同的原子 O^{2-} 相接,只有分子键连接而没有氢键,且具有电性相斥作用,因此连接极弱,水分子很容易进入晶胞之内,从而改变晶胞之间的距离。吸水时晶胞间距变宽,晶格膨胀;失水时晶格收缩。因此,蒙脱石类黏土矿物与水作用很强烈,当土中蒙脱石含量较多时,土的膨胀性和压缩性等都将很大,强度则剧烈变小。

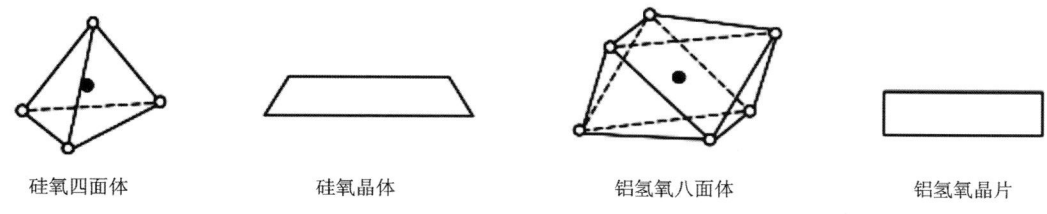

(a) 硅氧四面体及硅氧晶片　　　　　　　　(b) 铝氢氧八面体及铝氢氧晶片

图 2-2　黏土矿物结晶格子的两种基本结构单元及其晶片示意图

(2) 伊利石、水云母类。伊利石、水云母类的结构单元类似于蒙脱石类，见图 2-3(b)，不同的是其硅氧四面体中的部分 Si^{4+} 离子常被 Al^{3+}、Fe^{3+} 置换，因而在相邻晶胞间将出现若干一价正离子 K^+ 以补偿晶胞中正电荷的不足，并将相邻晶胞连接。因此，伊利石、水云母类的结晶格架不能像蒙脱石类那样活动，其亲水性及对土的工程性质影响介于蒙脱石和高岭石之间。

(3) 高岭石类。高岭石类的每个结构单元分别由一个铝氢氧八面体和硅氧四面体层组成，如图 2-3(c)所示。它相邻两个晶胞之间 O^{2-} 和 OH^- 与不同的原子层相接，除温德华键外，具有很强的氢键连接作用，使各晶胞间紧密连接，因此高岭石类黏土矿物具有较稳定的结晶格架，水较难进入其晶胞，水与这种矿物之间的作用比较弱。因而主要由这类矿物组成的黏性土的压缩性均较小。

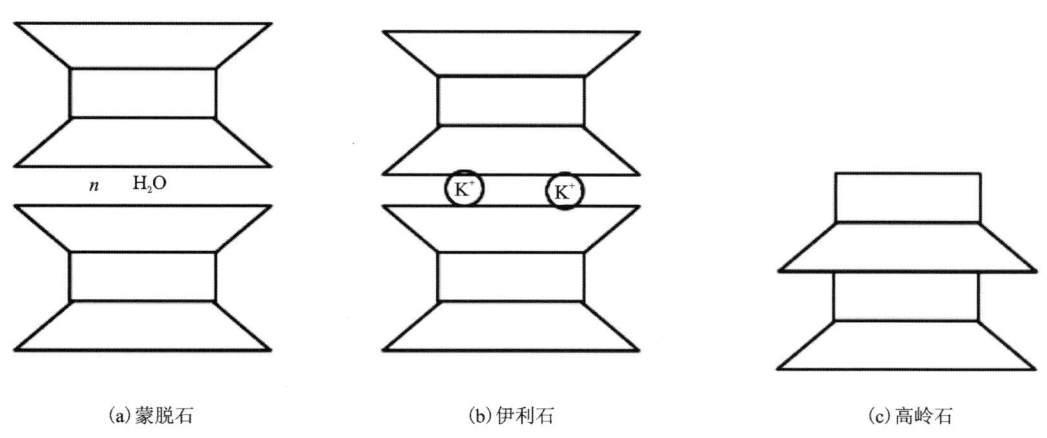

(a) 蒙脱石　　　　　　　　　(b) 伊利石　　　　　　　　　(c) 高岭石

图 2-3　黏土矿物构造单元示意图

3. 可溶盐类及易分解的次生矿物

可溶盐类常以夹层、透镜体、网脉、结核、分散的颗粒或粒间胶结物存在于土层中。在干旱气候区和地下水排泄不良区易形成盐碱土与盐渍土。这类土在浸水后盐类被溶解，使土的粒间连接削弱，土体的强度和稳定性降低，而压缩性则增大。

土中易分解矿物常见的主要有黄铁矿(FeS_2)及其他硫化物和硫酸盐类。含有这些易分解矿物的土在浸水后土的粒间连接会削弱,土的孔隙性增大,同时分离出的硫酸(H_2SO_4)对建筑基础及各种管道设施也会起腐蚀作用。

4. 有机质

有机质比黏土矿物具有更高的亲水性,对土性质的影响更剧烈。它对土的工程性质的影响有以下一些特点:

(1)有机质含量越高,对土的性质影响越大。
(2)有机质的分解程度越高,对土的性质影响越剧烈。
(3)土的饱和度越高,有机质对土的性质的影响越大。
(4)有机质土层的厚度、分布均匀性及分布方式等均会影响土的工程性质。

2.3 疏浚土的物理力学性质及其指标

2.3.1 土的三相比例指标

表示土的三相比例关系的指标称为土的三相比例指标,亦即土的基本物理性质指标,包括土的颗粒相对密度、重度、含水量、饱和度、孔隙比和孔隙率等。

为了便于说明和计算,用如图 2-4 所示的土的三相组成示意图来表示各部分之间的数量关系。

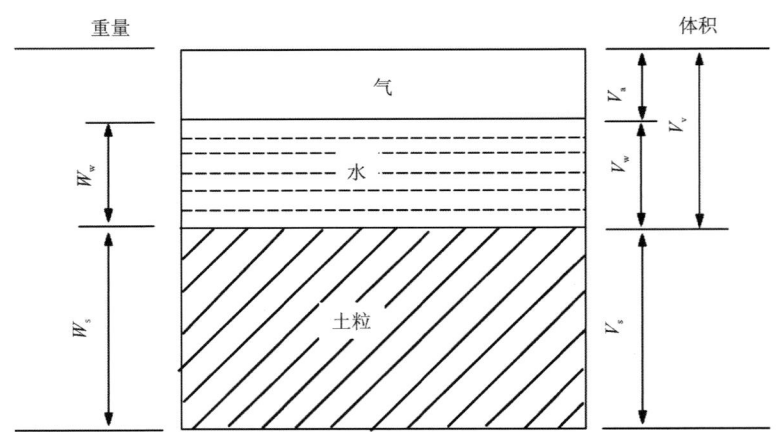

W_s.土粒重量;W_w.土中水的重量;W.土的总重量,$W = W_s + W_w$;V_s.土粒体积;V_w.土中水体积,$\gamma_w \cdot V_w = W_w$;V_a.土中气体积;V_v.土中空隙体积,$V_v = V_w + V_a$;V.土的总体积 $V = V_s + V_w + V_a$。

图 2-4 土的三相组成示意图

(1)土粒相对密度 G。土粒重量与同体积的 4℃时纯水的重量之比。它在数值上为单位体积土粒的重量,即

$$G = \frac{W_s}{V_s} \cdot \frac{1}{\gamma_{w1}} \tag{2-3}$$

式中：γ_{w1}——水在4℃时单位体积的重量，等于$1g/cm^3$或$1t/m^3 \approx 10kN/m^3$。

颗粒相对密度可在试验室内用比重瓶法测定。一般土的颗粒相对密度值见表2-2。由于颗粒变化的幅度不大，通常可按经验值选用。

表2-2 土的颗粒相对密度参考值

土的名称	砂土	粉土	黏性土	
			粉质黏土	黏土
颗粒相对密度	2.65～2.69	2.70～2.71	2.72～2.73	2.74～2.75

(2) 土的重度 γ。单位体积土的重量称为土的重度（单位为$kN/m^3 \approx t/m^3 \times 10^{-1}$），即

$$\gamma = \frac{W}{V} = \frac{W_s + W_w}{V_s + V_v} \tag{2-4}$$

土的重度一般用环刀法测定。测定过程如下：用一个圆环刀（刀刃向下）放在削平的原状土样面上，慢慢削去环刀外围的土，边削边压，保持天然状态的土样压满环刀容积内，称出环刀内土样的重量，求得它与环刀容积的比值，即为天然重度。

(3) 土的干重度 γ_d、饱和重度 γ_{sat} 和浮重度 γ'。在工程上常把烘干后土的干重度作为评定土体紧密程度的标准，以控制填土工程的施工质量，即

$$\gamma_d = \frac{W_s}{V} \tag{2-5}$$

土孔隙中充满水时的单位体积重量，称为土的饱和重度 γ_{sat}，即

$$\gamma_{sat} = \frac{W_s + V_v \gamma_w}{V} \tag{2-6}$$

在地下水位以下，单位土体积中土粒的重量扣除浮力后，即为单位土体积中土粒的有效重量，称为土的浮重度 γ'，即

$$\gamma' = \frac{W_s - V_s \gamma_w}{V} = \frac{W_s + V_v \gamma_w - V \gamma_w}{V} = \gamma_{sat} - \gamma_w \tag{2-7}$$

(4) 土的含水量 ω。土中水的重量与土粒重量之比，以百分数计，即

$$\omega = \frac{W_w}{W_s} \times 100\% \tag{2-8}$$

一般说来，对于同类土而言，一般土的含水量越大，强度就越低。土的含水量用烘干法测定。先称出小块原状土样的湿土重，然后置于烘箱内维持100～105℃烘至恒重，再称干土重，湿、干土重之差与干土重的比值，就是土的含水量。

(5) 土的饱和度 S_r。土孔隙中水的体积与孔隙总体积之比，以百分率计，即

$$S_r = \frac{V_w}{V_v} \times 100\% \tag{2-9}$$

饱和度值愈大，表明土孔隙中充水愈多。工程实际中，按饱和度常将土划分为如下3种

含水状态：

① $S_r < 50\%$，稍湿；
② $50 \leqslant S_r \leqslant 80\%$，很湿；
③ $S_r > 80\%$，饱水。

对于黏性土，因主要含结合水，通常不按饱和度而按液性指数 I_L 评述其含水状态。对于粉土，通常也不按饱和度评价其含水状态，根据全国各地粉土资料的综合分析结果，《岩土工程勘察规范（2009年版）》（GB 50021—2001）确定按含水量评述粉土的含水（湿度）状态，具体见表2-3。

表2-3 按含水量 ω 确定粉土湿度

湿度	稍湿	湿	很湿
$\omega/\%$	$\omega < 20$	$20 \leqslant \omega < 30$	$\omega \geqslant 30$

（6）土的孔隙比 e 和孔隙率 n。土的孔隙比指土中孔隙体积与土粒体积之比，即

$$e = \frac{V_v}{V_s} \tag{2-10}$$

孔隙比是一个重要的物理性指标，用小数表示，可以用来评价天然土层的密实程度。一般来说，$e < 0.75$ 的土是密实的低压缩性土，$e > 1.0$ 的土是疏松的高压缩性土。

土的孔隙率是土中孔隙所占体积与总体积之比，以百分数表示，即

$$n = \frac{V_v}{V} \times 100\% \tag{2-11}$$

孔隙率和孔隙比都说明土中孔隙体积的相对数值，工程计算中更常用的指标是孔隙比。

2.3.2 无黏性土的密实度

无黏性土一般指碎石土、砂土和粉土。无黏性土的密实度与其工程性质有着密切的关系。一般说来，呈密实状态者强度高，结构稳定，压缩性小；而呈疏松状态者则强度较低，稳定性差，压缩性较大。因此在岩土工程勘察与评价时，首先要判断无黏性土的密实程度。

（1）天然孔隙比 e。一般认为，砂土的承载力随着天然孔隙比的减小而显著增大。因此，已废止的《工业与民用建筑工程地质勘察规范》（TJ 21—77）（试行）曾采用天然孔隙比作为砂土紧密状态的分类指标，具体划分标准见表2-4。

但是由于原状砂样采取困难，尤其是对位于地下水位以下的砂层采取原状砂样困难更大。

表2-4 按天然孔隙比 e 划分砂土的密实度

砂土名称	实密	中密	稍密	疏松
砾砂、粗砂、中砂	<0.60	$0.60\sim0.75$	$0.75\sim0.85$	>0.85
细砂、粉砂	<0.70	$0.70\sim0.85$	$0.85\sim0.95$	>0.95

因此，天然孔隙比这一指标的应用也相对困难。工程上常采用相对密度 D_r 判定砂土的密实状态。

（2）相对密度 D_r。无黏性土的相对密实度 D_r 以最大孔隙比 e_{max} 与天然孔隙比 e 之差和最大孔隙比 e_{max} 与最小孔隙比 e_{min} 之差的比值表示，即

$$D_r = \frac{e_{max} - e}{e_{max} - e_{min}} \tag{2-12}$$

式中：e_{max}——砂土在最松散状态时的孔隙比，即最大孔隙比；

e_{min}——砂土在最密实状态时的孔隙比，即最小孔隙比；

e——砂土的天然孔隙比。

对于不同的砂土，其 e_{min} 与 e_{max} 的测定值是不同的，e_{max} 与 e_{min} 之差（即孔隙比可能变化的范围）也是不一样的。粒径较均匀的砂土，其 e_{max} 与 e_{min} 之差一般较小；反之则较大。

根据 D_r 值，可以把砂土的密实度状态划分为以下 4 种状态类型（王奎华，2016）：①密实，$0.67 < D_r \leqslant 1$；②中密，$0.33 < D_r \leqslant 0.67$；③稍密，$0.2 < D_r \leqslant 0.33$；④松散，$0 < D_r \leqslant 0.2$。

由于无论是按天然孔隙比 e，还是按相对密实度 D_r 来评定砂土的紧密状态，都要采取原状砂样，经过土工试验测定砂土天然孔隙比。而原状砂样的采取却极为困难，因此目前国内外已广泛使用标准贯入试验或静力触探试验于现场评定砂土的紧密状态。表 2-5 为国家标准《岩土工程勘察规范（2009 年版）》（GB 50021—2001）规定按标准贯入锤击数 N 值划分砂土密实状态的标准。

对于粉土的密实状态，上述规范仍用天然孔隙比 e 值作为划分标准，见表 2-6。碎石土的密实状态可以根据圆锥动力触探锤击数按表 2-7、表 2-8 确定。

表 2-5 按标准贯入锤击数 N 值确定砂土的密实度

密实度	N /击	密实度	N /击
密实	$N > 30$	稍密	$10 < N \leqslant 15$
中密	$15 < N \leqslant 30$	松散	$N \leqslant 10$

表 2-6 按天然孔隙比 e 确定粉土的密实度

密实度	e	密实度	e
密实	$e < 0.75$	稍密	$e > 0.90$
中密	$0.75 \leqslant e \leqslant 0.90$		

表 2-7 按 $N_{63.5}$ 值确定碎石土的密实度

重型动力触探锤击数 $N_{63.5}$ /击	密实度	重型动力触探锤击数 $N_{63.5}$ /击	密实度
$N_{63.5} \leqslant 5$	松散	$10 < N_{63.5} \leqslant 20$	中密
$5 < N_{63.5} \leqslant 10$	稍密	$N_{63.5} > 20$	密实

表 2-8　按 N_{120} 值确定碎石土的密实度

超重型动力触探锤击数 N_{120} /击	密实度	超重型动力触探锤击数 N_{120} /击	密实度
$N_{120} \leqslant 3$	松散	$11 < N_{120} \leqslant 14$	密实
$3 < N_{120} \leqslant 6$	稍密	$N_{120} > 14$	很密
$6 < N_{120} \leqslant 11$	中密		

2.3.3　黏性土的物理特征

1. 黏性土的界限含水量

同一种黏性土随着本身含水量的不同,可以分别处于固态、半固态、可塑状态及流动状态,其工程性质也相应地发生很大的变化。当含水量很小时,黏性土比较坚硬,处于固体状态,有较大的力学强度;随着土中含水量的增大,土逐渐变软,并在外力作用下可任意改变形状,即土处于可塑状态;若再继续增大土的含水量,土变得愈来愈软弱,甚至不能保持一定的形状,呈现软塑—流塑状态。黏性土这种因含水量变化而表现出的各种不同物理状态,也称土的稠度。

随着含水量的变化,黏性土由一种稠度状态转变为另一种状态,转变点的含水量叫作界限含水量。界限含水量是黏性土的重要特性指标,对于黏性土工程性质的评价及分类等有重要意义,而且各种黏性土有着各自不同的界限含水量。

如图 2-5 所示,土由可塑状态转到流动状态的界限含水量叫作液限 ω_L（也称塑性上限或流限）；土由半固态转到可塑状态的界限含水量叫作塑限 ω_P（也称塑性下限）；土由半固体状态不断蒸发水分,体积逐渐缩小,直到体积不再缩小时土的界限含水量叫作缩限 ω_s。界限含水量都以百分数表示。

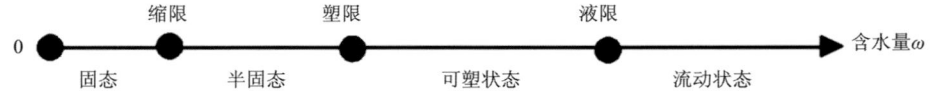

图 2-5　黏性土的物理状态与含水量的关系

2. 黏性土的塑性指数和液性指数

(1) 塑性指数 I_P。塑性指数 I_P 是指液限和塑限的差值,用不带百分数符号的数值表示,即

$$I_P = \omega_L - \omega_P \tag{2-13}$$

它表示土处在可塑状态的含水量变化范围。显然,塑性指数愈大,土处于可塑状态的含水量范围也愈大,可塑性就愈强。土中黏土颗粒含量越高,则土的比表面和相应的结合水含量愈高,因而 I_P 值愈大。土的塑性指数 I_P 值是组成土粒胶体活动性强弱的特征指标。

有一定数量的石英颗粒外,还含有大量的黏土颗粒,主要为多水高岭石、水云母类、胶体二氧化硅及赤铁矿、三水铝土矿等成分,几乎不含有机质。在所含的几种矿物中,多水高岭石的性质较稳定,与水结合能力很弱,是不溶于水的矿物。而三水铝土矿、赤铁矿、石英及胶体二氧化硅等铝、铁、硅氧化物,性质比多水高岭石更稳定。红黏土颗粒周围的吸附阳离子成分以Fe^{3+}、Al^{3+}为主,这类阳离子水化程度很弱。红黏土的粒度较均匀,呈高分散性。黏粒含量一般为60%~70%,最高达80%。

(2)红黏土的一般物理力学特征。

①天然含水量高,一般为40%~60%,高的可达90%。

②密度小,天然孔隙比一般为1.4~1.7,最高2.0,具有大孔性。

③高塑性,液限一般为60%~80%,最高110%;塑限一般为40%~60%,最高90%,塑性指数一般为20~50。

④由于塑限很高,所以尽管天然含水量高,一般仍处于坚硬或硬塑状态,液性指数I_L一般小于0.25,但其饱和度一般在90%以上,因此即使是坚硬黏土也处于饱水状态。

⑤一般呈现较高的强度和较低的压缩性,固结快剪内摩擦角$\varphi=8°\sim18°$,黏聚力$c=40\sim90kPa$,压缩系数$a_{0.2\sim0.3}=0.1\sim0.4MPa^{-1}$,变形模量$E_0=10\sim30MPa$,最高可达50MPa,载荷试验比例界限$P_0=200\sim300kPa$。

⑥不具有湿陷性,原状土浸水后膨胀量很小(<2%),但失水后收缩剧烈,体积收缩率为25%,而扰动土可达40%~50%。

红黏土的天然含水量高,孔隙比很大,但却具有较高的力学强度和较低的压缩性以及不具有湿陷性,原因主要在于其生成环境及相应的组成物质和坚固的粒间连接特性。

(3)红黏土的物理力学性质变化范围及其规律性。分布在不同地区的红黏土,甚至是同一地区的红黏土,其物理力学性质指标都有很大的差异,工程性能及承载力等也有显著的差别。

①在竖直方向,沿深度的增加,红黏土的天然含水量、孔隙比和压缩性都随之增高,状态也由坚硬、硬塑变为可塑、软塑甚至流塑状态,因而强度大幅度降低。

②在水平方向,由于排水条件不同,红黏土的性质也有很大的不同。在地势较高的部位,排水条件好,红黏土的天然含水量、孔隙比和压缩性均较低,强度较高,而在地势较低处则相反,由于经常积水,排水不畅,其强度大大降低。

③次生坡积红黏土与红黏土的性质差别也较大。次生坡积红黏土颜色较浅,其物理性质与残积土相近,但较松散,结构强度差,故雨期、旱期土质变化较大。它的含水比一般为0.7~0.8,强度指标较残积土有明显降低。

④裂隙对红黏土强度和稳定性的影响。红黏土具有强烈的失水收缩性,故裂隙容易发育。坚硬、硬可塑状态的红黏土在近地表部位或边坡地带往往发育有很多裂隙。这种土体的单独土块强度很高,但是裂隙破坏了土体的整体性和连续性,使土体强度显著降低,试样沿裂隙面成脆性破坏。

2)黄土湿陷性类型判别

(1)黄土湿陷性的判别。可以用湿陷系数 δ_s 来判定黄土是否具有湿陷性。湿陷系数 δ_s 是天然土样单位厚度的湿陷量,由在规定压力下的室内压缩试验测定:

当 $\delta_s < 0.015$ 时,定为非湿陷性黄土;

当 $\delta_s \geq 0.015$ 时,定为湿陷性黄土。

根据湿陷系数大小,可以大致判断湿陷性黄土湿陷性的强弱:

当 $0.015 \leq \delta_s \leq 0.03$ 时,为湿陷性轻微;

当 $0.03 < \delta_s \leq 0.07$ 时,为湿陷性中等;

当 $\delta_s > 0.07$ 时,为湿陷性强烈。

(2)建筑场地或地基的湿陷类型。应按试坑浸水试验实测自重湿陷量 Δ'_{zs} 或按室内压缩试验累计的计算自重湿陷量 Δ_{zs} 判定:

当实测或计算自重湿陷量小于或等于 7cm 时,定为非自重湿陷性黄土场地;

当实测或计算自重湿陷量大于 7cm 时,定为自重湿陷性黄土场地。

以 7cm 作为判别建筑场地湿陷类型的界限值是根据自重湿限性黄土地区的建筑物调查资料确定的。

计算自重湿陷量 Δ_{zs} 应根据不同深度土样的自重湿陷系数 δ_{zsi},按式(2-15)计算:

$$\Delta_{zs} = \beta_0 \sum_{i=1}^{n} \delta_{zsi} h_i \tag{2-15}$$

式中:δ_{zsi}——第 i 层土在上覆土饱和($S_r > 0.85$)自重压力下的自重湿陷系数;

h_i——第 i 层土的厚度(cm);

β_0——因地区土质而异的修正系数,是为了使计算自重湿陷量尽量接近实测自重湿陷量,陇西地区可取 1.5,陇东、陕北—晋西地区可取 1.2,关中地区可取 0.9,其他地区可取 0.5。

3. 红黏土

1)红黏土的特征及分布

红黏土是指在亚热带湿热气候条件下,碳酸盐类岩石经过物理化学作用而形成的高塑性黏土。红黏土一般呈褐红色、棕红色,液限大于 50%。

红黏土亦有原生和次生之分,原生红黏土通常简称红黏土,次生红黏土是指原生红黏土在形成后经过流水再搬运,仍然保留红黏土的基本特征,液限大于 45% 的坡洪积黏土。在相同物理指标情况下,次生红黏土力学性能低于原生红黏土。原生红黏土及次生红黏土广泛分布于我国的云贵高原、四川东部、广西、粤北及鄂西、湘西等地区的低山、丘陵地带顶部,及山间盆地、洼地、缓坡及坡脚地段。

虽然红黏土的天然含水量和孔隙比都很大,但强度高,压缩性低,工程性能良好,它的物理力学性质与其他黏性土相比有自己独特的变化规律。

2)红黏土的成分及物理力学特征

(1)红黏土的组成成分。红黏土主要为碳酸盐类岩石的风化后期产物,其矿物成分除含率和高孔隙性特征是决定其压缩性和抗剪强度的重要因素。

(2)低渗透性。软土的渗透系数一般在 $1\times10^{-8}\sim1\times10^{-4}\mathrm{cm/s}$ 之间,通常水平向的渗透系数较垂直方向的要大得多。由于该类土渗透系数小、含水量大且呈饱和状态,土体的固结过程非常缓慢,其强度增长的过程也非常缓慢。

(3)高压缩性。软土的压缩系数 $a_{0.1\sim0.2}$ 一般为 $0.7\sim1.5\mathrm{MPa}^{-1}$,最大达 $4.5\mathrm{MPa}^{-1}$,因此软土都属于高压缩性土。随着土的液限和天然含水量的增大,其压缩系数也进一步增大。由于该类土具有高含水量、低渗透性及高压缩性等特性,因此具有变形大而不均匀、变形稳定历时长的特点。

(4)抗剪强度低。软土的抗剪强度很小,同时与加荷速度及排水固结条件密切相关。如不排水三轴快剪内摩擦角为零,黏聚力一般都小于 20kPa;直剪快剪内摩擦角一般为 2°~5°,黏聚力为 10~15kPa,而固结快剪内摩擦角可达 8°~12°,黏聚力为 20kPa 左右。因此,要提高软土地基的强度,必须控制施工和使用时的加荷速度。

(5)较显著的触变性和蠕变性。由于软土具有较为显著的结构性,故触变性是它的一个突出性质。我国东南沿海地区的三角洲相及滨海-潟湖相软土的灵敏度一般在 4~10 之间,个别达 13~15。软土的蠕变性也是比较明显的,表现在长期恒定应力作用下,软土将产生缓慢的剪切变形,并导致抗剪强度的衰减;在固结沉降完成之后,软土还可能继续产生可观的次固结沉降。

2. 湿陷性黄土

1)湿陷性黄土的特征和分布

黄土颜色多呈黄色、淡灰黄色或褐黄色,颗粒组成以粉粒为主,占 60%~70%,粒度大小较均匀,黏粒含量较少,一般仅占 10%~20%;含水量小,一般为 8%~20%;孔隙比大,一般在 1.0 左右,且具有肉眼可见的大孔隙,具有垂直节理,常呈现直立的天然边坡。

黄土按其成因可分为原生黄土和次生黄土。一般认为,具有上述典型特征,没有层理的风成黄土为原生黄土。原生黄土经过水流冲刷、搬运和重新沉积而形成的为次生黄土。次生黄土一般不完全具备上述黄土特征,砂粒含量高,甚至含有细砾,故也称为黄土状土。

黄土在天然含水量时一般呈坚硬或硬塑状态,具有较高的强度和较低的压缩性,但遇水浸湿后,强度迅速降低,有的即使在其自重作用下也会发生剧烈而大量的沉陷,称为湿陷性。并非所有的黄土都会发生湿陷,凡具有湿陷性特征的黄土称为湿陷性黄土,否则,称为非湿陷性黄土。非湿陷性黄土的工程性质接近一般黏性土。

黄土在我国主要分布在甘、陕、晋的大部分地区,以及豫、宁、冀等部分地区,此外,新疆和鲁、辽等地也有局部分布。其中湿陷性黄土约占 3/4。由于各地的地理、地质和气候条件的差别,湿陷性黄土的组成成分、分布地带、沉积厚度、湿陷特征和物理力学性质也因地而异,其湿陷性由西北向东南逐渐减弱,厚度变薄。

我国黄土按形成年代的早晚,分为老黄土和新黄土。老黄土形成年代久,土中盐分溶滤充分,因而具有土质密实、强度高和压缩性小的特点,并且湿陷性弱,甚至不具湿陷性。反之,新黄土形成年代短,其特性与老黄土相反。

由于塑性指数在一定程度上综合反映了影响黏性土特征的各种重要因素,所以常用塑性指数作为黏性土分类的标准。

(2)液性指数I_L。液性指数I_L是指黏性土的天然含水量和塑限的差值与塑性指数之比,用小数表示,即

$$I_L = \frac{\omega - \omega_P}{\omega_L - \omega_P} = \frac{\omega - \omega_P}{I_P} \tag{2-14}$$

从式(2-14)可见,当土的天然含水量ω小于ω_P时,I_L小于0,天然土处于坚硬状态;当ω大于ω_L时,I_L大于1,天然土处于流动状态;当ω在ω_P与ω_L之间时,即I_L在0～1之间,则天然土处于可塑状态。因此,可以利用液性指数来表征黏性土所处的软硬状态。I_L值愈大,土质愈软;反之,土质愈硬。国家标准《岩土工程勘察规范(2009年版)》(GB 50021—2001)规定,黏性土可根据液性指数值划分为坚硬、硬塑、可塑、软塑及流塑5种状态,划分标准具体见表2-9。

表2-9 黏性土的状态

状态	坚硬	硬塑	可塑	软塑	流塑
液性指数I_L	$I_L \leqslant 0$	$0 < I_L \leqslant 0.25$	$0.25 < I_L \leqslant 0.75$	$0.75 < I_L \leqslant 1.0$	$I_L > 1.0$

2.3.4 特殊性土的性质

在环保疏浚工程开展的过程中,一方面疏浚土的类型是比较广泛的,另一方面脱水场地、附属构筑物的地基等也可能涉及一些特殊性土,因此环保疏浚工程的开展与特殊土的性质也有着紧密的联系。

1. 软土

软土(包括淤泥、淤泥质土等)往往是疏浚土的主要类型,也是分布最为广泛的疏浚土。

1)软土的分类

软土主要指淤泥和淤泥质土,是第四纪后期在类似静水的环境中沉积并经过生物化学作用而形成的饱和软黏性土。通常富含有机质,天然含水量ω大于液限ω_L,天然孔隙比e常大于或等于1.0。根据天然孔隙比和有机质的含量,分别定名为:

(1)淤泥($e \geqslant 1.5, I_L > 1$)。

(2)淤泥质土($1.5 > e \geqslant 1.0, I_L > 1$),它是淤泥与一般黏性土的过渡类型。

(3)泥炭质土,土中有机质含量>10%,且≤60%。

(4)泥炭,土中有机质含量>60%。

2)软土的物理力学特性

软土具有以下的工程特性:

(1)高含水率和高孔隙性。大部分软土的天然含水率一般为30%～70%,山区软土有时高达200%。天然孔隙比在1～2之间,最大可达3～4,饱和度一般大于95%。软土的高含水

4. 膨胀土

1) 膨胀土的分布

膨胀土是指具有显著的吸水膨胀和失水收缩且胀缩变形往复可逆的高塑性黏土。我国膨胀土主要分布在广西、云南、湖北、河南、安徽、四川、河北、山东、陕西、浙江、江苏、贵州和广东等地。

膨胀土之所以具有吸水膨胀和失水收缩的特性,与它含有大量的强亲水性黏土矿物成分有关。在通常情况下,它具有较高的强度和较低的压缩性,易被误认为是工程性能较好的土,因此在膨胀土地区进行工程建筑,要特别注意对膨胀土的判别,并在设计和施工中采取必要的措施,否则会导致建筑物的开裂和损坏,并造成坡地建筑场地崩塌、滑坡、地裂等严重灾害。

2) 膨胀土的特征

(1) 工程地质特征。

① 地形、地貌特征。膨胀土多分布于Ⅱ级以上的河谷阶地或山前丘陵地区,一般呈垄岗式低丘或浅而宽的沟谷。地形坡度平缓,无明显的自然陡坎,在池塘、岸坡地段常有大量坍塌或小滑坡发生。旱季地表出现沿地形等高线延伸的地裂,长数米至数百米,宽数厘米至数十厘米,深达数米,雨期则会闭合。

② 土质特征。颜色一般呈黄、黄褐、灰白、花斑(杂色)和棕红等色。组分上多为高分散的黏土颗粒,结构致密细腻,常有铁锰质及钙质结核等零星包含物,一般呈坚硬至硬塑状态,但雨天浸水后强度剧烈降低,压缩性变大。近地表部位有不规则的网状裂隙发育,裂隙面光滑,并有灰白色黏土(主要为蒙脱石或伊利石矿物)充填,在地表部位常因失水而张开,雨期又会因浸水而重新闭合。

(2) 膨胀土的物理、力学及胀缩性指标。

① 黏粒含量高达 35%～85%,液限一般为 40%～50%,塑性指数多在 22～35 之间。

② 天然含水量接近或略小于塑限,不同季节变化幅度为 3%～6%,故一般呈坚硬或硬塑状态。

③ 天然孔隙比小,常随土体含水量的增减而变化,即增湿膨胀,孔隙比变大,失水收缩,孔隙比变小,一般在 0.50～0.80 之间,云南地区的较大一些,在 0.7～1.20 之间。

④ 自由膨胀量一般超过 40%,也有超过 100% 的。

各地膨胀土的膨胀率、膨胀力和收缩率等指标的试验结果的差异很大。实验证明,当膨胀土的天然含水量小于其最佳含水量(或塑限)之后,每减少 3%～5%,其膨胀力可增大数倍,收缩率则大为减小。

(3) 膨胀土的强度和压缩性。膨胀土在天然条件下一般处于硬塑或坚硬状态,强度较高,压缩性较低,但往往由于干缩而发育裂隙,使得整体性不好,从而导致承载力降低,并可能丧失稳定性。因此,对于浅基础、重荷载的情况,不能单纯以小块试样的强度考虑膨胀土地基的整体强度问题。当膨胀土的含水量剧烈增大或土的原状结构被扰动时,土体强度会骤然降低,压缩性会增高。有资料表明,膨胀土被浸湿后其抗剪强度将降低 1/3～2/3,而由于结构破坏,抗剪强度将膨胀土减小 2/3～3/4,压缩系数将增大 1/4～2/3。

(4) 已有建筑物的变形、裂缝特征。

① 建筑物破坏一般是在同一地貌单元的相同土层地段成群出现,特别是气候强烈变化(如长期干旱后降雨等)之后更是如此。

② 层次低、质量轻的房屋更容易破坏,4 层以上建筑物则基本不会受影响。

③ 建筑物裂缝具有随季节变化而往复伸缩的特征。

④ 山墙和内墙多出现呈倒"八"字的对称或不对称裂缝及垂直裂缝(图 2-6),外纵墙下端多出现水平裂缝,房屋角端裂缝严重,地坪多出现平行于外纵墙的长裂缝,其特点是靠近外墙者宽,离外墙较远的变窄。

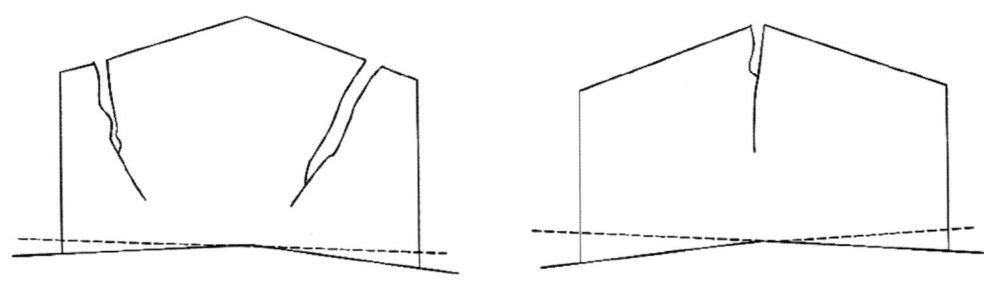

图 2-6 倒"八"字形裂缝和垂直裂缝

以上各种裂缝的总的特征是上宽下窄,水平裂缝外宽内窄,二楼的裂缝比底层的严重,且具有随季节变化而往复伸缩的特点,这些是区别于由其他原因引起的裂缝的重要特征。

3) 膨胀土的判别

判别膨胀土应采用现场调查与室内试验相结合的原则,即首先根据现场土体埋藏和分布条件等工程地质特征以及建于同一地貌单元的已有建筑物的变形和开裂情况作出初步判断,然后再根据室内试验指标进一步验证综合判别。

凡具有前述土体的工程地质特征以及已有建筑物变形、开裂特征的场地,且土的自由膨胀率大于或等于 40% 的土,应判定为膨胀土。

5. 填土

填土是由于人为堆填和倾倒以及自然力的搬运而形成的处于地表面的土层。由于人类活动方式以及自然界的变迁和发展历史的差异,填土层的组成成分及其工程性质等均表现出一定的复杂性和多样性。

根据堆填方式、堆填年限、物质组成和密实度等几个因素的不同,填土可划分为素填土、杂填土和冲填土 3 类。

(1) 素填土。素填土的物质组成主要为碎石、砂土、粉土和黏性土,不含杂质或杂质很少,按组成成分的不同,分为碎石素填土、砂性素填土、粉性素填土和黏性素填土。素填土经分层压实者,称为压实填土。把利用素土进行回填的填方地段作为建筑场地,可以节约用地,降低工程造价,但也往往会遇到对填方地基的处理问题。过去,一方面,由于经验不足,在填方地区的工程有时不论填方质量一律将基础穿过填土层而砌置在较好的天然土层上,这不但增加了工程造价,还延长了施工时间;另一方面,有的工程由于对填土质量不够重视,没有对填土作出正确评价,结果因填土变形而导致地坪严重开裂或设备基础倾斜,造成经济损失。

(2)杂填土。杂填土为含有大量杂物的填土,根据其组成物质成分和特征的不同分类如下:

①建筑垃圾土。主要由碎砖、瓦砾、朽木等建筑垃圾夹土石组成,有机质含量较少。

②工业废料土。由工业废渣、废料,如矿渣、煤渣、电石渣等夹少量土石组成。

③生活垃圾土。由居民生活中抛弃的废物,如炉灰、菜皮、陶瓷片等杂物夹土类组成,一般含有机质和未分解的腐殖质,组成物质混杂、松散。

对以上各类杂填土的大量试验研究认为,以生活垃圾和腐蚀性及易变性工业废料为主要成分的杂填土,一般不宜作为建筑物地基;对以建筑垃圾或一般工业废料为主要成分的杂填土,采用适当的措施进行处理后可作为一般建筑物地基;当杂填土均匀性和密实度较好,能满足建筑物对地基承载力要求时,可不做处理直接利用。

(3)冲填土(亦称吹填土)。冲填土是指利用专门设备(常用挖泥船和泥浆泵)将泥砂夹带大量水分,吹送至江河两岸或海岸边而形成的一种填土。在我国几条主要的江河两岸以及沿海岸边都分布有不同性质的冲填土。由于冲填土的形成方式特殊,因而它具有不同于其他类填土的工程特性。

①冲填土的颗粒组成和分布规律与所冲填泥砂的来源及冲填时的水力条件有着密切的关系。在大多数情况下,冲填土的物质是黏土和粉砂,在吹填的入口处沉积的土粒较粗,顺出口处方向则逐渐变细。

②冲填土的含水量大,透水性弱,排水固结差,一般呈软塑或流塑状态。特别是当黏粒含量较多时,水分不易排出,土体形成初期呈流塑状态,后来土层表面虽经蒸发干缩龟裂,但下面土层仍处于流塑状态,稍加扰动即发生触变现象。因此,冲填土多属未完成自重固结的高压缩性的软土。而在愈接近于外围方向,组成土粒愈细,排水固结愈差。

③冲填土一般比成分相同的自然沉积饱和土的强度低,压缩性高。冲填土的工程性质与其颗粒组成、均匀性、排水固结条件以及冲填形成的时间均有密切关系。对于含砂量较多的冲填土,它的固结情况和力学性质较好;对于含黏土颗粒较多的冲填土,评估其地基的变形和承载力时,应考虑欠固结的影响,对于桩基则应考虑桩侧负摩擦力的影响。

2.4 疏浚土的分类与分级

2.4.1 土的分类依据

《岩土工程勘察规范(2009年版)》(GB 50021—2001)、《土的工程分类标准》(GB/T 50145—2007),以及铁路、公路及水运等行业标准,均对土有详细的工程分类,各规范在总体上对土的分类基本是一致的,但因行业的特点和工程的需要,各行业规范对土类的划分又存在一定的差异。因环保疏浚工程受水运工程、水利工程、环境工程、生态等学科的交叉综合影响,牵涉疏浚土分类、污染土分类等多方面、多角度土的分类,且暂没有环保疏浚工程相关的勘察规范进行统一,因此本书以《水运工程岩土勘察规范》(JTS 133—2013)中土的分类为主,结合《内河湖库环保疏浚污染土分级分类标准》(T/CHIDA 203.3—2021)、《疏浚与吹填工程设计规范》(JTS 181—5—2012)对污染土分类、疏浚土分类分别进行详细的说明。

(1)根据地质成因,土可划分为残积土、坡积土、洪积土、冲积土、湖积土、海积土、风积土、人工填土和复合成因土。

(2)根据沉积时代,土的划分可进行下列分类:

①老沉积土。即第四纪晚更新世(Qp_3)及其以前沉积的土,一般具有较高的强度和较低的压缩性。

②一般沉积土。即第四纪全新世(Qh)文化期以前沉积的土,一般为正常固结土。

③新近沉积土。即第四纪全新世(Qh)文化期以后沉积的土,其中黏性土一般为欠固结的土,且具有强度较低和压缩性较高的特征。

(3)根据颗粒级配和塑性指数,土可划分为碎石土、砂土、粉土和黏性土。

①碎石土。粒径大于2mm的颗粒质量超过总质量50%的土应定名为碎石土。碎石土可根据颗粒级配及形状分为漂石、块石、卵石、碎石、圆砾和角砾。

②砂类土。粒径大于2mm的颗粒质量不超过总质量50%,且粒径大于0.075mm的粒径质量超过总质量50%的土应定名为砂土。砂土可根据颗粒级配进一步分为砾砂、粗砂、中砂、细砂和粉砂。

③粉土。粒径大于0.075mm的颗粒不超过总质量的50%,且塑性指数小于或等于10的土应定名为粉土。根据颗粒级配(黏粒含量),粉土可按表2-10进一步细分为砂质粉土和黏质粉土。

表 2-10 粉土的详细分类

土的名称	颗粒级配
砂质粉土	粒径小于0.005mm的颗粒含量不超过总质量的10%
黏质粉土	粒径小于0.05mm的颗粒含量超过总质量的10%

(4)黏性土。塑性指数大于10的土应定名为黏性土。根据塑性指数I_P,黏性土可按表2-11进一步细分为粉质黏土和黏土。

(5)特殊性土。在一定分布区域或工程意义上具有特殊成分、状态和结构特征的土应定名

表 2-11 黏性土的详细分类

土的名称	颗粒级配
粉质黏土	$10 < I_P \leqslant 17$
黏土	$I_P > 17$

为特殊性土,按规范一般分为湿陷性土、红黏土、软土(包括淤泥质土)、混合土、填土、多年冻土、膨胀土、盐渍土、污染土。

2.4.2 土的工程分类

本小节以《水运工程岩土勘察规范》(JTS 133—2013)中土的工程分类进行详细系统的介绍。

1. 碎石土

粒径大于2mm的颗粒质量超过总质量50%的土应定名为碎石土。碎石土可根据颗粒级配及形状按表2-12进行分类。

表 2-12 碎石土分类

名称	颗粒形状	颗粒级配
漂石	以圆形、亚圆形为主	粒径大于200mm的颗粒质量超过总质量的50%
块石	以棱角形为主	
卵石	以圆形、亚圆形为主	粒径大于20mm的颗粒质量超过总质量的50%
碎石	以棱角形为主	
圆砾	以圆形、亚圆形为主	粒径大于2mm的颗粒质量超过总质量的50%
角砾	以棱角形为主	

注:定名时应根据颗粒级配由大到小以最先符合者确定。

碎石土的密实度可用重型或超重型动力触探试验锤击数按表2-13和表2-14确定,$N_{63.5}$、N_{120}的实测值应按现行国家标准《岩土工程勘察规范(2009年版)》(GB 50021—2001)的有关规定修正。

表 2-13 碎石土密实度按 $N_{63.5}$ 分类

碎石土密实度	松散	稍密	中密	密实
重型动力触探试验锤击数 $N_{63.5}$/击	$N_{63.5} \leq 5$	$5 < N_{63.5} \leq 10$	$10 < N_{63.5} \leq 20$	$N_{63.5} > 20$

注:本表适用于平均粒径等于或小于50mm且最大粒径小于100mm的碎石土。

表 2-14 碎石土密实度按 N_{120} 分类

碎石土密实度	松散	稍密	中密	密实	密实
重型动力触探试验锤击数 N_{120}/击	$N_{120} \leq 3$	$3 < N_{120} \leq 6$	$6 < N_{120} \leq 11$	$11 < N_{120} \leq 14$	$N_{120} > 14$

注:本表适用于平均粒径大于50mm或最大粒径大于100mm的碎石土。

2. 砂土

粒径大于 2mm 的颗粒质量不超过总质量的 50%，且粒径大于 0.075mm 的粒径质量超过总质量的 50% 的土应定名为砂土。砂土可根据颗粒级配按表 2-15 进一步分类。

表 2-15 砂土分类

名称	颗粒级配	名称	颗粒级配
砾砂	粒径大于 2mm 的颗粒质量占总质量的 25%~50%	细砂	粒径大于 0.075mm 的颗粒质量超过总质量的 85%
粗砂	粒径大于 0.5mm 的颗粒质量超过总质量的 50%	粉砂	粒径大于 0.075mm 的颗粒质量超过总质量的 50%
中砂	粒径大于 0.25mm 的颗粒质量超过总质量的 50%		

注：定名时根据颗粒级配由大到小以最先符合者确定。

砂土的密实度可根据标准贯入试验锤击数按表 2-16 判定。

表 2-16 砂土密实度标准贯入试验击数分类

砂土密实度	松散	稍密	中密	密实	极密实
标准贯入试验锤击数/击	$N \leqslant 10$	$10 < N \leqslant 15$	$15 < N \leqslant 30$	$30 < N \leqslant 50$	$N > 50$

砂土颗粒组成特征应根据土的不均匀系数和曲率系数确定，当不均匀系数大于或等于 5、曲率系数为 1~3 时，为级配良好的砂土。

3. 粉土

粒径大于 0.075mm 的颗粒质量不超过总质量的 50%，且塑性指数小于或等于 10 的土应定名为粉土。粉土的密实度和湿度可根据表 2-17 和表 2-18 进行判定。

表 2-17 粉土密实度按孔隙比分类

粉土密实度	密实	中密	稍密
孔隙比 e	$e < 0.75$	$0.75 \leqslant e \leqslant 0.90$	$e > 0.90$

表 2-18 粉土湿度按含水率分类

粉土湿度	稍湿	湿	很湿
含水率 $w/\%$	$w < 20$	$20 \leqslant w \leqslant 30$	$w > 30$

4. 黏性土

粒径大于0.075mm的颗粒质量不超过总质量的50%，且塑性指数大于10的土应定名为黏性土，又可分为黏土和粉质黏土，具体见表2-19。

表2-19 黏性土分类

名称	黏土	粉质黏土
塑性指数	$I_P>17$	$10 \leqslant I_P<17$

注：塑性指数的液限值由76g圆锥仪沉入土中10mm测定。

黏性土状态应根据塑性指数按表2-20确定，黏性土的天然状态可根据标准贯入试验锤击数或锥沉量按表2-21和表2-22确定。

表2-20 根据液性指数确定黏性土的状态

黏性土状态	流塑	软塑	可塑	硬塑	坚硬
液性指数 I_L	$I_L>1$	$1 \geqslant I_L>0.75$	$0.75 \geqslant I_L>0.25$	$0.25 \geqslant I_L>0$	$I_L \leqslant 0$

表2-21 根据标准贯入试验锤击数确定黏性土的天然状态

黏性土天然状态	很软	软	中等	硬	坚硬
标准贯入试验锤击数/击	$N<2$	$2 \leqslant N<4$	$4 \leqslant N<8$	$8 \leqslant N<15$	$N \geqslant 15$

表2-22 根据锥沉量确定黏性土的天然状态

黏性土天然状态	很软	软	中等	硬	坚硬
锥沉量/mm	$h>7$	$7>h \geqslant 5$	$5>h \geqslant 3$	$3>h \geqslant 2$	$h<2$

5. 淤泥性土

在静水或缓慢的流水环境中沉积、天然含水率大于或等于36%且大于液限、天然孔隙比大于或等于1.0的黏性土应定名为淤泥性土。淤泥性土根据含水率及孔隙比的大小又可进一步细分为淤泥质土、淤泥和流泥，具体见表2-23。

表2-23 淤泥性土分类

指标	淤泥质土	淤泥	流泥
孔隙比 e	$1.0 \leqslant e<1.5$	$1.5 \leqslant e<2.4$	$e \geqslant 2.4$
含水率 w/%	$36 \leqslant w<55$	$55 \leqslant w<85$	$w \geqslant 85$

注：淤泥质土可根据塑性指数按规范再细分为淤泥质黏土、淤泥质粉质黏土。

6. 有机土

土中有机质含量不小于5%时,按现行国家标准《岩土工程勘察规范(2009年版)》(GB 50021—2001)的规定进行划分,具体又可根据有机质含量的高低划分为有机质土、泥炭质土和泥炭,见表2-24。

表2-24 有机土分类

分类名称	有机质含量 W_u/%	现场鉴别特征	说明
无机土	$W_u<5\%$		
有机质土	$5\leqslant W_u\leqslant 10\%$	深灰色,有光泽,味臭,除腐殖质外尚含少量未完全分解的动植物体,浸水后水面出现气泡,干燥后体积收缩	①如现场能鉴别或有地区经验时,可不做有机质含量测定; ②当 $W>W_L$、$1\leqslant e<1.5$ 时称淤泥质土; ③当 $W>W_L$、$e\geqslant 1.5$ 时称淤泥
泥炭质土	$10<W_u\leqslant 60\%$	深灰色或黑色,有腥臭味,能看到未完全分解的植物结构,浸水体胀,易崩解,有植物残渣浮于水中,干缩现象明显	可根据地区特点和需要按 W_u 细分为: 弱泥炭质土($10<W_u\leqslant 25\%$); 中泥炭质土($25<W_u\leqslant 40\%$); 强泥炭质土($40<W_u\leqslant 60\%$)
泥炭	$W_u>60\%$	除有泥炭质土特征外,结构松散,土质很轻,暗无光泽,干缩现象极为明显	

7. 混合土

由粗细两类土呈混合状态存在,具有颗粒级配不连续、中间粒组颗粒含量极少、级配曲线中间段极为平缓等特征的土应定名为混合土。定名时应将主要土类列在名称前部,次要土类列在名称后部,中间以"混"字联结。混合土按不同土类的含量可分为淤泥和砂的混合土、黏性土和砂或碎石的混合土,其分类方法应符合下列规定。

(1)淤泥和砂的混合土可分为淤泥混砂或砂混淤泥,并应满足下列要求:
①淤泥质量超过总质量的30%时为淤泥混砂;
②淤泥质量超过总质量的10%且少于或等于总质量的30%时为砂混淤泥。

(2)黏性土和砂或碎石的混合土可分为黏性土混砂或碎石、砂或碎石混合黏性土,并应满足下列要求:

①黏性土质量超过总质量的40%时定名为黏性土混砂或碎石;

②黏性土的质量大于10%且小于或等于总质量的40%时定名为砂或碎石混黏性土。

8. 层状构造土

层状构造土定名时应将厚层土列于名称前部,薄层土列于名称后部,根据两类土的厚度比可分为下列3类:

(1)互层土。具互层构造,两类土层厚度相差不大,厚度比一般大于1∶3。

(2)夹层土。具夹层构造,两类土层厚度相差较大厚度比1∶3～1∶10。

(3)间层土。常呈黏性土间极薄层粉砂的特点,厚度比小于1∶10。

9. 花岗岩残积土

花岗岩残积土应为花岗岩风化的最终产物,并残留在原地未经搬运,除石英外其他矿物均已变为土状的土,根据大于2mm的颗粒含量可按表(2-25)分为黏性土、砂质黏性土和砾质黏性土。

表 2-25 花岗岩残积土分类

名称	黏性土	砂质黏性土	砾质黏性土
大于2mm颗粒百分含量 $X/\%$	$X<5$	$5 \leqslant X \leqslant 20$	$X>20$

10. 填土

填土应为由人类活动堆积的土,根据其物质组成和堆填方式可分为下列3类:

(1)冲填土。由水力冲填的淤泥性土、砂或粉土。

(2)素填土。由碎石类土、砂土、粉土、黏性土等一种或几种堆积的填土。

(3)杂填土。含有建筑垃圾、工业废料或生活垃圾的填土。

2.4.3 疏浚岩土的分类

根据《疏浚与吹填工程设计规范》(JTS 181—5—2012),疏浚岩土应分为岩石类和土类。疏浚岩石应按强度进行分类,并考虑风化程度、成因、软化系数等因素。疏浚土类应按颗粒组成及其特征、天然含水量、塑性指数及有机物含量分为有机质土及泥炭、淤泥土类、黏性土类、粉土类、砂土类和碎石土类。

1. 疏浚岩石分类

疏浚岩石可按下列因素分类。

(1)根据岩石强度分为硬质岩石和软质岩石(表2-26),强度指标应采用实测的岩石单轴

饱和极限抗压强度。当客观条件不具备时,也可采用实测的岩石点荷载强度指数按式(2-16)换算:

$$R_c = 22.82 I_{s(50)}^{0.75} \tag{2-16}$$

式中:R_c——单轴饱和极限抗压强度(MPa);

$I_{s(50)}$——岩石点荷载强度指数(MPa)。

(2)根据岩石风化程度划分为未风化、微风化、中等风化、强风化、全风化。其风化特征见表2-27。

(3)根据岩石成因分为岩浆岩、沉积岩、变质岩。

(4)根据岩石软化系数(K_R)分为软化岩石($K_R \leqslant 0.75$)和不软化岩石($K_R > 0.75$)。软化系数K_R按下式确定:

$$K_R = \frac{R_c}{R_d} \tag{2-17}$$

式中:K_R——软化系数;

R_c——单轴饱和极限抗压强度(MPa);

R_d——岩石的干极限抗压强度(MPa)。

表 2-26 岩石按强度分类

类别	亚类	强度/MPa	代表性岩石
硬质岩石	坚硬岩	$R_c > 60$	未风化—微风化的花岗岩、正长岩、闪长岩、辉绿岩、玄武岩、安山岩、片麻岩、石英片岩、硅质板岩、石英岩、硅质胶结的砾岩、石英砂岩、硅质石灰岩等
硬质岩石	较坚硬岩	$30 < R_c \leqslant 60$	①中等风化的坚硬岩; ②未风化—微风化的溶结凝灰岩、大理岩、板岩、白云岩、石灰岩、钙质胶结的砂岩等
软质岩石	较软岩	$15 < R_c \leqslant 30$	①强风化的坚硬岩; ②中等风化的较坚硬岩; ③未风化—微风化的凝灰岩、千枚岩、砂质泥岩、泥灰岩、泥质砂岩、粉砂岩、页岩
软质岩石	软岩	$5 < R_c \leqslant 15$	①中等风化—强风化的较坚硬岩; ②中等风化的较软岩; ③未风化的泥岩等
软质岩石	极软岩	$R_c \leqslant 5$	①全风化的各种岩石; ②各种半成岩

表 2-27 岩石按风化程度分类

名称	风化特征
未风化	结构构造未变,岩质新鲜
微风化	结构构造、矿物色泽基本未变,部分裂隙面有铁质锰质渲染
中等风化	结构构造部分破坏,矿物色泽较明显变化,裂隙面出现风化矿物或存在风化夹层
强风化	结构构造大部分破坏,矿物色泽明显变化,长石、云母等多风化成次生矿物
全风化	结构构造全部破坏,矿物成分除石英外,大部分风化成土状

2. 疏浚土分类

疏浚土类根据颗粒组成及其特征、天然含水量、塑性指数及有机物含量分为有机质土及泥炭、淤泥土类、黏性土类、粉土类、砂土类和碎石土类。

(1)有机质土及泥炭是含有大于或等于总质量5%的腐殖质及纤维质、呈黑色或褐色并有臭味的土的总称。

(2)淤泥土类系指在静水或缓慢的流水环境中沉积,或伴有生物化学作用形成的黏性土,其天然含水量大于液限,天然孔隙比大于或等于1.0。淤泥土类根据孔隙比或含水量分为淤泥质土、淤泥、流泥、浮泥。淤泥质土还应根据塑性指数 $I_P>17$ 或 $10<I_P\leqslant17$ 再划分为淤泥质黏土或淤泥质粉质黏土。

(3)黏性土类系指塑性指数 $I_P>10$ 的土,按塑性指数大小分为黏土、粉质黏土。

(4)粉土类系指粒径大于0.075mm的颗粒含量小于总质量的50%,且塑性指数小于或等于10,黏粒含量大于或等于3%、小于15%的土。根据黏粒含量不同又可分为黏质粉土和砂质粉土。

(5)砂土类分别按粒径大于0.075mm、0.25mm、0.5mm、2.0mm的颗粒含量占总质量的百分比定名为粉砂、细砂、中砂、粗砂、砾砂。

(6)碎石土类分别按粒径大于2mm、20mm、200mm的颗粒含量大于总质量50%的颗粒级配及颗粒形状定名为角砾、圆砾、碎石、卵石、块石、漂石。珊瑚碎块属于碎石土类。

疏浚土的分类指标见表2-28。

表 2-28 疏浚土分类表

岩土类别	岩土名	分 类 标 准
有机质土及泥炭	有机质土及泥炭	$Q \geqslant 5\%$
淤泥类	浮泥	$W > 150\%$
淤泥类	流泥	$85\% < W \leqslant 150\%$
淤泥类	淤泥	$55\% < W \leqslant 85\%$、$1.5 < e \leqslant 2.4$
淤泥质土类	淤泥质土	$36\% < W \leqslant 55\%$、$1.0 < e \leqslant 1.5$
黏性土类	黏土	$I_P > 17$
黏性土类	粉质黏土	$10 < I_P \leqslant 17$
粉土类	黏质粉土	$d > 0.075$mm、颗粒含量小于总质量的50%、$I_P \leqslant 10$、$10\% \leqslant M_c < 15\%$
粉土类	砂质粉土	$d > 0.075$mm、颗粒含量小于总质量的50%、$I_P \leqslant 10$、$3\% \leqslant M_c < 10\%$
砂土类	粉砂	$d > 0.075$mm、颗粒含量大于总质量的50%
砂土类	细砂	$d > 0.075$mm、颗粒含量大于总质量的85%
砂土类	中砂	$d > 0.025$mm、颗粒含量大于总质量的50%
砂土类	粗砂	$d > 0.5$mm、颗粒含量大于总质量的50%
砂土类	砾砂	$d > 2.0$mm、颗粒含量占总质量的25%～50%
碎石土类	角砾、圆砾	$d > 2.0$mm、颗粒含量大于总质量的50%
碎石土类	碎石、卵石	$d > 20$mm、颗粒含量大于总质量的50%
碎石土类	块石、漂石	$d > 200$mm、颗粒含量大于总质量的50%

注：Q.有机质含量(%)；I_P.塑性指数；d.粒径(mm)；W.天然含水量(%)；e.孔隙比；R_c.单轴饱和抗压强度(MPa)；M_c.黏粒含量($d < 0.005$mm)。

3. 混合土

混合土系指粗细颗粒两类及以上土呈混杂状态的土类,定名时将主要土类列在名称前部,次要土类列在名称后部,中间以"混"字联结,如淤泥混砂、砂混淤泥、黏性土混砂或碎石等,并符合下列规定:

(1)淤泥和砂的混合土属海陆交互相沉积的一种特殊土,其中淤泥含量大于总质量的30%为淤泥混砂;淤泥含量大于总质量的10%、小于或等于总质量的30%为砂混淤泥。

(2)黏性土和砂或碎石的混合土属坡积、洪积等成因形成的土,其中黏性土含量大于总质量的40%为黏性土混砂或碎石;黏性土含量大于总质量的10%、小于或等于总质量的40%为砂或碎石混黏性土。

确定混合土时,应结合土的颜色、密实度、强度等加以描述,例如松散卵石混砾砂、坚硬的白色粉质黏土混粗砂、硬胶结黏土混砾砂等。

4. 层状土

层状土是两类不同的土层相间成韵律沉积,具有明显层状构造特征的土,定名时应将厚层土列在名称前部,薄层土列在名称后部,根据其成因及两类土层的厚度比可分为互层土、夹层土和间层土。

(1)层状土的定名应符合下列规定:

①互层土。呈交错互层构造,两类土层厚度相差不大,厚度比大于1/3,例如黏土与粉砂互层。

②夹层土。具有夹层构造,两类土层厚度相差较大,厚度比为1/10~1/3,例如黏土夹粉砂层。

③间层土。常呈很厚的黏性土间有极薄层粉砂土,厚度比小于1/10,例如黏土间薄层粉砂。

(2)在确定层状土时,对具有互层、夹层、间层的土层,除分层的层理外,尚应综合土的层理特征作出评价。

5. 残积土

残积土系指硬质岩石、软质岩石完全风化后,未经搬运而残留原地的碎屑土。其中花岗岩残积土可按大于2mm颗粒含量百分比分类如下:砾质黏性土,大于2mm颗粒含量大于总质量的20%;砂质黏性土,大于2mm颗粒含量小于或等于总质量的20%;黏性土,不含大于2mm的颗粒。

2.4.4 疏浚岩土的分级

疏浚岩土应根据疏浚机具对其挖掘、提升、输送等的难易程度进行分级。疏浚岩土工程特性指标应包括判别指标和辅助指标。疏浚岩土应以判别指标为主、辅助指标为辅进行分级。

疏浚岩石的分级应符合下列规定：

(1)疏浚岩石工程特性应根据岩石的强度与结构对疏浚设备的可挖性予以确定。

(2)疏浚岩石的工程特性指标应以岩块的单轴饱和抗压强度为判别指标。部分软质岩石、全风化和强风化岩石及珊瑚礁等相对较松软的岩石，可采用标准贯入击数为判别指标。

(3)对单轴饱和抗压强度小于或等于30MPa的岩石应分为弱、中等、稍强3级；对单轴饱和抗压强度大于30MPa的岩石可先进行爆破、击碎等预处理。

(4)疏浚淤泥的工程特性应以土的流变性、稠度对疏浚管道输送性能的影响为主确定，有机质土、泥炭与淤泥应划分为同一级土。

疏浚淤泥质土的分级应符合下列规定：

(1)疏浚淤泥质土的工程特性应以土的流变性、稠度对疏浚管道输送性能的影响为主确定。

(2)疏浚淤泥质土应以天然重度和液性指数为判别指标，以标准贯入击数、抗剪强度为辅助指标。

疏浚黏性土的分级应符合下列规定：

(1)疏浚黏性土的工程特性应以土的抗剪强度对疏浚设备挖掘与输送能力的影响为主确定，并应考虑土的稠度、塑性、附着力等的影响。

(2)疏浚黏性土类应按工程特性分为中等、硬、坚硬3级，级别划分应以抗剪强度和天然重度为判别指标，以标准贯入击数、液性指标和附着力为辅助指标。

疏浚砂性土的分级应符合下列规定：

(1)疏浚砂土类的工程特性应以土的密实程度、颗粒组成对疏浚设备挖掘与输送能力的影响为主确定。

(2)砂性土类应按工程特性分为松散、中密、密实3级，级别划分应以标准贯入击数和天然重度为判别指标，以相对密度为辅助指标。

(3)疏浚粉土类中的黏质粉土应归入黏性土类，砂质粉土应归入砂性土类。

疏浚碎石土的分级应符合下列规定：

(1)疏浚碎石土类的工程特性应以土的密实程度、颗粒组成对疏浚设备挖掘与输送能力的影响为主确定。

(2)疏浚碎石土类应以重型动力触探击数 $N_{63.5}$ 和密实判数为判别指标。

疏浚岩土的工程特性和分级应按表2-29和表2-30确定。疏浚岩土性质对疏浚施工的影响可按表2-31确定。

表 2-29 疏浚岩土工程特性和分级

岩土类型	级别	状态	强度及结构特征	判别指标					辅助指标			
				标贯击数 N/击	抗剪强度 τ/kPa	天然重度 γ/(kN·m⁻³)	液性指数 I_L	标贯击数 N/击	液性指数 I_L	抗剪强度 τ/kPa	附着力 F/(g·cm⁻²)	相对密度 D_r	烧灼减量 Q_s/%
有机质土、泥炭、淤泥类	1	流动 极软	可能是密实的或松散的,强度和结构在水平或垂直方向上可能相差很大,并存在气体	—	—	$\gamma<16.6$	$I_L>1.0$	—	—	—	—	—	$Q_s \geq 5$
淤泥质土类	2	软	极易用手指捏成形	—	$\tau \leq 50$	$\gamma \leq 17.6$	$I_L>0.75$	$N \leq 4$	—	$\tau \leq 25$	弱:50~150;中等:150~250;强:>250。附着力越大越难开挖	—	—
黏性土类	3	中等	稍用力捏可成形	—	$50<\tau \leq 100$	$\gamma \leq 18.7$	—	$N \leq 8$	$I_L \leq 0.75$	—			
	4	硬	手指需用力捏才成形	—	$\tau>100$	$\gamma \leq 19.5$	—	$N \leq 15$	$I_L \leq 0.50$	—			
	5	坚硬	不能用手指捏成形,可用大拇指压出凹痕	—	—	$\gamma>19.5$	—	$N>15$	$I_L<0.25$	—			

续表 2-29

岩土类型	级别	状态	强度及结构特征	判别指标				辅助指标					
				标贯击数 N/击	抗剪强度 τ/kPa	天然重度 γ/(kN·m⁻³)	液性指数 I_L	标贯击数 N/击	液性指数 I_L	抗剪强度 τ/kPa	附着力 F/(g·cm⁻²)	相对密度 D_r	烧灼减量 Q_L/%
砂土类	6	松散	较容易将12mm钢筋捅入土中	N≤10	—	γ≤18.6	—	满足 C_u≥5，C_u=1~3 为良好级配的砂(SW)；不能满足以上条件的为不良级配砂(SP)；相同条件下级配越好越密实				D_r≤0.33	—
	7	中密	用2~3kg重锤很容易将12mm钢筋打入土中	N≤30	—	γ≤19.6	—					D_r≤0.67	—
	8	密实	用2~3kg重锤打12mm钢筋入土中30mm	N>30	—	γ>19.6	—					D_r>0.67	—

第 2 章 疏浚岩土的分类及工程性质

表 2-30 疏浚岩土工程特性和分级

岩土类型	级别	状态	强度及结构特征	判别指标					辅助指标
				重触击数 $N_{63.5}$/击	密实判数 DG	标贯击数 N/击		抗压强度 R_c/MPa	颗粒级配
碎石土类	9	松散—中密	骨架颗粒含量小于总质量的70%，呈混乱交错排列，或部分连续接触，充填物包裹大部分骨架颗粒，且呈疏松或中密状态	$N_{63.5} \leq 20$	DG≤70	—		—	满足 $C_u \geq 5$，$C_c=1\sim3$ 为良好级配的砾石（GW）；不能满足以上条件的为不良级配的砾石（GP）；相同条件下级配越好越密实
	10	密实	骨架颗粒含量大于70%，呈交错排列、连续接触，或只有部分骨架颗粒连续接触，但充填物呈紧密状态	$N_{63.5}>20$	DG>70	—		—	—
岩石类	11	弱	锤击声哑，无回弹，有较深回痕，手可捏碎，镐可挖掘，浸水后，手可捏成团	—	—	$N<50$		$R_c \leq 5$	—
	12	中等	锤击声哑，无回弹，有回痕，镐可挖掘易碎，浸水后，手可掰开	—	—	—		$R_c \leq 15$	—
	13	稍强	锤击不清脆，无回弹，有回痕，锤击较易击碎，镐难挖掘，浸水后，指甲可刻出印痕	—	—	—		$R_c \leq 30$	—

表 2-31 疏浚岩土性质对疏浚施工的影响

岩土类别	疏浚岩土性质指标	挖掘方法	输送方法	腐蚀作用	吹填物	疏浚边坡的稳定性
黏性土	粒径分布	√	—	√	—	—
	强度	√	√	—	—	√
	塑性/含水量	√	√	—	—	—
	天然密度	√	—	—	—	√
	矿物成分	—	—	√	—	—
	颗粒相对密度	—	√	—	—	—
	气体含量	√	√	—	—	—
	流变性质	√（软土）	√（软土）	—	—	—
	有机质含量	√	√	—	—	—
非黏性土	粒径分布	√	√	√	√	—
	相对密度	√	—	—	—	√
	压缩特性	—	—	—	√	—
	天然密度	√	√	—	—	—
	矿物成分	—	√	√	—	—
	颗粒相对密度	—	√	√	—	—
	磨圆度	—	—	√	—	—
	渗透性	√	—	—	—	—
	有机质含量	√	—	—	√	—
岩石	岩石强度	√	—	—	—	√
	弹性	√	—	—	—	—
	矿物成分	√	√	√	—	—
	结构、构造	√	√	√	—	√
	密度	√	√	√	—	—

注：表中"√"表示有影响；"—"表示无影响。

第3章 环保疏浚岩土工程勘察阶段划分及基本要求

在水环境治理工程开始之前,一般都要了解和掌握拟治理区域范围土层的分布条件与规律、污染物的类型、污染底泥的厚度与范围、污染程度等,并根据掌握的资料对水环境治理工程的实施给出科学合理的建议和技术参数。环保疏浚岩土工程勘察是为水环境治理工程服务的,因此勘察工作必须结合具体水环境的特点开展,即勘察工作要有明确的针对性和目的性。针对不同类型水环境治理工程项目的规模、复杂程度、重要性等级,各勘察阶段的工作内容、方法和详细程度有显著的差别(周健等,2004;王奎华,2016)。

3.1 环保疏浚岩土工程勘察等级的划分

一般岩土工程勘察等级是根据工程重要性、场地复杂程度以及地基复杂程度综合确定的,详述如下。

3.1.1 岩土工程重要性等级的划分

一般根据工程的规模和特征以及由于岩土工程问题造成工程破坏或影响正常使用所产生的后果,将工程分为3个重要性等级(《岩土工程勘察规范(2019年版)》(GB 50021—2001)),如表3-1所示。

表3-1 岩土工程勘察等级

岩土工程重要性等级	工程性质	破坏后引起后果
一级工程	重要工程	很严重
二级工程	一般工程	严重
三级工程	次要工程	不严重

3.1.2 场地等级的划分

根据场地的复杂程度,可按规定分为3个等级,如表3-2所示。

表 3-2 场地等级划分

场地等级	特征条件	条件满足方式
一级场地 （复杂场地）	对建筑抗震危险的地段	满足其中一条及以上者
	不良地质作用强烈发育	
	地质环境已经或可能受到强烈破坏	
	地形地貌复杂	
	有影响工程的多层地下水、岩溶裂隙水或其他复杂的水文地质条件，需专门研究的场地	
二级场地 （中等复杂场地）	对建筑抗震不利的地段	满足其中一条及以上者
	不利地质作用一般发育	
	地质环境已经或可能受到一般破坏	
	地形地貌较复杂	
	基础位于地下水位以下的场地	
三级场地 （简单场地）	抗震设防烈度等于或小于Ⅵ度，或对建筑抗震有利的地段	满足全部条件
	不良地质作用不发育	
	地质环境基本未受迫害	
	地形地貌简单	
	地下水对工程无影响	

3.1.3 场地复杂程度的划分

根据地基复杂程度，场地复杂程度可按规定分为 3 个等级，见表 3-3。

表 3-3 场地复杂程度划分

场地等级	特征条件	条件满足方式
一级地基（复杂地基）	岩土种类多，很不均匀，性质变化大，需特殊处理	满足其中一条及以上者
	严重湿陷、膨胀、盐渍、污染的特殊性岩土，以及其他情况复杂、需做专门处理的岩土	
二级地基（中等复杂地基）	岩土种类较多，不均匀，性质变化较大	满足其中一条及以上者
	除一级地基中规定的其他特殊性岩土	

续表 3-3

场地等级	特征条件	条件满足方式
三级地基（简单地基）	岩土种类单一，均匀，性质变化不大	满足全部条件
	无特殊性岩土	

3.1.4 岩土工程勘察等级的划分

按照表3-1～表3-3确定了工程的重要性等级、场地复杂程度等级以及地基复杂程度等级后，就可进行岩土工程勘察等级的划分，具体的划分标准见表3-4。

表 3-4 岩土工程勘察等级的划分

岩土工程勘察等级	划分标准
甲级	在工程重要性、场地复杂程度和地基复杂程度等级中，有一项或多项为一级
乙级	除勘察等级为甲级和丙级以外的勘察项目
丙级	工程重要性、场地复杂程度和地基复杂程度等级均为三级

注：建筑在岩质地基上的一级工程，当场地复杂程度及地基复杂程度均为三级时，岩土工程勘察等级可定为乙级。

而具体到环保疏浚工程，可以参照上述规定，根据疏浚水域的规模类别、工程重要性、投资规模、疏浚区场地复杂程度、疏浚土复杂程度等几方面来综合确定。

3.2 环保疏浚岩土工程勘察阶段划分及基本要求

国家标准《岩土工程勘察规范（2009年版）》（GB 50021—2001）总则规定，各项工程建设在设计和施工之前，必须按照基本建设程序进行岩土工程勘察。岩土工程勘察应按工程建设各阶段的要求，正确反映场地的工程地质情况，查明工程相关的地质要素，精心勘察、分析，提出资料完整、评价正确的勘察报告。由此可见，岩土工程勘察的阶段划分是与工程设计及施工的阶段密切相关的，针对水环境治理工程的可行性研究、初步设计和施工图设计3个阶段，相应的岩土工程勘察一般宜分为可行性研究勘察、初步勘察和详细勘察3个阶段。可行性研究勘察应符合水环境治理项目实施可行性论证的要求；初步勘察应符合初步设计或扩大初步设计的要求；详细勘察应符合施工图设计的要求。对地质条件复杂或有特殊施工要求的项目，尚应进行施工勘测。而对地质条件简单、面积不大或有较多经验积累的地区，则可简化勘察阶段。

因环保疏浚工程与水运工程的港池、航道与湖泊河流的疏浚较接近，以下各勘察阶段的要求参考《水运工程岩土勘察规范》（JTS 133—2013）内容进行说明，牵涉底泥调查、分析评价部分内容参考环境污染调查的相关规范。

3.2.1 总体要求及勘察阶段划分

环保疏浚工程实施的主要目的是对江河湖库内源污染底泥进行疏挖，因此环保疏浚勘察的主要工作应是在资料收集分析的基础上,查明污染底泥的污染层厚度、污染物分布范围、评价污染程度、确定底泥的土质及分布特征、分布规律等,为疏浚工程的设计提供充足的依据。具体应满足以下要求:

(1)勘察工作应具有相应资质的勘察单位承担。当有多个单位共同承担同一勘察任务时,应由一个单位作为总体负责单位,统一协调勘察工作。

(2)勘察阶段宜分为可行性研究阶段勘察、初步设计阶段勘察和施工图设计阶段勘察,必要时进行施工勘察,并应符合下列规定:

①场地较小且地质条件简单的工程可合并勘察阶段。当工程方案已经确定,可根据实际情况进行一次性勘察。

②各勘察阶段提交的成果应满足相应阶段设计和施工的需要。各阶段的勘察工作宜相互衔接,前阶段的勘察成果应在后阶段的勘察中充分利用。

(3)勘察工作的内容、方法和工作量应根据下列因素确定:

①勘察阶段。

②工程安全等级、规模、类型和结构特点。

③建设场地的工程地质条件。

④工程设计和施工的要求。

⑤当地工程建设经验。

(4)勘察应根据工程设计要求、场地的工程地质条件与当地勘察经验,经济合理地综合应用工程地质调查和测绘、勘探、原位测试和室内试验等多种技术方法。

(5)勘察宜按收集资料、现场踏勘、编写勘察大纲、工程地质调查和测绘、勘探和原位测试、室内试验、资料分析整理和环保疏浚工程勘察报告编制的程序进行,并应保证合理的勘察周期。

(6)勘察资料的收集应符合下列规定:

①区域和建设场地的基础地质资料和岩土工程勘察资料包括地貌、地层、地质构造、岩土性质、地下水、不良地质作用、岩土工程评价等。

②地形、水深和岸线变迁等图件和说明,平面、高程控制等资料。

③当地地基基础、疏浚等工程勘察经验和设计、测试和施工经验。

④有关的气象、水文资料。

⑤地震和震害情况,地质灾害资料。

⑥水下和地下文物、建筑物、沉船、管道、电缆和其他异物分布情况。

⑦地表水水质、污染源(包括点源和面源)和生物种类等资料的收集。

⑧治理区范围内行政区划及人口、经济水平和历史文化等社会环境等方面的资料。

(7)勘察资料的分析与应用应包括下列内容:

①了解资料的来源、产生的年代、执行的技术标准和工作方法、应用的基础资料以及鉴定审批意见等,并根据需要对所收集资料按现行标准进行整理、分析与验证后应用。

②场地的地质环境与资料形成时已有明显改变,需分析所收集资料的适用性。

(8)勘察大纲的编制应符合下列规定:勘察大纲应在了解工程特性、设计意图、勘察的要求、场地的工程地质条件与开展勘察工作条件的基础上,根据勘察合同或委托方的勘察技术要求以及搜集的资料和现场踏勘情况进行编制。勘察大纲应包括下列内容:

①工程名称、地点和任务来源。

②勘察依据,执行的标准。

③勘察阶段、目的与任务。

④工程概况、设计方案、规模等级。

⑤现场工作条件和地形地貌等地质情况,包括已知的不良地质、已建工程情况。

⑥前期勘察及审查咨询主要结论、意见。

⑦勘察重点、技术路线和工作思路。

⑧勘察的内容,工作方法和技术要求,主要包括工程地质调查和测绘、勘探、原位测试、室内试验、长期观测等,以及重点分析、评价的工程地质问题。

⑨勘察工期、勘察程序、进度安排、人员配备、技术装备、环境与职业健康安全、质量保证措施及后期服务。

⑩成果的项目、名称、数量、技术要求。

⑪附加的项目、名称、数量、技术要求。

(9)勘察资料的分析整理应贯穿勘察的全过程,并通过勘察资料的及时分析整理,完善勘察工作。岩土工程勘察报告应客观反映场地的工程地质条件,资料完整、评价正确。

(10)重要的项目或地质条件复杂的项目初步设计阶段或施工图设计阶段的勘察报告应由委托方组织评审验收。

3.2.2 可行性研究阶段

工程可行性研究阶段勘察应对场地的污染物来源、底泥污染层的土质、厚度及分布范围和分布规律、疏浚工程量等进行分析评价,成果应足以支撑项目的设计、方案比选、疏浚工艺的选择、底泥处理处置的选择等,总体上满足项目实施可行性的论证对勘察资料的需要,具体要求如下:

(1)工程可行性研究阶段勘察应在收集资料的基础上,根据工程拟疏浚治理的范围和场地工程地质条件开展工程地质测绘和勘探工作。

(2)勘察应包括以下内容:

①各地貌单元、地质构造、岩土层分布及其成因类型、形成时代、产状要素、物理力学性质。

②调查地下水类型、含水层性质、承压含水层的厚度、透水性、承压水头以及顶板和底板的位置,各含水层和地表水体的层间水力联系。

③调查不良地质作用、特殊性岩土及其特征,并作出初步评价。

④初步评价开挖边坡、护岸的稳定性,并提出边坡坡率的建议值。

⑤调查拟治理区域内污染物的来源、污染物的主要种类及平面、垂向分布,评价污染底泥的污染程度等。

⑥初步评价拟疏浚底泥的范围、工程量、可疏挖性、管道输送适宜性等,应满足初步设计

阶段方案编制对勘察资料的需要。

（3）根据《河流湖泊环保疏浚工程技术指南》《水运工程岩土勘察规范》(JTS 133—2013)，可行性研究阶段拟疏浚治理范围内的勘探点布置，对勘探点的布置要求如下：

①河流地区线上勘探点间距不大于150m，且总数不小于3个。

②湖泊地区块状水域按100～200m网格状或交错梅花状布置，不规则水域根据实际情况按上述间距确定原则布置。

③勘探孔钻进深度一般宜达到设计疏浚深度以下1～2m。

④其他勘探孔（如脱水场地、护岸）的布置、勘探深度应满足相关规范的要求。

⑤对地貌单元较多的场地和基岩埋藏较浅而岩性与构造复杂、岩面起伏较大的场地，勘探点宜根据实际需要进行局部加密。

⑥勘探点中控制性勘探点数量不得少于勘探点总数的1/2；取原状土孔数不得少于勘探点总数的1/3，其余勘探点应为原位测试孔；土质不易取得原状土样或土样不宜做室内试验时，可适当减少取原状土孔数量，并应增加原位测试的工作量。

⑦进行底泥化学检测的样品钻孔数量应满足初步确定污染物种类、分布的要求，如存在局部污染物分布复杂、含量变化大等情况，可在原设计布孔和取样数量的基础上适当进行局部加密，以较准确地控制底泥污染物分布。

3.2.3 初步设计阶段

初步设计阶段应初步查明拟疏浚范围的污染底泥分布情况、脱水场地等的工程地质与水文地质条件，提供工程疏浚及脱水场地建设等需要的岩土参数，并作出岩土工程评价、底泥污染范围、污染深度及污染程度等的评价，满足工程初步设计阶段对岩土物理力学、底泥污染分布及污染程度等参数的需要，主要工作如下：

（1）收集与项目相关的文件、工程地质、底泥污染情况、场地地形图等方面的资料，以指导本阶段勘察工作的开展。

（2）初步查明工程范围内各地貌单元的形态、岩土类别、成因、时代、物理力学性质、分布规律、与工程建设有关的地质构造及其发育特征。

（3）初步查明拟疏浚范围内底泥的污染物种类、污染物分布范围、污染底泥的厚度等关键参数，评价污染底泥的污染程度等。

（4）初步查明不良地质作用的类型、分布范围或边界条件、发育程度和形成原因，论证对水环境治理工程的实施和对开挖边坡稳定性的影响程度，并提出防治措施的建议。

（5）初步查明地下水类型、含水层性质、补给与排泄条件、水位变化幅度，以及承压含水层厚度、透水性、承压水头、顶板和底板位置、各含水层和地表水体的层间水力联系。

（6）分析评价脱水场地等地基、岸坡或边坡稳定性，提出基础形式、基础持力层和地基处理的建议。

（7）在疏浚范围内的底泥污染分析和评价的基础上，对底泥疏浚范围、疏浚深度、底泥的处理处置等提出合理性的建议。

（8）初步判定水和土对建筑材料的腐蚀性，分析水的类别和等级。

(9)对于抗震设防烈度等于或大于Ⅵ度的场地,对场地与地基的地震效应作出初步评价。

勘察工作应采用工程地质调查、测绘、勘探、原位测试和室内试验、建模分析相结合的方法进行,并结合场地地质条件的简单或复杂程度确定合理的方法和勘察手段,根据掌握的地质条件变化情况及时调整勘察方法和技术要求。

勘察取样工作的布置宜符合下列要求:

(1)勘察工作的范围应为已确定的工程实施(疏浚)范围或脱水场地及其影响区。

(2)勘探点的位置、数量和深度应满足疏浚范围、疏浚深度,脱水场地建设、底泥处理处置等设计的需要。

(3)初步设计阶段勘探点及勘探线宜根据表3-5布置。

表3-5 初步设计阶段勘探点及勘探线布置

区域	地质条件	勘探线间距/m	勘探点间距/m
河流	复杂	50～75	50～75
	一般	75～100	75～100
	简单	100～150	100～150
湖泊	复杂	50～75	50～75
	一般	75～100	75～100
	简单	100～150	100～150

(4)勘探线和勘探点宜在比例尺为1:1000或1:2000的地形图(或带坐标无人机影像图)上布置。在满足表3-5勘探点和勘探线要求的基础上,可根据工程要求、地貌特征、污染物分布范围及特征、岩土分布、不良地质作用的发育情况适当局部加密或调整勘探点,以满足工程设计的需要为准。

(5)取原状土的钻孔数量不少于勘探点总数的1/2,控制性勘探点的数量不少于勘探点总数的1/3。

(6)取原状土样和标准贯入试验等原位测试间距宜为1～2m,主要土层中应有足够数量的代表性原状土样和试验数据;当地层厚度大且土质均匀时可适当放宽取样和原位测试间距,地层变化较大时应及时增加取样和测试数量。

(7)一般性勘探孔钻进深度宜达到设计疏浚深度以下1～2m;控制性勘探孔钻进深度宜适当加大到疏浚深度以下3～5m,以能准确地揭露污染物在纵向上的分布特征为准。如有水利方面的勘察要求,以要求高的为准。

(8)底泥污染物检测样品的数量横向上应满足控制污染物分布范围的要求,纵向上应满足底泥污染分层的要求。

3.2.4 施工图设计阶段

施工图设计阶段的勘察应在初步设计阶段勘察的基础上进一步查明场地的工程地质、水文地质条件及污染物的分布情况,深入开展场地岩土工程评价、底泥污染分析评价等工作,提供施工图设计阶段所需的岩土参数,满足施工图设计、施工及可能不良地质作用防治的需要,并对疏浚工程设计、脱水场地建设、不良地质现象的防治等提出建议和意见。主要应开展下列工作:

(1)查明项目实施范围内岩土层的类别、分布特征、物理力学性质,分析和评价疏浚土的可疏挖性、管道输送适宜性,评价脱水场地地基的稳定性、均匀性和承载力等。

(2)查明底泥污染物的主要种类、分布范围和污染深度,评价污染底泥的污染程度,进行污染底泥的分级分类等。

(3)查明工程范围内埋藏的河道、沟浜、墓穴、孤石、水下障碍物等不利的工程实施条件。

(4)查明不良地质作用的类型、成因、分布范围、发展趋势和危害程度,提出整治方案的建议。

(5)查明地下水的埋藏条件,提供地下水位及其变化幅度。

(6)在季节性冻土地区,提供场地土的标准冻结深度。

(7)判定水和土对建筑材料的腐蚀性,分析地表水的类别和等级。

(8)在抗震设防烈度等于或大于Ⅵ度的场地,进行场地和地震效应的分析评价;勘探线和勘探点的布置间距宜满足表3-6的要求。

表3-6 施工图设计阶段勘探线及勘探点布置

区域	地质条件	勘探线间距/m	勘探点间距/m
河流	复杂	20~50	20~50
	一般	50~75	50~75
	简单	75~100	75~100
湖泊	复杂	20~50	20~50
	一般	50~75	50~75
	简单	75~100	75~100

在疏浚设计深度内遇有污染物分布状况、地形、岩土性质变化较大时应加密勘探点,小区域、孤立区域的勘探点不得少于3个。河流入湖口、湖湾区、水源地、重要旅游区域及水污染较重水域可酌情加密布设勘探点。

(1)取原状土孔数量不得少于勘探点总数的1/3,其余勘探点应主要为原位测试孔;勘探点中控制性勘探点数量不得少于勘探点总数的1/6。

(2)土工取样间距应为1~2m,重点取样区土层变化大时应加密取样或连续取样,有足够经验或已有资料比较丰富时可适当加大取样间距;化学取样的间距应分层进行,可按《河流湖泊环保疏浚工程技术指南》要求进行。

(3)一般性勘探孔钻进深度一般宜达到设计疏浚深度以下1~2m;控制性勘探孔钻进深度宜适当加大到疏浚深度以下3~5m,以能准确地揭示污染物在纵向上的分布特征为准。如有水利方面的勘察要求,以要求严的为准。

第4章　环保疏浚工程地质测绘与底泥污染调查

4.1　概　述

工程地质测绘和调查一般在环保疏浚工程勘察的早期阶段（可行性研究或初步勘察阶段）进行，也可用于详细勘察阶段对某些专门地质问题进行补充调查。工程地质测绘和调查能在较短时间内查明较大范围内的主要工程地质条件，不需要复杂设备和大量资金、材料，而且效果显著。在测绘和调查工作对地面地质情况了解的基础上，常常可以对地质情况作出迅速准确的分析和判断，为进一步勘探及试验工作奠定良好的基础。另外，工程地质测绘和调查也可以大大减少勘探和试验的工作量，从而为合理布置整个勘察工作，节约勘察费用提供有利条件，尤其是在山区和河谷等地层出露条件较好的地区，工程地质测绘和调查往往成为最主要的岩土工程勘察方法。

工程地质测绘和调查的主要任务是在地形地质图上填绘出测区的工程地质条件，其内容应包括测区的所有工程地质要素，即查明拟建场地的地层岩性、地质构造、地形地貌、水文地质条件、工程动力地质现象、已有建筑物的变形和破坏情况及以往建筑经验、可利用的天然建筑材料的质量及其分布等多方面，因此它属于多项内容的地表地质测绘和调查工作。如果测区已经进行过地形、地貌、水文地质等方面的测绘调查，则工程地质测绘和调查首先可在此基础上进行工程地质条件的综合，如发现尚缺少某些内容，则需进行针对性的补充测绘和调查（王奎华，2016）。

针对环保疏浚工程而言，工程地质测绘和调查除常规的内容外，还应包括江河湖泊污染物的来源、污染物的种类、可能分布范围及污染程度等方面的调查和分析[《城市水环境综合治理技术指南》（T/CHIDA 02—2022）、《城市水系生态环境修复技术指南》（DB41/T 2342—2022）]。

4.2　工程地质测绘的内容

工程地质测绘和调查主要包括下列内容：

（1）查明地形、地貌特征，地貌单元形成过程及其与地层、构造、不良地质作用的关系，划分地貌单元。

(2)查明岩土的性质、成因、年代、厚度和分布,对岩层应查明风化程度,对土层应区分新近沉积土、特殊性土的分布及其工程地质条件。

(3)查明岩层产状及构造类型、软弱结构面的产状及性质,包括断层的位置、类型、产状、断距、破碎带的宽度及充填胶结情况,岩土层的接触面及软弱夹层的特性等,第四纪构造活动的形迹、特点及其与地震活动的关系。

(4)查明地下水的类型、补给来源、排泄条件,及井、泉的位置,含水层的岩性特征、埋藏深度、水位变化、污染情况及其与地表水的关系等。

(5)收集气象、水文、植被、土的最大冻结深度等资料,调查最高洪水位及其发生时间、淹没范围。

(6)查明岩溶、土洞、滑坡、泥石流、崩塌、冲沟、断裂、地震震害和岸边冲测等不良地质现象的形成、分布、形态、规模、发育程度及其对工程建设的影响。

(7)调查人类活动对场地稳定性的影响,包括人工洞穴、地下采空、大挖大填、抽水排水及水库诱发地震等。

(8)收集建筑物的变形沉降资料及其他建筑经验。

4.3 工程地质测绘前的准备工作

在正式开始工程地质测绘之前,还应当做好收集资料、踏勘和编制测绘纲要等准备工作,以保证测绘工作的正常有序进行。

4.3.1 资料收集和研究

应收集的资料包括如下几个方面:

(1)区域地质资料。如区域地质图、地貌图、地质构造图、地质剖面图。

(2)遥感资料。地面摄影和航空(卫星)摄影相片。

(3)气象资料。区域内各主要气象要素,如年平均气温、降水量、蒸发量,对冻土分布地区,还要了解冻结深度。

(4)水文资料。测区内水系分布图、水位、流量等资料。

(5)地震资料。测区及附近地区地震发生的次数、时间、震级和造成破坏的情况。

(6)水文及工程地质资料。地下水的主要类型、赋存条件和补给条件、地下水位及变化情况、岩土透水性及水质分析资料、岩土的工程性质和特征等。

(7)建筑经验。已有建筑物的结构、基础类型及埋深、采用的地基承载力,建筑物的变形及沉降观测资料。

4.3.2 踏 勘

现场踏勘是在收集研究资料的基础上进行的,目的在于了解测区的地形地貌及其他地质情况和问题,以便于合理布置观测点和观测路线,正确选择实测地质剖面位置,拟订野外工作方法。

踏勘的内容和要求如下：

(1) 根据地形图，在测区范围内按固定路线进行踏勘，一般采用"之"字形、曲折迂回而不重复的路线，穿越地形、地貌、地层、构造、不良地质作用有代表性的地段。

(2) 踏勘时，应选择露头良好、岩层完整有代表性的地段作野外地质剖面图，以便熟悉和掌握测区岩层的分布特征。

(3) 寻找地形控制点的位置，并抄录坐标、标高等资料。

(4) 访问和收集洪水及其淹没范围等情况。

(5) 了解测区的供应、经济、气候、住宿、交通运输等条件。

4.3.3 编制测绘纲要

测绘纲要是进行测绘的依据，其内容应尽量符合实际情况。测绘纲要一般包含在勘察纲要内，在特殊情况下可单独编制。测绘纲要应包括如下几方面内容：

(1) 工作任务情况（目的、要求、测绘面积、比例尺等）。

(2) 测区自然地理条件（位置、交通、水文、气象、地形地貌特征等）。

(3) 测区地质概况（地层、岩性、地下水、不良地质现象）。

(4) 工作量、工作方法及精度要求，其中工作量包括观测点、勘探点的布置、室内及野外测试工作。

(5) 人员组织及经费预算。

(6) 材料物资器材及机具的准备和调度计划。

(7) 工作计划及工作步骤。

(8) 拟提供的各种成果资料、图件。

4.4 工程地质测绘的技术方法

工程地质测绘方法有两种，一是相片成图法，二是实地测绘法。相片成图法是利用地面摄影或航空（卫星）摄影相片，在室内根据判读标志，结合所掌握的区域地质资料，将判明的地层岩性、地质构造、地貌、水系和不良地质现象调绘在单张相片上，并在相片上选择若干地点和路线，去实地进行校对和修正，绘成底图，最后再转绘成图。由于航片、卫片能在大范围内反映地形地貌、地层岩性及地质构造等物理地质现象，迅速给出对测区的较全面整体认识，因此与实地测绘工作相结合，相片成图法能起到减少工作量、提高精度和速度的作用。特别是在人烟稀少、交通不便的偏远山区，充分利用航片及卫星照片更具有特殊重要的意义。这一方法在大型工程的初级勘察阶段（选址勘察和初步勘察）效果较为显著，尤其是对铁路、高速公路的选线，大型水利工程的规划选址阶段，其作用更为明显。

实地测绘法是工程地质测绘的野外工作方法，它又细分为以下3种方法：

(1) 路线法。沿着一定的路线（应尽量使路线与岩层走向、构造线方向及地貌单元相垂直，并应尽量使路线的起点具有较明显的地形、地物标志，此外，应尽量使路线穿越露头较多、覆盖层较薄的地段），穿越测绘场地，把走过的路线正确地填绘在地形图上，并沿途详细观察和记录各种地质现象和标志,如地层界线、构造线、岩层产状、地下水露头、各种不良地质现象,将它们绘制在地形图上。路线法一般适合于中、小比例尺测绘。

(2)布点法。工程地质测绘的基本方法,也就是根据不同比例尺预先在地形图上布置一定数量的观测路线和观测点。观测点一般布置在观测路线上,但观测点的布置必须有具体的目的,如为了研究地质构造线、不良地质现象、地下水露头等。观测线的长度必须能满足具体观测目的的需要。布点法适合于大、中比例尺的测绘工作。

(3)追索法。它是沿着地层走向、地质构造线的延伸方向或不良地质现象的边界线进行布点追索,其主要目的是查明某一局部的工程地质问题。追索法是在路线法和布点法的基础上进行的,属于一种辅助测绘方法。

4.5 工程地质测绘与调查的技术要求

4.5.1 比例尺和精度的要求

工程地质测绘的比例尺一般分为以下3种:

(1)小比例尺1:50 000~1:5000,一般用于可行性研究勘察阶段,目的是了解区域性的工程地质条件和为更详细的工程地质勘测工作制定工作方向;

(2)中比例尺1:10 000~1:2000,一般用于初步勘察阶段,主要用于新兴城市的总体规划、大型工矿企业的布置、水工建筑物选址、铁路及公路工程的选线阶段;

(3)大比例尺1:2000~1:500,一般用于详细勘察阶段,目的在于为最后确定建筑物结构或基础的形式以及选择合理的施工方式服务。

需要说明的是,上述比例尺的规定不是一成不变的,在具体确定测绘比例尺时,一般应综合考虑以下3个方面的因素,即工程地质勘察的阶段、建筑物的规模及类型、工程地质条件的复杂程度和区域研究程度。对勘察阶段高、建筑规模大、工程地质条件复杂的地区或测区内存在对拟建工程有重要影响的地质单元(如滑坡、断层、软弱夹层、洞穴等)时,应当加大测绘比例尺;反之则可以适当减小测绘比例。为了达到精度要求,实际操作中通常要求在测绘填图时采用比提交成图比例尺大一级的地形图作为填图的底图。如进行1:10 000比例尺测绘时,常采用1:5000的地形图作为野外作业填图的底图,在外业填图完成后再缩小成1:10 000比例尺的成图。

此外,在测绘精度方面,还要求地质界线、地质点在图上的误差不超过3mm。

4.5.2 测绘及调查范围的要求

关于测绘范围的大小目前还没有统一的规定,一般要求工程地质测绘和调查的范围应以能解决工程实际问题为前提,一般应包括场地及附近地段。对于大、中比例尺的工程地质测绘,多以建筑物为中心,其区域往往为一方形或矩形。如果是线形建筑(如公路、铁路路基和坝基等),则其范围应为一带状,宽度应包含建筑物的所有影响范围。对于确定测绘范围来说,最为重要的还要看划定的测区范围是否能够满足查清测区内对工程可能产生重要影响的地质结构条件的要求。如某一工程正处于山区山洪泥流的堆积区,此时如仅以建筑物为核心划定测绘调查范围则很有可能搞不清山洪泥石流的发育规律。因此,在这种条件下,即使补给区再远也要将其纳入测绘范围。此外,为了弄清测区的地质构造条件,在布置测区的测绘范围时,必须充分考虑测区主要构造线的影响,如对于隧道工程,其测绘和调查范围应当随地质构造线(如断层、破碎带、软弱岩层界面等)的不同而采取不同的布置,在包括隧道建筑区的前提下,测区应保证沿构造线有一定范围的延伸,如果不这样做,就可能对测区内许多重要地质问题了解不清,从而给工程安全带来隐患。对于环保疏浚工程,则需将测绘范围布置在对河湖污染物来源、富集区域有影响的区域,避免遗漏重要点源、面源或水动力条件,最终影响测绘成果的质量。

4.5.3 地质观测点布置的要求

地质观测点布置是否合理、是否具有代表性,对成图的质量及岩土工程评价具有至关重要的影响,因此,地质观测点布置必须满足下列要求:

(1)在地质构造线、地层接触线、岩性分界线、标准层位和每个地质单元体均应有地质观测点。

(2)地质观测点的密度应根据场地的地貌、地质条件、成图比例尺及工程特点确定,并应具有代表性。

(3)地质观测点应充分利用天然或人工露头,当露头少时,应根据具体情况布置一定数量的勘探工作。

(4)地质观测点的定位应根据精度要求和地质条件的复杂程度选用目测法、半仪器法和仪器法。地质构造线、地层接触线、岩性分界线、软弱夹层、地下水露头、有重要影响的不良地质现象等特殊地质观测点宜用仪器法定位。

上述规定强调了观测点要具有代表性并能反映测区内所有地质单元的情况,就是要使得根据观测点的观测结果能全面反映测区的工程地质情况。此外,充分利用天然露头(各种地层、地质单元在地表的天然出露)和人工露头(如采石场、路堑、水井等)不仅可以更加准确了解测区的地质情况,而且可以降低勘察工作的成本。

此外,地质观测点的定位所采用的标测方法对成图的质量影响重大,所以应当根据不同比例尺的精度要求和地质条件的复杂程度采用不同的方法。一般情况下,目测法适合于小比例尺的工程地质测绘,通常在可行性研究勘察阶段采用,该法系根据地形、地物以目估或步测距离标测;半仪器法适合于中等比例尺的工程地质测绘,因此多在初步勘察阶段采用,常借助罗盘仪、气压计等简单的仪器测定方位和高度,使用徒步或测绳量测距离;仪器法则适合于大比例尺的工程地质测绘,常用于详细勘察阶段,常借助经纬仪、水准仪等较精密的仪器测定地质观测点的位置和高程。另外,对于有特殊意义的地质观测点,如地质构造线、软弱夹层、地下水露头以及对工程有重要影响的不良地质现象或为了解决某一特殊的岩土工程问题时,也宜采用仪器法测定其位置和高程。

4.6 底泥污染调查

4.6.1 污染调查的阶段性

对于项目污染的调查,一般都存在一个由粗到细的过程,首先是污染识别,进而在污染识别的基础上进行逐步详细的取样分析和评价,确定底泥污染物的来源、污染分布范围、污染程度等,为项目各阶段的设计提供翔实的技术依据。环保疏浚工程的污染调查分析根据可行性研究、初步设计和施工图设计等工程阶段,也有一个由粗到细的过程,而根据《建设用地土壤污染状况调查技术导则》(HJ 25.1—2019),环境调查一般分为 3 个阶段,即第一阶段环境调查、第二阶段环境调查、第三阶段环境调查。

1. 第一阶段环境调查

第一阶段环境调查是以资料收集、现场踏勘和人员访谈为主的污染识别阶段,原则上不进行现场采样分析。若第一阶段调查确认河湖内及周围区域当前和历史上均无可能的污染,则认为河湖的环境状况不存在污染,调查活动可以结束。

2. 第二阶段环境调查

第二阶段环境调查是以采样与分析为主的污染证实阶段。若第一阶段环境调查表明场地内或区域存在可能的污染源(点源、面源等),如化工厂、冶炼厂、固废等可能产生有毒有害物质的设施或活动,以及由于资料缺失等原因造成无法排除场地内外存在污染源,作为潜在污染场地进行第二阶段环境调查,确定污染物种类、浓度和空间分布。

第二阶段环境调查一般可以分为初步采样分析和详细采样分析两步进行,每步均包括制订工作计划、现场采样、数据分析和结果评价等步骤。初步采样分析和详细采样分析均可根据实际情况分批次实施,逐步减少调查的不确定性。

根据初步采样分析结果,如果污染物浓度均未超过国家和地方等相关标准以及清洁对照点浓度(有土壤环境背景的无机物),并且经过确定性分析确认不需要进一步调查后,第二阶段环境调查工作可以结束,否则认为可能存在环境风险,须进行详细调查。标准中没有涉及的污染物,可根据专业知识和经验综合判断。详细采样分析是在初步采样分析的基础上,进一步采样和分析,确定场地污染程度和范围。

3. 第三阶段环境调查

若需要进行风险评估或污染治理或修复,则需要进行第三阶段环境调查。第三阶段环境调查以补充采样和测试为主,获得满足风险评估及土壤和地下水修复所需的参数。本阶段的调查工作可单独进行,也可在第二阶段调查过程中同时开展。

以上 3 个阶段环境调查的工作思路和方法应与环保疏浚项目不同阶段的岩土工程勘察相结合,在工程项目可行性研究阶段、初步设计阶段与施工图阶段根据设计对勘察成果的需要,由浅到深地逐步开展调查、取样及分析、评估等工作,按照3个阶段调查的工作思路和方法,与岩土工程勘察相结合,灵活应用,以满足各阶段设计工作对岩土工程和污染调查成果的需要为准。

4.6.2 污染调查的内容

城市水环境调查主要包括工程建设区及周边影响区的自然环境和社会环境等方面的内容[《城市水环境综合治理技术指南》(T/CHIDA 02—2022)、《城市水系生态环境修复技术指南》(DB41/T 2342—2022)],具体如下。

1. 自然环境调查

自然环境调查主要包括水文水资源调查、地形地质地貌调查、地表水水质调查、污染源调查和生物调查等。

(1)水文水资源调查重点调查工程段范围内的气候气象、水文信息、泥沙和水资源等内容,调查测量应符合《工程测量标准》(GB 50026—2020)和《水文测量规范》(SL 58—2014)的相关规定。

①气候气象资料调查包括调查地区的常年主导风向、风速、气温、气压、日照时间、温度的垂直梯度、年平均降水量、年平均蒸发量、降水量年分布状况和蒸发量年分布状况等,应符合《河道整治设计规范》(GB 50707—2011)的相关规定。

②水文信息采集内容包括水位、流量、水质、泥沙、降水、蒸发、水温、冰凌和地下水等要素,应符合《水文调查规范》(SL 196—2015)的相关规定。

③泥沙调查采用含沙量和输沙率来定量描述悬移质状况,必要时宜进行泥沙颗粒分析和级配曲线绘制,应符合《水资源评价导则》(SL/T 238—1999)的相关规定。

④水资源调查包括地表水资源、地下水资源、水资源总量及水资源开发利用状况,其中水资源开发利用状况应包括生活、生产、生态用水状况、总用水量、人均用水量、万元GDP用水量及水资源开发利用程度等,应符合《水资源评价导则》(SL/T 238—1999)的相关规定。

(2)地形地质地貌调查主要包括底质、水系概况、地貌特征和岸线及其利用情况应符合《河湖生态系统保护与修复工程技术导则》(SL/T 800—2020)的相关规定。

①底质调查在地质勘查资料的基础上,对底质淤积层厚度、底质组成及级配、渗透性等开展调查及分析,应符合《岩土工程勘察规范(2009年版)》(GB 50021—2001)的相关规定。

②水系概况包括水系形态、河网密度、水系连通状况、演变情况等,应符合《河道整治设计规范》(GB 50707—2011)、《河道演变勘测调查规范(附条文说明)》(SL 383—2007)的相关规定。

③地貌特征调查包括分级分类、平面形态、横断面和纵剖面特征、水域面积、容积、水位变幅、水力停留时间等,应符合《河湖生态系统保护与修复工程技术导则》(SL/T 800—2020)的相关规定。

④岸线及岸线利用情况调查包括岸线现状长度、功能类别划分、岸线利用率等,应符合《河湖生态系统保护与修复工程技术导则》(SL/T 800—2020)的相关规定。

(3)地表水水质调查包括分析项目、采样点数量、采样点布置方法和采样频率等,应符合《水环境监测规范》(SL 219—2013)、《水质采样井样品的保存和管理技术规定》(HJ 493—2009)、《水质井采样技术指导》(HJ 494—2009)和《水质井采样方案设计技术规定》(HJ 495—2009)的要求。

①地表水水质调查项目的选择应符合国家和行业地表水环境、水资源质量标准中规定的监测项目,国家水污染物排放标准中要求控制的监测项目,也应反映本区域污染源特征的监测项目,应符合《地表水环境质量标准》(GB 3838—2002)和《水环境监测规范》(SL 219—2013)的相关规定,并应根据排入的主要污染物质种类增加其他监测项目。

②水质调查的点位及采样频次与水文调查一致,应覆盖整个治理范围,在时间和空间上具有代表性,能反映受人类活动影响的变化规律,采样点数量、断面布置及采样方法应符合《水环境监测规范》(SL 219—2013)、《污水监测技术规范》(HJ 91.1—2019)、《水质井采样技术指导》(HJ 494—2009)和《水质井采样方案设计技术规定》(HJ 495—2009)等的相关规定。

(4)污染源调查主要包括外源污染调查和内源污染调查两个方面,其中外源污染又可分为点源污染和面源污染。污染源调查应符合《水环境监测规范》(SL 219—2013)的相关规定。

①点源污染基本情况调查主要包括排污口的类型、数量和位置分布,排放方式、排入方式、准确地理坐标位置、管理单位、排污单位、排入的水功能区域等,调查应符合《水环境监测规范》(SL 219—2013)和《入河排污量统计技术规程》(SL 662—2014)的相关规定。

②排污口类型主要包括企业废污水、生活污水、医疗污水、市政污水和混合污水等,排放方式主要包括连续排放、间歇排放和季节性排放等,排入方式主要包括浸流、明渠、暗管等。

③企业类排污口调查内容主要包括企业名称、厂址、企业性质、生产规模、供水类型、供水量、水平衡、主要污染物种类、排放浓度和排放量、污水处理工艺及设施运行情况。

④居民生活类排污口调查内容主要包括城镇人口、居民生活区布局、居民用水定额、生活污水去向等。

⑤医疗污水类排污口调查内容主要包括医疗机构分布和医疗用水量、医疗污水处理设施及运行情况、排污口位置及控制方式。

⑥市政污水类入河排污口调查主要包括城市下水道管网分布状况、服务人口、服务面积、污水收集率、污水处理设施处理能力、运行状况、排污口位置和控制方式、垃圾填埋渗滤液控制等,排水管网调查应符合《城镇排水管检测与评估技术规程》(CJJ 181—2012)的相关规定。

⑦面源污染调查内容包括但不限于城市降雨量、雨水水质及时空变化规律,水体周边汇水面积、下垫面种类、初期雨水形成过程及主要污染物浓度等,调查项目分为常规与非常规项目,根据本地区降雨水质增加其他相关监测项目,应符合《建筑与小区雨水控制及利用工程技术规范》(GB 50400—2016)和《水环境监测规范》(SL 219—2013)的相关规定。

⑧内源污染调查内容断面应根据本地区土壤、水土流失状况、泥沙运动与沉积特点以及污染源分布和主要污染物种类等情况进行布设,与现有水文、水质监测站相结合。监测项目应反映监测区域沉降物基本特征,分为常规与非常规项目,根据本地区沉积物特点增加其他相关监测项目,应符合《水环境监测规范》(SL 219—2013)的相关规定。

(5)生物调查针对生物多样性保护目标展开,宜包括水生生物分布、串线生物分布和重要水生生物生存现状、外来物种情况等,应符合《河湖生态系统保护与修复工程技术导则》(SL/T

800—2020)的相关规定。

①水生生物分布调查应符合《水环境监测规范》(SL 219—2013)中的要求,其中,生物群落主要包括浮游植物、浮游动物、底栖生物、水生维管植物和鱼类等,浮游生物调查应符合《渔业生态环境监测规范 第3部分:淡水》(SC/T 9102.3—2017)和《淡水浮游生物调查技术规范》(SC/T 9402—2010)的相关规定,底栖动物调查应符合《渔业生态环境监测规范 第3部分:淡水》(SC/T 9102.3—2017)和《生物多样性观测技术导则 淡水底栖大型无脊椎动物》(HJ 710.8—2014)的相关规定,水生维管植物调查应符合《生物多样性观测技术导则 水生维管植物》(HJ 710.12—2016)的相关规定,鱼类调查应符合《生物多样性观测技术导则 内陆水域鱼类物》(HJ710.7—2014)的相关规定。

②岸线生物分布调查内容应符合《水环境监测规范》(SL 219—2013)的相关规定,包括范围内植物种类组成和盖度、两栖动物、爬行动物、水禽的种类组成、数量等,以植被调查为主,主要调查乔木、灌木、陆生草本植物、水生植物等,采用陆生、水生断面调查,每个植被类型区分别布点调查植物种类、生物量、盖度等。

③外来物种情况调查应包括范围内主要外来物种的种类、分布、资源量、入侵时间、入侵危害、防治措施及效果等,应符合《河湖生态系统保护与修复工程技术导则》(SL/T 800—2020)的相关规定。

2. 社会环境调查

社会环境调查内容包括治理范围内的行政区划及人口、经济水平和历史文化等,可利用相关规划与计划、官方公布数据、统计年鉴、地方志及相关数据库等资料辅助开展相关调查。

(1)行政区划及人口调查包括治理范围行政区的划分、人口结构及变化情况,主要指标包括人口总数、常住人口、流动人口、城镇人口、农业人口、自然增长率、城镇化率等。

(2)经济水平调查包括治理范围内生产总值(GDP)、GDP 增长率、人均年收入、各产业GDP 贡献比重等。

(3)历史文化调查包括水历史文化、水景观、已建水利工程、相关基础设施等。

4.6.3 污染调查的方法

调查方法宜采用资料收集和现场调查相结合的方式,同时结合卫星遥感、无人机、地理信息系统、全球定位系统等技术手段进行补充调查。

4.7 资料整理及成果

4.7.1 检查外业作业

(1)检查各种外业记录所描述的内容是否齐全。
(2)详细核对各种原始图件所划分的地层、岩性、构造、地形地貌、地质成因界线是否符合野外实际情况,在不同图件中相互间的界线是否吻合。
(3)野外所填的各种地质现象是否正确。

（4）核对收集的资料与本次测绘资料是否一致，如出现矛盾，应分析其原因。

（5）整理核对野外采集的各种标本。

（6）整理污染调查的信息和检测结果，评估污染检测数据的质量，分析数据的有效性和充分性，确定是否需要补充采样分析等。

4.7.2　成果资料整理

（1）工程地质测绘与调查的成果资料一般包括工程地质测绘实际材料图、综合工程地质图或工程地质分区图、综合地质柱状图、工程地质剖面图及各种素描图、照片和文字说明。

（2）根据场地底泥（土壤）、地表水、地下水的分层检测结果进行统计分析，确定场地关注污染物种类、浓度水平和空间分布特征，形成各种污染物分布水平向等值线图、污染层厚度等值线图等。

（3）分析疏浚土的类别、疏挖及管道输送适宜性分析、底泥处理处置的方法及资源化利用的可行性等。

第5章　环保疏浚岩土工程勘探与取样

工程地质勘探是在调查、工程地质测绘的基础上，为进一步查明地表（或水体）以下工程地质情况，如岩土层的空间分布及变化情况、污染物的种类及分布范围、地下水的埋深和类型以及对岩土参数开展原位测试时需要进行的工作。

取样是为给岩土特性进行鉴定和各种室内试验（包括物理力学试验及污染物检测）提供所需要的样品而进行的工作。

5.1　勘　探

5.1.1　勘探点位的测设

根据《建筑工程地质勘探与取样技术规程》（JGJ/T 87—2012），勘探点的定位应满足以下要求：

（1）勘探点位应根据委托方提供的坐标和高程控制点由测量专业人员测设。勘探点位测设与实地的允许偏差应根据勘察阶段、场地和工程情况以及勘探任务要求等确定，并应符合下列规定：

①陆域。初步勘察阶段平面位置允许偏差为0.5m以内，高程允许偏差为±0.10m；详细勘察阶段平面位置允许偏差为0.2m以内，高程允许偏差为±0.05m；对于可行性研究阶段勘察，可利用适当比例尺的地形图，根据地形地物特征确定勘探点位和孔口高程。

②水域。初步勘察阶段平面位置允许偏差为2m以内，高程允许偏差为±0.20m；详细勘察阶段平面允许位置偏差为1.5m以内，高程允许偏差为±0.10m。

（2）钻孔深度测量应符合下列规定：

①钻进深度和岩土层分层深度的量测精度，陆域最大允许偏差为±0.05m，水域最大允许偏差为±0.2m。

②当钻孔倾斜度及方位偏差超过规定时，应立即采取纠斜措施，保证钻孔的垂直度。

根据《湖泊河流环保疏浚工程技术指南》，不同阶段、不同水域勘探点的平面定位和高程控制（含取样和钻探深度）精度应满足如表5-1所示的要求。

表 5-1 勘探点精度

阶段	平面位置		高程	
	河流	湖泊	河流	湖泊
可行性研究阶段	≤图上 2mm	≤1.0m	≤0.1m	≤0.1m
工程设计阶段	≤图上 1mm	≤0.5m	≤0.05m	≤0.05m

5.1.2 钻 探

1. 钻探的目的和任务

钻探是指用一定的设备、工具(即钻机)破碎地壳岩石或土层,从而在地壳中形成一个直径较小、深度较大的钻孔(直径相对较大者又称为钻井)的过程。工程地质钻探是岩土工程勘察的基本手段,其成果是进行工程地质评价和岩土工程设计、施工的基础资料。工程地质钻探的目的是为解决与建筑物(构筑物)有关的岩土体稳定问题、变形问题、渗漏问题提供资料,以及为污染物在纵向分布情况的分析提供基础。工程地质钻探的任务随着勘察阶段的不同而不同,综合起来有如下几个方面:

(1)探察项目场区的地层岩性、岩层厚度变化情况,查明软弱岩土层的性质、厚度、层数、产状和空间分布。

(2)了解基岩风化带的深度、厚度和分布情况。

(3)探明地层断裂带的位置、宽度和性质,查明裂隙发育程度及随深度变化的情况。

(4)查明地下含水层的层数、深度及其水文地质参数。

(5)利用钻孔进行灌浆、压水试验及土力学参数的原位测试。

(6)利用钻孔进行地下水位的长期观测,或对场地进行降水以保证场地岩(土)的相关结构的稳定性(如基坑开挖时降水或处理滑坡等地质问题)。

(7)利用钻孔揭示底泥污染的竖向分布特征。

2. 钻探的基本程序

钻探过程包含以下 3 个基本程序:

(1)破碎岩土。要在岩土层形成钻孔,首先要进行破碎岩土的钻进工作,钻进可以采用人力或机械力(绝大多数情况下采用机械钻进),以冲击力、剪切力或研磨形式使小部分岩土脱离母体而成为粉末、小岩土块或岩芯的现象就称为破碎岩土。在孔底将岩土全部破碎成粉末或小块的钻进方法称为全面钻进。而钻进过程中只破坏孔底环状部分岩土,中间岩土芯保留的钻进方法称为取芯钻进。

(2)采取岩土芯或排除破碎岩土。这一过程又分为 3 种方法:一是采用机械的方法,如用取样器、勺钻等取出岩土芯或碎块粉末;二是将岩粉或岩土碎块与水混合成岩粉浆或泥浆后,用抽筒抽出地表,如冲击钻;三是用流体(泥浆、清水、乳化液或空气)作为循环介质,将破碎的岩屑、土块输送到地表。

(3)加固孔壁。当在地壳中形成钻孔之后,钻孔周围原来的地层平衡稳定状态遭到破坏,继而可能引起孔壁坍塌。因此钻孔后必须对孔壁进行加固,孔壁加固的方法有3种:一是借助循环液的静水压力平衡地层的侧向压力以维持其稳定,这种方法在现代的反循环钻进中得到充分利用;二是用惰性材料或化学材料对孔壁进行处理加固,常用的惰性材料有水泥、黏土,化学材料有混入循环液中的泥浆处理剂,还有直接注入钻孔中的堵漏剂,如氰凝、丙凝等;三是用金属或非金属的套管下入钻孔中以支撑孔壁,这种方法虽然可靠,但成本较高。

3. 钻探方法及适用范围

工程地质钻探根据岩土破碎方法的不同,分为4种钻进方法:

(1)冲击钻进。该法利用钻具重力和下落过程中产生的冲击力使钻头冲击孔底岩土并使其破坏,从而达到在岩土层中钻进的目的。它又包括冲击钻探和锤击钻探。根据使用工具不同还可以分为钻杆冲击钻进和钢绳冲击钻进。对于硬质岩土层(岩石层或碎石土)一般采用孔底全面冲击钻进;对于其他土层一般采用圆筒形钻头的刃口借助于钻具冲击力切削土层钻进。

(2)回转钻进。此法采用底部焊有硬质合金的圆环状钻头进行钻进,钻进时一般要施加一定的压力,使钻头在旋转中切入岩土层以达到钻进的目的。它包括岩芯钻探、无岩芯钻探和螺旋钻探,岩芯钻进为孔底环状钻进,螺旋钻进为孔底全面钻进。

(3)振动钻进。采用机械动力产生的振动力,通过连接杆和钻具传到钻头,由于振动力的作用,钻头能更快地破碎岩土层,因而钻进较快。该方法适合在土层中,特别是在颗粒组成相对细小的土层中采用。

(4)冲洗钻进。利用高压水流冲击孔底土层,使土层结构破坏、土颗粒悬浮并最终随水流循环流出孔外的钻进方法。由于是靠水流直接冲洗,因此无法对土体结构及其他相关特性进行观察鉴别。

需要说明的是,上述4种方法各有特点,分别适用于不同的勘察要求和岩土层性质,详细情况见表5-2。

表5-2 钻探方法的适用范围

钻探方法		钻进地层					勘察要求	
		黏性土	粉土	砂土	碎石土	岩石	直观鉴别,采取不扰动土样	直观鉴别,采取扰动土样
回转	螺旋钻探	++	+	+	——	——	++	++
	无岩芯钻探	++	++	++	+	++	——	——
	岩芯钻探	++	++	++	+	++	++	++

续表 5-2

钻探方法		钻进地层					勘察要求	
		黏性土	粉土	砂土	碎石土	岩石	直观鉴别,采取不扰动土样	直观鉴别,采取扰动土样
冲击	冲击钻探	－－	＋	＋＋	＋＋	－－	－－	－－
	锤击钻头	＋＋	＋＋	＋＋	＋	－－	＋＋	＋＋
振动钻探		＋＋	＋＋	＋＋	＋	－－	＋	＋＋
冲洗钻探		＋	＋＋	＋＋	－－	－－	－－	－－

注:①"＋＋"表示适用;"＋"表示部分适用;"－－"表示不适用。
②浅部土层可采用下列方法钻进:小口径麻花钻钻进、小口径勺形钻钻进、洛阳铲钻进、背包钻钻进等。

4. 钻探的技术要求

(1)钻孔口径及钻具规格应符合表 5-3 的要求。

表 5-3　钻孔口径及相应的钻具规格

钻孔口径/mm	钻具规格/mm										相当于DCDMA标准的级别
	岩芯外管		岩芯内管		套管		钻杆		绳索钻杆		
	D	d	D	d	D	d	D	d	D	d	
36	35	29	26.5	23	45	38	33	23			E
46	45	38	35	31	58	49	43	31	43.5	34	A
59	58	51	47.5	43.5	73	63	54	42	55.5	46	B
75	73	65.5	62	56.5	89	81	67	55	71	61	N
91	89	81	77	70	108	99.5	67	55	—	—	
110	108	99.5	—	—	127	118	—	—			
130	127	118			146	137					
150	146	137			168	156					S

注:DCDMA 标准为美国金刚石钻机制造者协会标准;D 表示外径,d 表示内径。

钻孔口径应根据钻探目的和钻进工艺确定,应当满足取样、原位测试的要求。对要采取原状土样的钻孔,口径不得小于 91mm;对仅需鉴别地层岩性的钻孔,口径不宜小于 36mm;而在湿陷性黄土中的钻孔,钻孔口径不宜小于 150mm。在确定了钻孔口径后,可根据表 5-3 确定钻具的规格。

(2)钻进方法的要求。

①对要求鉴别地层和取样的钻孔,均应采用回转方式钻进以取得岩土样品。遇到卵石、漂石、碎石、块石等不适合回转钻进的土层时,可改用振动回转方式钻进。

②在地下水位以上土层中应进行干钻,不得使用冲洗液,不得向孔内注水,但可采用能隔离冲洗液的二重或三重管钻进取样。

③钻进岩层宜采用金刚石钻头,对软质岩层及风化破碎带应采用双层岩芯管钻头钻进。需要测定岩石质量指标(RQD)时应采用外径75mm的双层岩芯管钻头。

④在湿陷性黄土中必须采用螺旋钻头钻进。

(3)钻孔护壁的技术要求。对可能坍塌的地层应采取钻孔护壁措施。在浅部填土及其他松散土层中可采用套管护壁。在地下水位以下的饱和软黏土土层、粉土层及砂层中宜采用泥浆护壁,在破碎岩层中可视需要采用优质泥浆、水泥浆或化学浆液护壁。当冲洗液严重漏失时,应采取充填封闭等堵漏措施。

(4)钻进时,应保证孔内水头压力等于或稍大于周围的地下水水压,提钻时,应通过钻头向孔底通气通水以防止孔底土层由于负压而受到扰动破坏。

(5)钻进深度、岩土分层深度量测误差应小于0.05m。

(6)孔斜的要求及测量。深度超过100m的钻孔以及有特殊要求的钻孔,应测斜、防斜,保持钻孔的垂直度或预计的倾斜角度与倾斜方向。对垂直孔,每50m测量一次垂直度,每100m允许偏差为±2°。对斜孔,每25m测量一次倾斜角和方位角,允许偏差应根据勘探设计要求确定。钻孔超过允许倾斜度和方位角的偏差值时,应采取纠正措施。倾角及方位角的量测精度应分别小于±0.1°和±3°。

(7)对需进行取样或原位测试的钻孔,尚应满足《建筑工程地质勘探与取样技术规程》(JGJ/T 87—2012)及其他测试技术规范的要求。

(8)岩芯钻探的岩芯采取率要求。对一般岩石不应低于80%,对破碎岩石不应低于65%。对需重点查明的部位(如滑动带、软弱夹层等),应采用双层岩芯管连续取芯。

(9)进尺的要求。在岩层中钻进时,回次进尺不应超过岩芯管的长度,在软质岩层中不应超过2.0m;在土层中采用螺旋钻头钻进,回次进尺不宜大于1.0m,在持力层或需重点研究、观察部位钻进时,回次进尺不宜超过0.5m。对水下粉土、砂土可用分式取土器或标贯器取样,间距不应大于1.0m。

(10)钻进过程中遇到地下水时,应停钻量测初见水位。为准确测得地下水位,对砂土应在停钻30min后测量,对粉土应在1h后测量,黏性土停钻时间不能少于24h,并于全部钻孔完成后同一天统一量取各孔的静止水位。水位量测允许误差为±1cm,当钻探深度范围内有多个含水层时,应分层测量地下水位。在钻穿第一个含水层并量测静止水位后,应采用套管隔水,抽干钻孔内存水,变径继续钻进,以便对下一个含水层水位进行观测。

5.1.3　井探、槽探、洞探

当钻探方法难以准确查明地下岩土层情况时,可以采用探井、探槽进行勘探。由于钻探的钻孔孔径一般较小,人工不能直接进入观察,因而难以对较大范围岩土层的性质或地质构造等地质现象作完整准确的了解,加上采样率的限制,对于细节问题了解也存在困难。而探井、探槽等是采用人工或机械的方式挖掘形成坑、槽,揭开地层的范围比较大,人可以进入其中进行详细的观测描述,能直接观测岩土层的天然状态以及各地层之间的接触关系,还可以取出接近实际的原状结构土样,所以可以更加全面深入地了解地下的情况,因此它具有其他勘察手段无法取代的作用。它的缺点是探察的深度较浅,对于地下水位以下深度的勘探也比较困难。岩土工程勘探中常用的坑、槽、洞类型特点及用途详见表5-4。

表5-4 岩土工程勘探中常用的坑、槽、洞类型、特点及用途

类型	特点	用途
试坑	深数十厘米的小坑,形状不定	局部驳除地表覆土,揭露基岩
浅井	从地表向下垂直,断面呈圆形或方形,深5~15m	确定覆盖层及风化层的岩性及厚度,取原状土样,进行载荷试验、渗水试验等
探槽	在地表垂直岩层走向或构造线方向挖掘成深度不大(小于3~5m)的长方形槽子	追索构造线、断层,探察残积坡积层及风化岩层的厚度和岩性
竖井	形状和浅井相同,但深度可超过20m,一般在平缓山地、漫滩、阶地等岩层较平缓的地方,有时需要进行支护	了解覆盖层厚度及性质、构造线、岩石破碎情况,岩溶、滑坡等,岩层倾角较缓时效果较好
平洞	在地面有出口的水平坑道,深度较大,适用于岩层产状较陡的基岩岩层探察	调查斜坡地质构造,对查明地层岩性、软弱夹层、破碎带、风化岩层效果较好,也可以进行取样或做原位试验

对探井、探槽、探洞进行观测时,除应进行文字记录外,还要绘制剖面图、展开图等以反映井、槽、洞壁及其底部的岩性、地层分界、构造特征,如进行取样或原位试验时,还要在图上标明取样和原位试验的位置,并辅以代表性部位的彩色照片。

竖井、平洞一般用于坝址、地下工程、大型边坡工程等的勘察中,其深度、长度及断面的位置等可按工程需要确定。

需要注意的是,探井、探槽、探洞开挖过程中,应采取有效措施以保障人身安全和设备安全。

5.1.4 地球物理勘探

地球物理勘探简称物探。它是基于不同的地层岩性、不同的地质单元具有不同的物理学性质的特点,以地球物理的方法来探测地层的分界线、面及地质构造线面以及异常点(区域)

的探察方法。物探主要通过岩土介质的电性差异、磁场差异、重力场差异、放射性辐射差异以及弹性波传播速度差异等来解决地质学问题的方法。物探的具体方法有很多种,主要可分为以下几大类:电法勘探、磁法勘探、重力勘探、地震勘探、放射性勘探、井中地球物理测量(也叫地球物理测井)以及地球物理遥感测量等。由于方法众多,这里不可能对它们进行详细的介绍,只概略介绍其主要原理和在工程地质方面的主要应用,以帮助读者从总体上对物探方法有所了解。

环保疏浚岩土工程勘察以水上勘察为主,少量陆地勘探(脱水场地等),因而可用于环保疏浚工程的物探勘察技术包括电法勘探、电磁法、反射波法(超声波和地震波)(孟令顺等,2012;吴时国等,2017;《工程地质手册》编委会,2018;陆海建等,2021)。以下对以上几种方法进行详细介绍。

1. 电法勘探技术

1)试验原理及设备

电法勘探是依靠人工建立的直流电场,在地表测量某点垂直方向或水平方向的电阻率变化,从而推断地表下地质体性状的方法。

电法仪器可以分为直流电法仪、频率域电法仪及时间域电法仪三大类。

直流电法仪主要包括用于直流电阻率法、直流充电法和自然电场法的仪器。为了在地下建立起足够强的电流场,直流电法仪的供电部分常采用干电池组或带整流、滤波部件的交流发电机电源装置,通过电缆送至相应的接地供电电极,将电流供入大地。利用天然场源的自然电场法仅需测量两电极间的电位差(ΔU_{MN}),其他方法都要求所使用的仪器既能测 ΔU_{MN},又能测供电电流 I 的大小。为减少测量误差,一般是用测 ΔU_{MN} 的同一电位差仪测量串接在供电回路中的取样电阻上的电压降的方法求出电流 I 的数值。因此,直流电法仪的测量部分本质上就是一种直流电位差测量仪。

频率域电法仪包括用于频率域电磁法(包括地质雷达)和频率域(频谱)激电法的各种仪器。这类仪器之所以被冠以"频率域"之称,主要是由于这类仪器的发送器能提供不同频率的谐变电磁场源,同时,测量部分所测量的是大地在这类谐变电磁场作用下所产生的各种电磁响应或电化学响应的频谱物性。

时间域电法仪包括用于时间域激电法和时间域电磁法(或称瞬变电磁法)的各种仪器。这类仪器的工作程序大抵如下:发送器将其产生的各种时变函数信号,即各种时变波形的电流,通过供电电极或者线圈去激发大地或准备研究的目的物。仪器的接收测量部分在一次场不存在时,即发送电流停止工作的时段内,将测量电极或感应线圈及其他类似的磁场传感器所接收到的大地或目的物的瞬变响应(常以衰变电压的形式出现)传送至宽频带测量放大器进行放大和处理,最后显示、记录或者存入存储器。

一般应用于环保疏浚工程中的电法设备为高密度电法仪器。目前,国际上较为先进的高密度电法仪器是美国 AGI 公司生产的 SuperStingR8/IP 高密度/激发极化电法仪,该仪器集电测深和电剖面装置于一体,一次布极可获得更丰富的信息,具有直观、高效、高分辨率、高精度等特点。国内应用较为广泛的仪器为长春地质学院(现更名为吉林大学)研制的 E60DN 高密度电法仪,系统采用程控方式控制电极状态进行数据采集,并将采集的数据以视电阻率剖面的形式实时显示在屏幕上,便于实时监控资料的质量,仪器不仅能够完成高密度二维、三维各种常规装置形式的测试,而且系统自定义装置形式功能可方便各种科研和生产需求;重庆奔腾数控技术研究所研制的 WGMD-3 高密度电阻率测量系统存储量大,测量准确,快速,操作方便,广泛应用于能源勘探和城市物探铁道与桥梁勘探、金属与非金属矿产资源勘探等方面。

2)电法勘探技术要点和操作步骤

电法勘探技术要点:电源供电的稳定性以及电极的稳定性;电极和电源与大地的耦合性;尽量排除周围噪声源干扰;数据处理过程中的颜色填充比例。

电法勘探的操作步骤:现场踏勘→测区与测网建立→电源与电极装置布设→导线布设→测点移动→数据处理。

3)试验资料整理与分析

与 2D 高密度电法勘探相配套的是 2D 处理技术,主要通过建立有限差分网络或有限元网络模型进行正反演拟合,二维反演方法的实质是寻找一个地电模型,使其对应的理论计算值与实测试电阻率值在一定法则下重合最好,其基本步骤可归结为以下几点:

(1)给出实测电阻率离散值。

(2)根据已知物性资料、地质资料和定性解释成果,确定地电模型,即给出地电模型初始值。

(3)通过正演计算地电断面的理论值。

(4)评定理论计算值和实测电阻率的拟合程度,即通过计算拟合差来判定拟合程度。

(5)若拟合差不符合要求,则修改模型参数值,并根据修改后的地电模型参数重新计算理论值。

(6)再次评定拟合程度,反复修改地电模型参数,直至拟合差达到事先给定精度为止。

(7)此时地电模型参数即为解释结果。

电法反演成果可以解决下列地质问题:确定不同的岩性,进行地层岩性的划分;探查褶皱构造形态,寻找断层;探查覆盖层厚度、基岩起伏及风化壳厚度;探查含水层的分布情况、埋藏深度及厚度,寻找充水断层及主导充水裂隙方向;探查岩溶发育情况及滑坡体的分布范围;寻找古河道的空间位置。

2. 地震反射波勘探技术

1)勘探原理及设备

地震反射波法是在地表以人工方法激发地震波,在向地下传播时,遇有介质性质不同的岩层分界面,地震波将发生反射,在地表或井中用检波器接收这种地震波。接受到的地震波信号与震源特性、检波点的位置、地震波经过的地下岩层的性质和结构有关。通过对地震波记录进行处理和解释,可以推断地下岩层的性质和形态。

地震反射波法需用的仪器设备包括震源、接收装置和记录系统 3 个组成部分。

过去在海洋地震反射波法中使用炸药激发地震波,称为炸药震源。但在海洋中使用炸药

第 5 章 环保疏浚岩土工程勘探与取样

安全性差,对鱼类杀伤严重,而且也不能满足高效率数据采集的技术要求。广泛使用的非炸药震源主要有:空气枪震源,在海水中突然释放高压空气,能够在水中造成强烈的振动,激发地震波;蒸汽枪震源,在海水中释放高温蒸汽以造成振动,而蒸汽在海水中迅速散热并恢复其体积,从而不产生重复冲击;电火花震源,利用一对或多对高压电极在水中的放电效应产生火花造成振动,其特性是频谱较宽,但峰值偏高。此外,利用电磁脉冲,甚至压电效应,也可以造成震源装置,如电磁脉冲器和压电换能器,只不过它们的能量较小,仅适用于浅层调查。在测量中应注意根据不同目的和任务进行震源选择。为了获取深部层位的信息,除提高震源强度外,还必须考虑到频率特性以及对地震信号的识别。震源波的穿透深度与其频率成反比,而地震信号的分辨率与其频谱的宽度成正比。

水下接收装置主要是压电换能器组成的检波器。压电换能器是一种加速度检波器,受到外部压力即加速度作用时产生电信号,而对于海浪等的速度变化并不敏感。将压电换能器按一定间距串、并联组成阵,放置于塑料管内并充油液,使之在海水中具有中性浮力,即组成一个地震记录道接收段。多道剖面测量时,则使用由多个(如 24、48、96 等)地震记录道接收段组成。为防止观测船上的机械震动影响接收效果,在船与接收段之间设有前导段和弹性减震段;在接收段与尾标之间也通过减震段联接。接收装置必须在水面以下一定的深度才能达到最佳的接收效果,为此,首先应使接收装置在最佳沉放深度上保持等浮;其次要通过自动深度控制器及时调整其深度变化。

地震反射记录系统使接收到的反射波经过放大、滤波和增益控制来实现地震资料的采集。单道观测可以用电敏纸或热敏纸的机械记录器,或用检流计的照相装置,将地震波的模拟信号记录下来。多道观测先后经历了光点照相记录、模拟磁带记录和数字磁带记录等阶段。广泛使用瞬时浮点增益数字地震仪,由信号采样所得的瞬时值控制其放大增益,具有宽达 84 分贝以上的动态范围和高达 4200dB/s 的跟踪速度,使地震信号能在无畸变的情况下迅速恢复其真振幅,如实地将反射波记录于磁带上,这就为充分利用地震信息提供了条件。但磁带记录必须使用电子计算机进行处理。地震记录系统的设计和使用与震源和接收装置一样,都必须努力提高地震信号而压制干扰,以保证资料采集的质量和有效性。

目前,在环保疏浚领域应用较为广泛的地震反射波勘探仪器是地震浅剖类仪器和 2D/3D 高分辨率地震勘探仪器。荷兰 GEO 系列地震勘探仪器经多年更新发展,已经成为众多工程建设企业的不二选择,其浅地层剖面类仪器和高分辨率地震勘探仪器稳定性好,精度高,配套设备完善,能够满足多种类型的勘察需要;德国 Innomar 公司生产的 SES2000 系列参量阵浅地层剖面测量系统是目前较先进的浅剖设备,已得到众多专业石油工程勘察、海洋地球物理勘察、水文地质调查机构广泛应用。

2)地震勘探技术要点与操作步骤

地震勘探试验之中有多个因素影响探测结果,确保勘探结果的质量的技术要点主要包括:根据试验区的采集因素选择最佳施工采集参数;采集区域的噪声源控制及噪声方向核查;根据试验区采集因素选择最佳激发和接收参数;数据处理与解释参数选取。

地震反射波勘探包含野外数据采集、室内资料处理、资料解释 3 个步骤。

3）资料整理与分析

室内资料处理是使用信号处理手段将野外采集到的信号进行筛选过滤，提取有用信号的过程。它一般包括数据加载、置道头、静校正、叠前噪声压制、振幅补偿、叠前反褶积、速度分析、动校正、叠加、偏移处理等。浅剖仪器数据的处理流程较精简，但也包含着静校正、速度分析、去噪等流程。常用的地震资料处理软件有 Promax 软件、CGG 地震处理软件系统、Focus 处理软件、Omega 地震处理软件。

地震资料解释包括构造解释和岩性解释。构造解释是研究地层的空间分布特征和几何形态，是后续工作的基础；岩性解释是研究地层岩性、物性和孔隙流体性质的关键。常用的地震解释软件有 Landmark 软件、discovery 微机一体化软件、Seismic Micro-Technology 地震软件解释包、Geoframe 勘探开发一体化软件等。

3. 声波勘探技术

声波勘探技术是基于声波发射，经接收地层反射的信号并对信号进行处理后实现对地层起伏、厚度等的分析和评价（其原理与地震勘探的反射波法一致）。

疏浚工程常用的基于声波反射原理的设备比较典型的是 Edge tech3200XS 浅地层剖面仪，其设备主要是一个发射和接收信号的拖鱼、电缆及信号采集和记录设备，如图 5-1～图 5-3 所示。

图 5-1 浅剖拖鱼

图 5-2 电缆

EdgeTech 567 型处理器

图 5-3 控制及信号采集系统

系统采用 Edgetech 公司的全频谱 CHIRP 技术，是一种高分辨率宽带调频（frequency modulation，FM）浅地层剖面仪系统。系统发射一个线性扫频调制的脉冲，声反射信号由水听器线阵列接收，通过脉冲压缩滤波产生海洋、湖泊或河流底床的高分辨率地层图形。

因调频脉冲是由宽动态范围的数模转换而成，并通过线性功率放大器发射，声学脉冲的能量、振幅及相位特征均得到精确控制。这种精确控制可以获得很高的脉冲重复性，同时可以获得清晰的水底回波信号以便进行海底底质分类。

通过不同型号的拖鱼发射不同频率的信号，仪器可以在 300m 水深范围内工作，拖鱼型号可以根据调查区的底质特性及所需的分辨率选择。探测结果典型图片见图 5-4 和图 5-5。

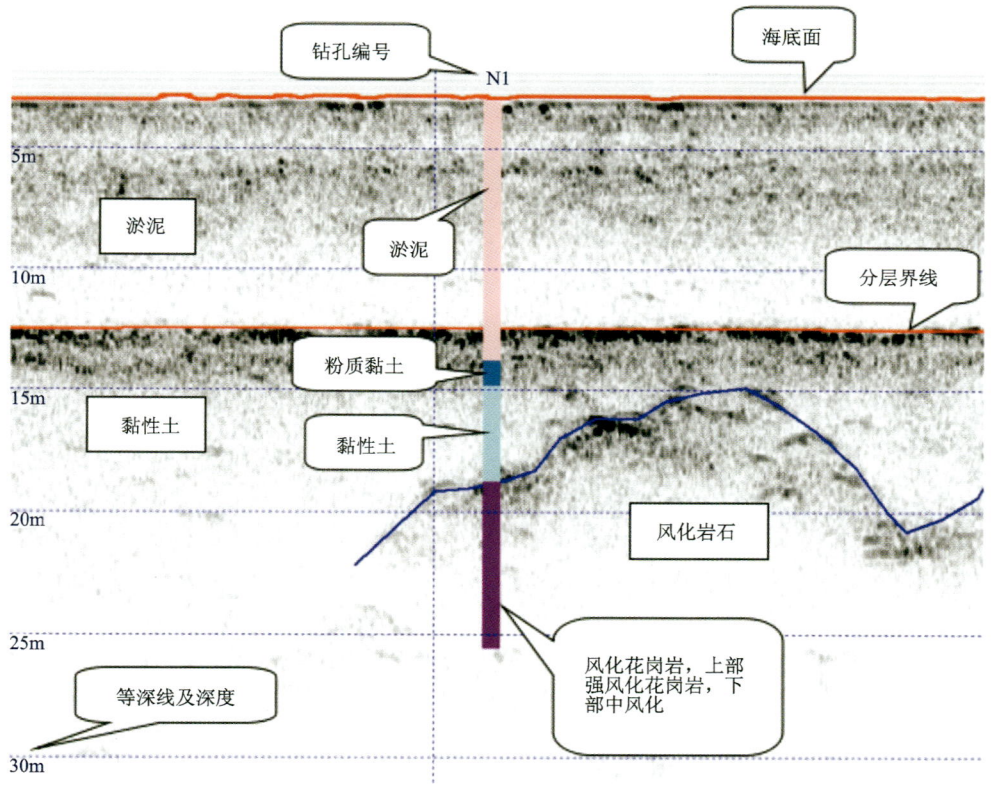

图 5-4　浅剖地层剖面（一）

4. 电磁波勘探技术

基于电磁波反射法勘探技术的最常用的是地质雷达，又称探地雷达法，它是借助发射天线定向发射的高频（10～1000MHz）短脉冲电磁波在地下传播，检测被地下地质体反射回来的信号或透射通过地质体的信号来探测地质目标的交流电法勘探方法。

雷达仪产生的高频窄脉冲电磁波通过天线定向往大地发射，它在大地中的传播速度和衰减率取决于岩石的介电性和导电性，且对岩石类型的变化和裂隙含水情况非常敏感，在传播过程中，一旦遇到岩石导电特性变化就可能使部分透射波反射。接收机检测反射信号或直接透射信号,将其放大并数字化,存贮在数字磁带记录器上,以备数据处理和显示,其探测基本原理见图5-6。

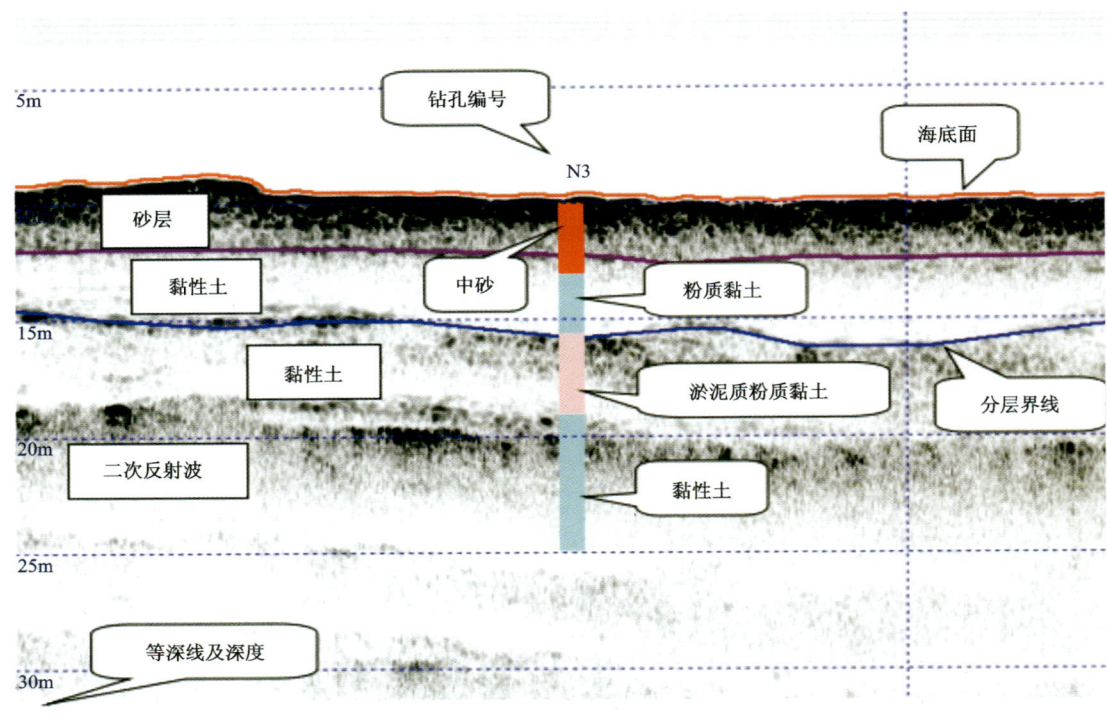

图5-5 浅剖地层剖面(二)

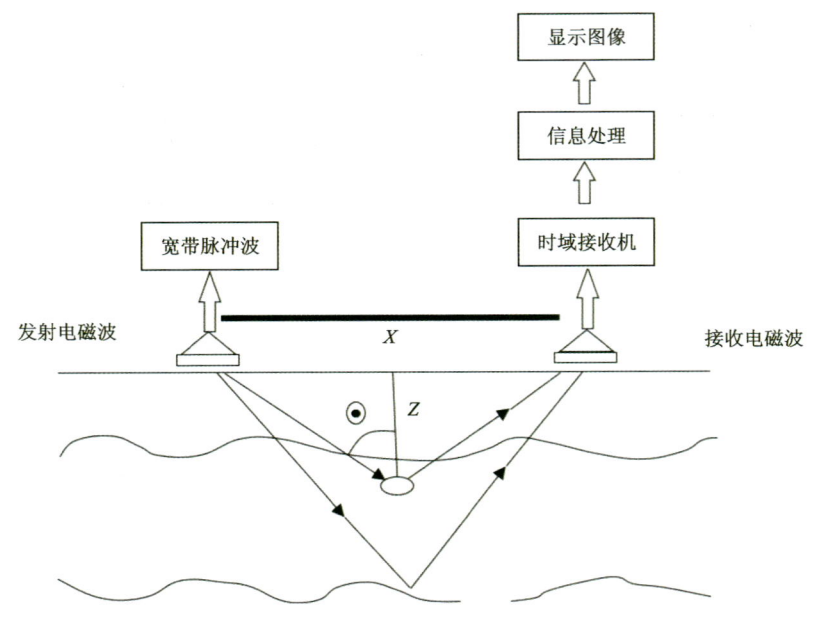

图5-6 探地雷达法探测原理示意图
X.水平距离;Y.垂直距离

地质雷达系统一般在 10～1000MHz 频率范围内工作。当传导介质的电导率小于 100ms/m 时,传播速度基本上保持为常数,信号不会弥散。

地质雷达具有足够的穿透力和分辨能力。电磁波穿透深度主要取决于电磁波的频率、能量大小以及传导介质的导电特性。随着岩石含水量增大,电导率增高,雷达波的衰减率会增大。随着电磁波频率的增高,其穿透深度将减小;但降低频率或增大波长 λ,分辨率又会随之降低。为了能将探测目标与背景区分开,目标的大小应与波长成正比,最好为 λ/4。分辨能力还取决于岩体内隐藏目标的种类和大小及其导电特性。岩体与目标之间的导电特性差异越大,则越易发现目标。

在许多地质环境中使用的经验表明,中心频率约为 100MHz 的雷达系统兼顾了测距、分辨率和系统轻便性这 3 个因素,效果较好。

当前地质雷达可用来划分地层,查明断层破碎带、滑坡面、岩溶、土洞、地下硐室和地下管线,也可用于水文地质调查。由于地质雷达在电阻率小于 100Ω·m 的覆盖层地区探测深度小于 3m,严重阻碍了地质雷达的应用。因此,在低电阻率区如何加大探测深度,仍是一个艰巨的研究课题,因此地质雷达当前在环保疏浚工程中的应用是不甚理想的。

5. 其他物探技术

其他类型物探方法的原理和适用范围列于表 5-5。

表 5-5　各主要物探方法的原理和适用范围

方法名称		基本原理	适用范围
电法勘探	自然电场法	以各种岩土层的电学性质差异为前提探测地下的地质情况。这些电学性质主要指导电性(电阻率)、电化学活动性、介电性等	①探测隐伏断层、破碎带; ②测定地下水流速、流向
	充电法		①探测地下洞穴; ②测定地下水流速、流向; ③探测地下或水下隐伏物体; ④探测地下管线
	电阻率测深		①测定基岩埋深,划分松散沉积层序和基岩风化带; ②探测隐伏断层、破碎带; ③探测地下洞穴; ④测定潜水面深度和含水层分布; ⑤探测地下或水下隐伏物体
	电阻率剖面		①测定基岩埋深; ②探测隐伏断层、破碎带; ③探测地下洞穴; ④探测地下或水下隐伏物体
	高密度电阻率		①测定潜水面深度和含水层分布; ②探测地下或水下隐伏物体

续表 5-5

方法名称		基本原理	适用范围
电法勘探	激发极化法		①划分松散沉积层序； ②探测隐伏断层、破碎带； ③探测地下洞穴； ④测定潜水面深度和含水层分布； ⑤探测地下或水下隐伏物体
磁法勘探	低频	利用特殊岩土体的磁场异常或电磁波的传播（包括在不同介质分界面上的反射、折射）异常情况进行勘探	①探测隐伏断层、破碎带； ②探测地下或水下隐伏物体； ③探测地下管线
	频率测探		①测定基岩埋深,划分松散沉积层序和基岩风化带； ②探测隐伏断层、破碎带； ③探测地下洞穴； ④测定河床水深和沉积泥砂厚度； ⑤探测地下或水下隐伏物体； ⑥探测地下管线
	电磁感应法		①测定基岩埋深； ②探测隐伏断层、破碎带； ③探测地下洞穴； ④探测地下或水下隐伏物体； ⑤探测地下管线
	地质雷达		①测定基岩埋深,划分松散沉积层序和基岩风化带； ②探测隐伏断层、破碎带； ③探测地下洞穴； ④测定潜水面深度和含水层分布； ⑤测定河床水深和沉积泥砂厚度； ⑥探测地下或水下隐伏物体； ⑦探测地下管线
	地下电磁波法		①探测隐伏断层、破碎带； ②探测地下洞穴； ③探测地下或水下隐伏物体； ④探测地下管线

续表 5-5

方法名称		基本原理	适用范围
地震波勘探	折射波法	根据弹性波在不同介质中传播速度的差异,以及弹性波在具有不同声阻抗介质交界面处的反射、折射特征进行勘探	①测定基岩埋深,划分松散沉积层序和基岩风化带; ②测定潜水面深度和含水层分布; ③测定河床水深和沉积泥沙厚度
	反射波法		①测定基岩埋深,划分松散沉积层序和基岩风化带; ②探测隐伏断层、破碎带; ③探测地下洞穴; ④测定潜水面深度和含水层分布; ⑤测定河床水深和沉积泥沙厚度; ⑥探测地下或水下隐伏物体; ⑦探测地下管线
	直达波法 （单孔或跨孔法）		划分松散沉积层序和基岩风化带
	瑞利波法		①测定基岩埋深,划分松散沉积层序和基岩风化带; ②探测隐伏断层、破碎带; ③探测含水层; ④探测地下洞穴和地下或水下隐伏物体; ⑤探测地下管线
	声波法		①测定基岩埋深,划分松散沉积层序和基岩风化带; ②探测隐伏断层、破碎带; ③探测含水层; ④探测地下洞穴和地下或水下隐伏物体; ⑤探测地下管线; ⑥探测滑坡体的滑动面
	声呐浅层剖面法		①测定河床水深和沉积泥沙厚度; ②探测地下或水下隐伏物体
地球物理测井		在探井中直接对被探测层进行各种各样的地球物理测量,从而了解其各种物理性质的差异	①探测地下洞穴; ②测定潜水面深度和含水层分布; ③划分松散沉积层序和基岩风化带; ④探测地下或水下隐伏物体

5.2 岩土的分层

5.2.1 土工分层

根据土的颜色、湿度、质地及塑性指数从上至下将土进行分层,环保疏浚岩土工程勘察常见的各类型土的现场鉴别及分层描述应满足以下要求[《水运工程岩土勘察规范》(JTS 133—2013)]。

1. 淤泥性土

淤泥性土应描述名称、颜色、状态、塑性、嗅味及包含物等。淤泥性土具体分类时应根据孔隙比和含水率划分为淤泥质土、淤泥和流泥,具体分类指标见本指南 2.3 节相关内容。

2. 黏性土

黏性土应描述名称、颜色、状态、均匀程度、湿度、塑性、嗅味、斑纹、虫孔、结构性及包含物等。黏性土具体分类时可根据塑性指数分为黏土和粉质黏土,具体见本指南 2.3 节相关内容。

3. 粉土

粉土应描述名称、颜色、湿度、密实度及包含物等,最终定名时,粒径大于 0.075mm 的颗粒质量不超过总质量的 50%,且塑性指数小于或等于 10 的土方可定名为粉土。

4. 砂土

砂土应描述名称、颜色、湿度、密实度、包含物颗粒形状、粒径均匀程度、成因类型等。具体的定名应根据颗粒分析试验的结果参照本指南 2.3 节相关内容确定。

5. 填土

填土应描述类型、厚度、均匀程度、物质成分、填龄、压实程度和分布范围。

6. 混合土

混合土应描述名称、颜色、颗粒组成、类别、均匀程度、状态、成因类型、主要土类量的估判。

7. 残积土

残积土应描述名称、颜色、颗粒组成、状态、母岩的岩性等。

5.2.2 污染分层

一般根据底泥的颜色、气味、土壤的质地、污染物的含量(可采用便携式有机物快速测定仪、重金属快速测定仪、生物毒性测试等现场快速筛选技术手段进行定性或定量分析)等对底泥的污染程度进行初步评价,根据着色程度、气味、质地等因素,底泥在垂直方向从上至下一般可分为污染底泥层(A层)、污染过渡底泥层(B层)和正常沉积底泥层(C层)(金相灿等,2016),具体分别为:

(1)污染底泥层(A层)。污染最严重的一层。一般情况下,在受有机质和营养盐严重污染的地区,该层颜色为黑色或深黑色,可塑性差,有臭味。其上部分为稀浆状,含水率高,流动性强;下半部分为流塑状,含水率略微减小。主要为近年来人类活动的产物,是江河湖库内源污染的主要蓄积库。

(2)污染过渡底泥层(B层)。污染相对较轻的一层,是污染底泥层至正常沉积底泥层的过渡层。一般情况下,在有机质和营养盐污染地区,该层颜色呈灰色或灰黑色,含水率相对减小,具有一定的可塑性,质地较污染底泥层密实。

(3)正常沉积底泥层(C层)。未被污染的底泥层,其颜色保持未被污染的当地土质正常颜色,一般无异味,含水率相对较低,可塑性较强,质地一般较密实。

底泥污染分层见图 5-7。

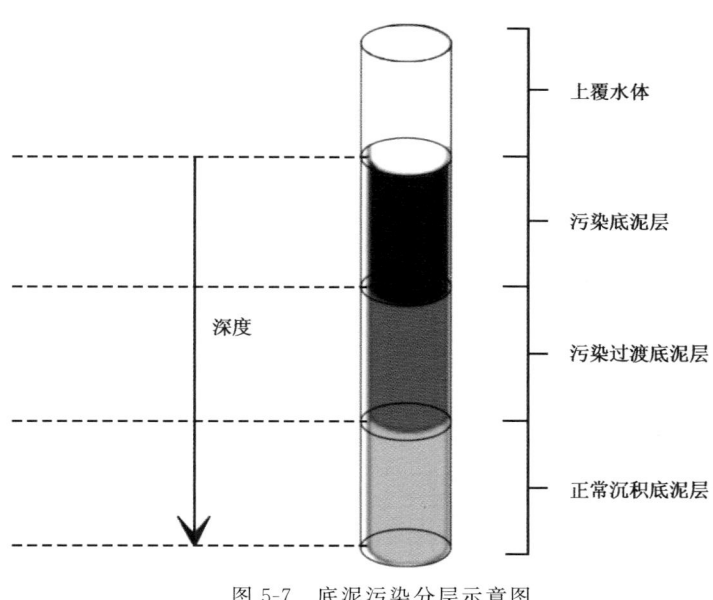

图 5-7 底泥污染分层示意图

5.3 岩土取样

5.3.1 土样质量等级划分

工程地质钻探的任务之一是采取岩土的试样,用来对其观察、鉴别或进行各种物理力学的试验。一般而言,不同的目的对岩土样品的要求也是不一样的:如果仅仅是要对岩性进行鉴别,则岩芯的完整与否就不重要了;而如果仅仅是对土进行定名、分类,则土样是否受到扰动也就没有什么影响了。但是多数情况下岩土样可能是多用途的,因此在采取土样时,应尽量减少对其的扰动,也就是要采取原状土样,所谓原状土样是指能保持原有的天然结构未受破坏的土样。相应地,如果试样的天然结构已遭受破坏,则称为扰动土样。在实际勘探过程中,要取得完全不受扰动的原状土样是不可能的,这是由3个方面的因素决定的:第一,土样脱离母体后,原来所受到的围压突然解除,土样的应力状态与原来相比发生了变化,这在一定程度上会影响到土样的结构;第二,钻探及采样过程中,钻具在钻压过程中必然要对周围土体(包括土样原来所在区域)产生一定程度上的扰动;第三,采取土样时要使用取土器,无论何种取土器都有一定的壁厚、长度和面积,它在压入过程中,也会使土样受到一定的扰动。所以一般所说的原状土样也只是扰动程度相对较小的土样而已。

按照取样方法和试验目的的不同,现行的岩土工程勘察规范将土样分成4个质量等级,具体见表5-6。

表5-6 土试样质量等级划分

土样级别	扰动程度	试验内容
Ⅰ	不扰动	土类定名、含水率、密度、强度试验、固结试验等
Ⅱ	轻微扰动	土类定名、含水率、密度
Ⅲ	显著扰动	土类定名、含水率
Ⅴ	完全扰动	土类定名

注:①不扰动是指原位应力状态虽已改变,但土的结构、密度、含水量变化很小,可以满足各项室内试验要求。
②如确无条件采取Ⅰ级土样,在工程技术条件允许的情况下,可用Ⅱ级土样代替,但宜先对土样受扰动程度作出鉴定,判定用于试验的适用性,并结合地区经验使用试验成果。

表5-6虽然给出了根据扰动程度进行土样质量等级划分的依据,但是土样扰动程度的确定也具有一定难度,需要综合多方面的因素进行。一般而言,可根据下列几个方面来确定:

(1)现场外观检查。观察土样是否完整,有无缺失,取样管或衬管是否挤扁、弯曲、卷折等。

(2)测定回收率。回收率$=L/H$,H是指取样时取样器贯入孔底以下土层的深度,L是指土样长度,可取土试样毛长,即可从试样顶端算至取土器刃口,下部如有脱落可不扣除。回收率等于0.98左右是最理想的,大于1.0或小于0.95是土样受扰动的标志。

(3)X射线检验。可发现土样裂纹、孔洞及粗粒包裹体等土样可能受到扰动的标志。

(4)室内试验评价。由于土的力学性质参数对试样的扰动十分敏感,土样受扰动的程度可以通过力学性质试验反映出来,最常见的试验判别方法有两种:一是根据应力-应变关系评价。随着土样扰动程度的增加,破坏应变增加,峰值应力降低,应力-应变关系曲线趋于平缓。根据国际土力学与基础工程学会取样分会汇集的资料,不同地区对不扰动土样做不排水压缩试验得出的破坏应变值ε_f分别为加拿大黏土的1%、前南斯拉夫黏土的1.5%、日本海相黏土的6%、法国黏性土的3%～8%、新加坡海相黏土的2%～5%。如果测得的破坏应变值大于上述特征值,该土样就可以认为是受扰动的。二是根据压缩曲线特征评定。先定义扰动指数$I_D = \Delta e_0 / \Delta e_m$($\Delta e_0$为原位孔隙比与土样在先期固结压力处孔隙比的差值;$\Delta e_m$为原位孔隙比与重塑土在上述压力处孔隙比的差值)。如先期固结压力未能确定,可改用体积应变作为评价指标：$\varepsilon_V = \Delta V/V = \Delta e/(1+e_0)$（$e_0$ 为土样初始孔隙比；Δe 为加荷至自重压力时的孔隙比变化量）。我国沿海部分地区采用上述标准进行评价的参考标准见表5-7。

表 5-7 评价土试样扰动程度的参考标准　　　　　　　　单位：%

评价指标 扰动程度	几乎 未扰动	少量 扰动	中等 扰动	很大 扰动	严重 扰动	资料 来源
ε_f	1～3	3～5	5～6	6～10	>10	上海
ε_f	3～5	3～5	5～8	>10	>15	连云港
ε_V	<1	1～2	2～4	4～10	>10	上海
I_D	<0.15	0.15～0.30	0.30～0.50	0.50～0.75	>0.75	上海

需要说明的是，上述指标的特征值受多种因素控制。它不仅与土样扰动程度有关，而且受土的沉积类型、应力历史等条件影响，同时也与试验方法有关。因此对于不同地区，不同土质类型是无法找到统一的判断标准的，各个地方应在反复试验、积累数据的基础上建立适合于自身的标准。此外，上述标准只是取样后对其扰动状态的事后判断，为了能取到满足要求的土试样，重点应当放在取样前的精心准备和取样过程的严格控制，这才是对土试样进行质量等级划分的指导思想所在。

5.3.2　不同等级土样的取样方法及取样工具

取样过程中，对土样扰动程度影响最大的因素是所采用的取样方法和取样工具。从取样方法来讲，基本可以分为两种，一是从探井、探槽中直接刻取土样；二是用钻孔取土器从钻孔中采取。对于埋深较大的岩土层，其岩土样品的采取主要是采用第二种方法，即用钻孔取土器采样的方法，所以首先分析钻孔取土器的分级分类。钻孔取土器按适合的土样质量等级分为Ⅰ级、Ⅱ两级，Ⅰ级又分为两个亚级，具体内容可见表5-8。此外，按进入岩土层的方式，取土器又可分为贯入式取土器和回转式取土器两类。

表 5-8 钻孔取土器分级

取土器分级		取土器名称
Ⅰ	Ⅰ-a	固定活塞薄壁取土器、水压式规定活塞薄壁取土器
		单动二（三）重管回转取土器
		双动二（三）重管回转取土器
	Ⅰ-b	自由活塞薄壁取土器
		敞口薄壁取土器、束节式取土器
Ⅱ		厚壁取土器

由于不同的取样方法和取样工具对土样的扰动程度不同，因此，《岩土工程勘察规范（2009年版）》(GB 50021—2001)对不同等级土试样适用的取样方法和工具作了具体规定，内容见表5-9。

表 5-9 不同质量等级土试样的取样方法和工具

土试样质量等级	取样方法和工具		适用土类									
			黏性土					粉土	砂土				砾砂、碎石、软岩
			流塑	软塑	可塑	硬塑	坚硬		粉砂	细砂	中砂	粗砂	
Ⅰ	薄壁取土器	固定活塞	++	++	++	—	—	+	+	—	—	—	
		水压固定活塞	++	++	+	—	—	+	+	—	—	—	
		自由活塞	+	+	++	—	—	+	+	—	—	—	
		敞口	+	+	+	—	—	+	+	—	—	—	
	回转取土器	单动三重管	—	+	++	++	+	++	++	++	—	—	
		双动三重管	—	—	—	+	++	—	—	—	++	++	+
	探井(槽)中刻取块状土样		++	++	++	++	++	++	++	++	++	++	++
Ⅱ	薄壁取土器	水压固定活塞	++	++	+	—	—	+	+	—	—	—	
		固定活塞	+	++	++	—	—	+	+	—	—	—	
		敞口	++	++	++	—	—	+	+	—	—	—	
	回转取土器	单动三重管	—	+	++	++	+	++	++	++	—	—	
		双动三重管	—	—	—	+	++	—	—	—	++	++	++
	厚壁敞口取土器		+	+	++	++	++	++	++	++	++	+	
Ⅲ	厚壁敞口取土器		++	++	++	++	++	++	++	++	++	++	
	标准贯入器		++	++	++	++	++	++	++	++	++	++	
	螺纹钻头		++	++	++	++	+	—	—	—	—	—	
	岩芯钻头		++	++	++	++	++	++	++	++	++	++	++
Ⅳ	标准贯入器		++	++	++	++	++	++	++	++	++	++	
	螺纹钻头		++	++	++	++	+	—	—	—	—	—	
	岩芯钻头		++	++	++	++	++	++	++	++	++	++	++

注:①"++"表示适用,"+"表示部分适用,"—"表示不适用。
②采取砂土试样时,应有防止试样失落的补充措施。
③有经验时,可采用束节式取土器代替薄壁取土器。

从表 5-9 中可以看出,对于质量等级要求较低的Ⅲ级、Ⅳ级土样,在某些土层中可利用钻探的岩芯钻头或螺纹钻头以及标贯试验的贯入器进行取样,而不必采用专用的取土器。由于没有黏聚力,无黏性土取样过程中土样容易发生散落,所以从总体上讲,无黏性土对取样器的要求比黏性土的要高。

取土器的外形尺寸及管壁厚度对土样的扰动程度有着重要的影响,因此,规范对每一种取土器的尺寸外形也作了规定,具体如表 5-10 及表 5-11 所示。

表 5-10 贯入式取土器的技术参数

取土器参数	厚壁取土器	薄壁取土器			束节式取土器	黄土取土器
		敞口自由活塞	水压固定活塞	固定活塞		
内间隙比 $\dfrac{D_w - D_t}{D_t} \times 100\%$	13~20	≤10	10~13			15
内间隙比 $\dfrac{D_s - D_e}{D_e} \times 100\%$	0.5~1.5	0	0.5~1.0		管靴薄壁段同薄壁取土器,长度不小于内径的 3 倍	1.5
外间隙比 $\dfrac{D_w - D_t}{D_t} \times 100\%$	0~2.0	0				1
刃口角度 $\alpha/(°)$	<10	5~10				10
长度 L/mm	400、550	对砂土:$(5~10)D_e$;对黏性土:$(10~15)D_e$				
外径 D_t/mm	75~89、108	75、100			50、75、100	127
衬管	整圆或半合管,由塑料、酚醛层压纸或镀锌铁皮制成	无衬管,束节式取土器衬管同左			塑料、酚醛层压纸或用环刀	塑料、酚醛层压纸

注:①取样管及衬管内壁必须圆整。

②在特殊情况下取土器的直径可增大至 150~250mm。

③D_e:取土器刃口内径;D_s:取样管内径,加衬管时为衬管内径;D_t:取样管外径;D_w:取土器管靴外径,对薄壁管 $D_w = D_t$。

表 5-11 回转型取土器的技术参数

取土器类型		外径/mm	土样直径/mm	长度/mm	内管超前	说明
双重管(加内衬管即为三重管)	单动	102	71	1500	固定	直径规格可视材料规格稍作变动,单土样直径不得少于71mm
		140	104		可调	
	双动	102	71	1500	固定	
		140	104		可调	

5.3.3 钻孔取样的一般要求

除了在探井(洞、槽)中直接刻取岩土样品外,绝大多数情况下岩土样的采取是在钻孔中进行的,钻孔取样除了上述取样方法和取样工具的要求外,还对钻孔过程及取样过程有一定的要求,详细的要求可查看我国行业标准《建筑工程地质勘探与取样技术规程》(JGJ/T 87—2012),这里仅介绍其要点。首先,对采取原状土样的钻孔,其孔径必须要比取土器外径大一个等级。其次,在地下水位以上应采用干法钻进,不得注水或使用冲洗液。而在地下水位以下钻进时应采用通气通水的螺旋钻头、提土器或岩芯钻头[在鉴别地层方面无严格要求时,也可以采用侧喷式冲洗钻头成孔,但不得采用底喷式冲洗钻头。当土质较硬时,可采用二(三)重管回转取土器,取土钻进合并进行]。再次,在饱和黏性土、粉土、砂土中钻进时,宜采用泥浆护壁。采用套管时,应先钻进再跟进套管,套管下设深度与取样位置之间应保留3倍管径以上的距离,不得向未钻过孔的土层中强行击入套管;此外,钻进宜采用回转方式,在采取原状土样的钻孔中,不宜采用振动或冲击方式钻进。最后,要求取土器下放之前应清孔。采用敞口式取样器时,残留浮土厚度不得超过5cm。

当采用贯入式取土器取样时,还应满足下列要求:

(1)取土器应平稳下放,不得冲击孔底。取土器下放后,应核对孔深和钻具长度,发现残留浮土厚度超过要求时,应提起取土器重新清孔。

(2)采取Ⅰ级原状土试样,应采用快速、连续的静压方式贯入取土器,贯入速度不小于0.1m/s。当利用钻机的给进系统施压时,应保证具有连续贯入的足够行程。采取Ⅱ级原状土试样可使用间断静压方式或重锤少击方式。

(3)在压入固定活塞取土器时,应将活塞杆牢固地与钻架连接起来,避免活塞向下移动。在贯入过程中监视活塞杆的位移变化时,可在活塞杆上设定相对于地面固定点的标志,测记其高差。活塞杆位移量不得超过总贯入深度的1%。

(4)贯入取样管的深度宜控制在总长的90%左右。贯入深度应在贯入结束后仔细量测并记录。

(5)提升取土器之前,为切断土样与孔底土的联系,可以回转2~3圈或者稍加静置之后再提升。

(6)提升取土器应做到均匀平稳,避免磕碰。

当采用回转式取土器取样时,还应满足下列要求:

(1)采用单动、双动二(三)重管采取原状土试样,必须保证平稳回转钻进,使用的钻杆应事先校直。为避免钻具抖动造成土层的扰动,可在取土器上加节重杆。

(2)冲洗液宜采用泥浆。钻进参数宜根据各场地地层特点通过试钻确定或根据已有经验确定。

(3)取样开始时应将泵压、泵量减至能维持钻进的最低限度,然后随着进尺的增加,逐渐增加至正常值。

(4)回转取土器应具有可改变内管超前长度的替换管靴。内管管口至少应与外管齐平,随着土质变软,可使内管超前增加至50~150mm。对软硬交替的土层,宜采用具有自动调节功能的改进型单动二(三)重管取土器。

(5)在硬塑以上的硬质黏性土、密实砾砂、碎石土和软岩中,可使用双动三重管取样器采取原状土试样。对于非胶结的砂、卵石层,取样时可在底靴加置逆爪。

(6)在有充分经验的地区和可靠操作的保证下,采用无泵反循环钻进工艺,用普通单层岩芯管采取的砂样可作为Ⅱ级原状土试样。

5.3.4 钻孔原状土样的采取方法

土样的采取方法指将取土器压入土层中的方式及过程。采取方法应根据不同地层、不同设备条件来选择。常见的取样方法有如下几种:

(1)连续压入法。也称组合滑轮压入法,即采用一组组合滑轮装置将取土器一次性快速地压入土中。一般应用在人力钻或机动钻在浅层软土中的采样情况下。由于取土器进入土层过程是快速、均匀的,历时较短,因此能够使得土样较好地保持其原状结构,土样的边缘扰动很小甚至几乎看不到扰动的痕迹。在软土层中应尽量用此法取样。

(2)断续压入法。即取土器进入土层的过程不是连续的,要通过两次或多次间歇性压入才能完成,其效果不如连续压入法,因此仅在连续压入法无法压入的地层中采用。断续压入时,要防止将钻杆上提而造成土样被拔断或冲洗液侵入对土样造成破坏。

(3)击入法。此法在较硬或坚硬土层中采样时采用。它采用吊锤打击钻杆或取土器进行土样的采取。在钻孔上面用吊锤打击钻杆而使取土器切入土层的方法称为上击式;在孔下用吊锤或加重杆直接打击取土器而进行取土的方法称为下击式。采用上击式取土方法时,锤击能量是由钻杆来传递的,如钻杆过长则在锤击力作用下会产生弯曲,弯曲到一定程度即会对土样产生附加的扰动,因此钻杆的长度应当有所限制,即不应超过某一临界长度L(cm),临界长度L可由欧拉公式求得:

$$L = \sqrt{\frac{CEJ}{P}}$$

式中:P——垂直锤击力(kg);

E——钻杆钢材弹性模量(kg/cm^2),取值为$2.2 \times 10^6 kg/cm^2$;

J——钻杆转动惯量,$J = \pi/64(d_1^4 - d_0^4)$,$d_0$、$d_1$分别为钻杆的内、外径;

C——系数,取值$\pi^2/4$。

当取样深度小于临界深度L时,钻杆不会产生明显的纵向弯曲,采用上击式取土是有效的。但当取样深度大于 L 时,钻杆柱产生了纵向弯曲,最大弯曲点接触孔壁,使传至取土器的冲击力大大减弱,在这种情况下上击式取土效果差。另外,钻杆本身也是一个弹性体,当重锤下击时,极易产生回弹振动,因而容易造成土样扰动。由于存在上述缺点,上击法只用于浅层硬土中。

下击式取土由于重锤或加重杆在孔下直接打击取土器,避免了上击式取土所存在的一些问题。因此,它具有效率高、对土样扰动小、结构简单、操作方便等优点。下击式取土法采用在孔下取土器钻杆上套一穿心重杆的方法,用人力或机械提动重杆使之往复打击取土器而进行取土。在提动重杆或重锤时,提动高度不超过允许的滑动距离,以免将取土器从土中拔出而拔断土样。

(4)回转压入法。机械回转钻进时,可用回转压入式取土器(双层取土器)采取深层坚硬土样或砂样。取土时,外管旋转刻取土层,内管承受轴心压力而压入取土。由于外管与内管为滚动式接触,因此内管只承受轴向压力而不回转,外管刻取的土屑随冲洗液循环而携出孔外。如果泵量过小,则土屑不能全部排出孔口而可能妨碍外管钻进,甚至进入内外管之间造成堵卡,使内管随外管转动而扰动土样。回转压入取土过程中应尽量不提动钻具,以免提动内管而拔断土样,即使在不进尺的情况下提动钻具,也应控制提动距离,使之不超过内管与外管的可滑动范围。

5.3.5 探井与探槽取样的一般要求

(1)探井、探槽中采取的原状土试样宜用盒装。土样容器可采用 120mm×200mm 或 120mm×120mm×200mm、150mm×150mm×200mm 等规格。对于含有粗颗粒的非均质土,可按试验设计要求确定尺寸。土样容器宜做成装配式并具有足够刚度,避免土样因自重过大而产生变形。容器应有足够净空,使土试样盛入后四周上下都留 10mm 的间隙。

(2)原状土试样的采取应按下列步骤:
①整平取样处的表面。
②按土样容器净空轮廓,除去四周土体,形成土柱,其大小比容器内腔尺寸小 20mm。
③套上容器边框,边框上缘高出土样柱约 10mm,然后浇入热蜡液,蜡液应填满土样与容器之间的空隙至框顶,并与之齐平,待蜡液凝固后,将盖板用螺钉拧上。
④挖开土样根部,使之与母体分离,再颠倒过来削去根部多余土料,使之低于边框约 10mm,再浇满热蜡液,待凝固后拧上底盖板。

在探井、探槽中按照上述要求采取的盒状土样,可作为Ⅰ级原状土试样。

5.3.6 土样的现场检验、封存、储存及运输

土样从母体土层中被剥离后到最终进入室内试验尚需要经过现场封装、储存、运输等多个环节,这其中的任何一个环节处置不当均会对土样造成扰动甚至破坏,从而影响试验结果的准确性,因此对从取土器中取出土样及后续过程也应遵守相应的规定,否则可能会前功尽弃。

(1)取土器提出地面之后,小心地将土样连同容器(衬管)卸下,并应符合下列要求:

①以螺钉连接的薄壁管,卸下螺钉即可取下取样管。

②对丝扣连接的取样管、回转型取土器,应采用链钳、自由钳或专用扳手卸开,不得使用管钳之类易于使土样受挤压或使取样管受损的工具。

③采用外管非半合管的带衬管取土器时,应使用推土器将衬管与土样从外管推出,并应事先将推土端土样削至略低于衬管边缘,防止推土时土样受压;对各种活塞取土器,卸下取样管之前应打开活塞气孔,消除真空。

(2)对钻孔中采取的Ⅰ级原状土试样,应在现场测定取样回收率。取样回收率大于1.0或小于0.95时,应检查尺寸量测是否有误,土样是否受压,根据情况决定土样废弃或降低级别使用。

(3)土样密封可选用下列方法:

①将上、下两端各去掉约20mm,加上一块与土样截面面积相当的不透水圆片,再浇灌蜡液至与容器端齐平,待蜡液凝固后扣上胶皮或塑料保护帽。

②用配合适当的盒盖将两端盖严后,将所有接缝用纱布条蜡封或用胶带封口。

(4)每个土样封蜡后均应填贴标签,标签上下应与土样上下一致,并牢固地粘贴于容器外壁。土样标签应记载下列内容:工程名称或编号、孔号、土样编号、取样深度、土类名称、取样日期、取样人姓名。土样标签记载应与现场钻探记录相符。取样的取土器型号、贯入方法、锤击时击数、回收率等应在现场详细纪录。

(5)土样密封后应置于温度及湿度变化小的环境中,避免暴晒或冰冻。

(6)运输土样应采用专用土样箱包装,土样之间用柔软缓冲材料填实。一箱土样总质量不宜超过40kg。

(7)对易于振动液化、水分离析的土样,不宜长途运输,应在现场就近进行室内试验。

(8)土样采取之后至开始土工实验之间的储存时间,不宜超过两周。

5.3.7 保证土取样质量的主要措施

保证土工样品质量的控制措施有:

(1)保持钻孔的垂直度。钻孔的垂直度直接影响土样的质量与试验资料的准确性。若钻孔倾斜,则在下放取土器的过程中,取土器会刮削孔壁而使余土过多,因而使土样受挤压扰动。另外,由倾斜钻孔中取出的土样也是倾斜的,用这些土样进行试验所得到的土的力学指标是不符合实际情况的,按照这种试验结果进行土工计算和设计很可能会导致错误的结果。

(2)根据不同地层、不同埋深情况、不同设备条件合理选择相应的取土器和取土方法。这一点也非常关键,具体选择标准可参考5.3节的相关内容。

(3)保持孔内清洁。只有较彻底地清除孔底的废土碎屑,才能避免因余土过多而使土样受挤压扰动。

(4)保证取土器切入土层的速度。为了获得高质量的原状土样,提高取土器进入土层的速度是一个重要方面。取土器进入土层的速度与施加压力的大小和土层的性质、结构等因素密切相关。在取土器进入土层的过程中,虽然取土器的内壁比较光滑,但若切入速度较慢,土样的侧向膨胀会加大取土器内壁与土样之间的摩擦阻力而使土样受到扰动。反之,如取土器切入较快,不待土样膨胀,土样已顺利进入取土器中,则土样扰动程度相对较小。

(5)土样的封装、运输、保存应符合5.3.6节的有关要求。

(6)钻进方法。为取得保持原状结构的土样,首先必须保证孔底土层没有因不恰当的钻进方法而受到扰动。这一点对结构性较强的土层尤为重要。

对于用于污染物检测的化学样品,保证质量的常见控制措施如下:

(1)应防止采用过程中的交叉污染。钻机采用过程中,在第一个钻孔开钻前要对设备进行清洗;连续多次钻孔的钻探设备应进行清洗;同一钻机在不同深度采样时,应对钻探设备、取样装置进行清洗;与土壤接触的其他采用工具重复利用时也应清洗。一般情况下可用清水清洗,也可用待采土样或清洁土壤进行清洗;必要时或特殊情况下,可采用无磷去垢剂溶液、高压自来水、去离子水(蒸馏水)或10%的硝酸进行清洗。

(2)采集现场质量控制是现场采样和实验室质量控制的重要手段。质量控制样一般包括平行样、空白样及运输样,质量控制样品的分析数据可从采样到样品运输、储存和数据分析等不同阶段反映数据质量。

(3)在采样过程中,同种采样介质应采集至少一个样品采集平行样。样品采集平行样是从相同的点位收集并单独封装和分析的样品。

(4)采集土壤样品用于分析挥发性有机物指标时,建议每次运输应采集至少一个运输空白样,即从实验室带到采用现场后,又返回实验室的与运输过程有关,并与分析无关的样品,以便了解运输途中是否受到污染和样品是否损失。

(5)现场采用记录、现场监测记录可使用表格描述土壤特征、可疑物质或异常现象等,同时应保留现场相关影像记录,其内容、页码、编号要齐全便于核查,如有改动应注明修改人及时间。

其他质量控制措施具体可参考《建设用地土壤污染风险管控和修复监测技术导则》(HJ 25.2—2019)和《土壤环境监测技术规范》(HJ/T 166—2004)。

5.4 物理化学样品采取的要求

环保疏浚岩土工程勘察样品的采取分为两类:一类是用于土工试验,满足含水率、密度、剪切强度、颗粒分析等物理力学指标的试验;另一类是用于化学试验,满足总氮、总磷、有毒有害有机物以及各种重金属等污染物含量的测试,对于各类型样品的采取应参照《建筑工程地质勘探与取样技术规程》(JGJ/T 87—2012)或勘察技术要求规定的数量和质量进行采取。

5.4.1 土工样品

1. 采样点的布设

根据《河流湖泊环保疏浚工程技术指南》,(取样孔)土工样品的采取间距一般为1m,对于小于1m层厚的土层应增加取样数量,土层厚度大时在满足统计要求的情况下可酌情少取。

2. 相关取样质量要求

土工样品采取的方法和要求、质量保证措施、现场检验及封存等相关技术要求详见本指南 5.3 节。

5.4.2 化学样品

1. 采样点的布设

环保疏浚勘探采样要求全柱状采样,全柱状采样的底面应至河湖底泥正常层(C层)以下 20~50cm。勘探孔钻进深度一般宜达到设计疏浚深度以下 1~2m(或穿透污染层至正常层 0.5~1.0m)。柱状样采集样品的要求见表 5-12。

表 5-12 柱状样采集样品的要求

采样类别		采样间距/m	土样质量	说明
化学分析试样	A层	0.1~0.2	扰动	一般不少于3个
	B层	0.1~0.5	扰动	一般不少于2个
	C层	0.5~1.0	扰动	一般不少于1个

2. 相关取样要求

(1)在现场进行污染层、过渡层和正常层的现场分层阶段,在依据颜色、气味、有机质含量、土壤质地分析的基础上,可采用便携式有机物快速测定仪、重金属快速测定仪、生物毒性测试等现场快速筛选技术手段进行定性或定量分析,保证分层取样的科学合理性。

(2)采样方法可适当灵活,表层样品可采用螺纹钻、采样管、抓斗等,深层取样一般采用钻探取样。化学分析样品的采取可与土工样品的采取同步分别进行,但应保证样品的质量,对于挥发性有机物污染、易分解有机物污染、恶臭污染土样的采集,应采用无扰动式的采样方法和工具。如需采集土壤混合样,将等量各采样点的土壤样品充分混合拌和后用四分法取得土样的混合样。含挥发性、易分解和恶臭污染的样品必须进行单独采样,禁止对样品进行均质化处理,不得采集混合样。

(3)挥发性有机物污染的土壤样品和恶臭污染土壤的样品应采用密封性的采样瓶封装,样品应充满容器整个空间;含易分解有机物的待测定样品,可采取适当的封闭措施(如甲醇或水液封等方式保存于采样瓶中)。样品应置于 4℃ 以下的低温环境(如冰箱)中运输、保存,避免运输、保存过程中的挥发损失,送至实验室后应尽快分析测试。挥发性有机物浓度较高的样品装瓶后应密封在塑料袋中,避免交叉污染,应通过运输空白样来控制运输和保存过程中交叉污染情况。具体土壤样品的保存和流转应按照《土壤环境监测技术规范》(HJ/T 166—2004)的要求进行。

(4)土壤采样时应进行现场记录,主要内容包括样品名称和编号、采样时间、采样位置、采样深度、样品质地、样品的颜色和气味、现场检测结果以及采样人员等,保证样品有迹可循。

5.4.3 水样采取

1. 采样点布设

水环境治理项目实施前、实施中及实施后对水质的监测,建议根据《地表水环境质量监测技术规范》(HJ/T 91.2—2022)进行采样点的布置,采样线和采样点的设置应符合表5-13～表5-15的要求。

表5-13 江河、渠道采样垂线数的设置

水面宽度(b)/m	垂线数
$b \leqslant 50$	1条(中泓线)
$50 < b \leqslant 100$	2条(左、右岸有明显水流处)
$b > 100$	3条(左、中、右)

注:①垂线布设应避开污染带,监测污染带应另加垂线。
②确能证明断面水质均匀时,可仅在中泓线设置垂线。
③凡在该断面要计算污染物通量时,应按本表设置垂线。

表5-14 江河、渠道采样垂线上采样点的设置

水深(h)/m	垂线数
$h \leqslant 5$	上层[a] 1点
$5 < h \leqslant 10$	上层、下层[b] 两点
$h > 10$	上层、中层[c]、下层3点

注:①凡在该断面要计算污染物通量时,应按本表设置垂线。
②a. 水面下或冰下0.5m处,水深不到0.5m时,在1/2水深处。
③b. 河底以上0.5m处。
④c. 1/2水深处。

表5-15 湖泊、水库监测垂线采样点的设置

水深(h)/m	采样点数
$h \leqslant 5$	1点(水面下0.5m处,水深不足1m时,在1/2水深处设置采样点)
$5 < h \leqslant 10$	2点(水面下0.5m,水底上0.5m)
$h > 10$	3点(水面下0.5m,中层1/2水深处,水底上0.5m)

注:①根据监测目的,如需确定变温层(温度垂直分布梯度≥0.2℃/m的区间),可从水面向下每隔0.5m测定并记录水温、溶解氧和pH值,计算水温垂直分布梯度。
②湖泊、水库有温度分层现象时,可在变温层增加采样点。
③有充分数据证实垂线上水质均匀时,可酌情减少采样点。
④受客观条件所限,无法实现底层采样的深水湖泊、水库,可酌情减少采样点。

2. 采样频次

依据不同的水体功能、水文要素和污染源、污染物排放等实际情况,力求以最低的采样频次,取得最具有时间代表性的样品,既要满足反映水质状况的要求,又要切实可行。地表水环境质量例行监测可按月开展,项目实施可根据项目的进展情况开展日常监测工作。

5.5 轻型便携钻探取样设备的应用

5.5.1 便携式回转取样钻机

背包式轻型便携钻机的最大特点是质量轻(10~30kg),设备进出场及转场方便,且满足环保疏浚岩土工程勘察深度穿透污染层的要求,针对河湖、湿地等存在水陆交互、沟多水浅等勘察环境复杂的条件尤其适用,可大大提高环保疏浚岩土工程勘察外业钻探取样的效率。常见的便携式回转钻机分为两种类型,一种有固定支架的便携式回转钻机(图5-8),另一种是手持式的便携回转钻机(图5-9)。

图 5-8 有固定支架回转钻机

图 5-9 手持式回转钻机

某环保疏浚工程岩土勘察勘察现场作业情况见图 5-10(冰上作业,大型设备无法进入),采用拉绳式汽油发动机为动力,设备总质量约 25kg,最大钻探进尺为 10m,岩芯管长度为 0.6m,每回次钻探进尺为 0.5m,岩芯直径为 76mm,岩芯样品见图 5-11。

5.5.2 便携式冲击取样钻机

常见的手持式冲击取样钻机具体见图 5-12 和图 5-13。该型设备靠汽油机驱动的高频振动锤将取样用的岩芯管振入地层,回次钻探完成后将岩芯土样带出。该型设备质量轻(总重约 20kg),最大取样深度 5~10m,岩芯直径在 20~100mm 之间(根据取样要求变换岩芯管直径),满足复杂地形地貌工况条件下方便进场、转场的要求,大大提高了取样的效率和品质。

图 5-10　手持式便携回转钻机

图 5-11　岩芯样品

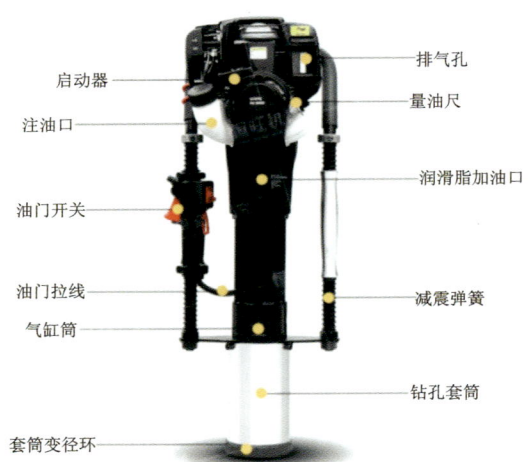

图 5-12　手持式便携冲击钻机

图 5-13　冲击钻机设备及配件

某环保疏浚工程岩土工程勘察现场取样见图 5-14 和图 5-15。

5.5.3　表层土壤样品取样器

对于河湖底泥表层样品的采取方法比较灵活多样,浅水情况下一般可采用取样管等管状取样器(图 5-16)进行样品的采取,深水情况下一般可采取抓斗(图 5-17)进行样品的采取。

第 5 章　环保疏浚岩土工程勘探与取样

图 5-14　透明取样管安装

图 5-15　装满土样的取样管提取出水面

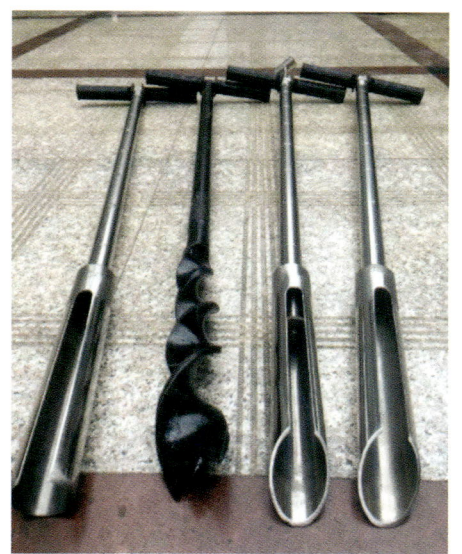

图 5-16　表层土壤取样器

图 5-17　取样抓斗

第6章　环保疏浚岩土工程原位测试

针对环保疏浚项目对勘察成果的需要,一般进行标准贯入试验、十字板剪切试验、静力触探试验等原位测试,在环保疏浚岩土工程勘察开展过程中可能用到的几种原位测试方法详述如下。

6.1　标准贯入试验

6.1.1　试验原理及目的

标准贯入试验是利用 63.5kg 的穿心锤,以 76cm 的落距自由下落来提供锤击能量,将特定规格的标准贯入器自钻孔底部打入土体中,先预打 15cm(不记锤击数),再打入 30cm 并记录锤击数(即标贯击数 N),以此指标 N 来评价土体的工程性质。进行标准贯入试验的目的主要有如下几个:

(1)采取扰动土样,鉴别和描述土类,按照颗分试验结果给土层定名。

(2)判断饱和砂土、粉土的液化可能性。

(3)定量估算地基土层的物理力学参数,如判定黏性土的稠度状态、砂土相对密度及土的变形和强度的有关参数,评定天然地基土的承载力等。

6.1.2　试验设备与技术要求

1. 试验设备

标准贯入试验设备主要由贯入器部分、穿心落锤、导向穿心锤的探杆3个部分构成(图6-1)。试验设备技术指标见表6-1。

2. 试验流程

(1)按正常的钻探程序,先钻进至需要进行标准贯入试验位置的土层标高以上150mm处,按试验的技术要求进行清孔。量测确定试

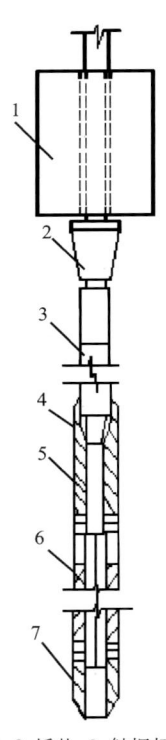

1.穿心锤;2.锤垫;3.触探杆;
4.贯入器;5.出水孔;
6.对开管;7.管靴。
图6-1　标贯设备

验深度,提出钻具,换用标准贯入器,然后放入到孔底,放入标贯器时应避免对孔底产生冲击。

(2)将穿心锤连同锤垫、导向杆和提引钢丝绳一起放置在探杆(经常用钻杆代替)上并旋转固定。操作钻机上的卷扬机提升穿心锤,采用自动脱钩的自由锤击法进行锤击。

(3)事先在探杆(钻杆)上用粉笔标出间隔10cm的刻度,以便于量测贯入器的贯入深度。

(4)先将贯入器打入土层15cm,不计锤击数,连续锤击,记录每贯入10cm的锤击数,累计贯入30cm的锤击数即为实测标贯击数。

(5)从钻孔中提出、卸下贯入器,将贯入器中的土样取出进行鉴别、描述和记录;然后换钻具继续钻进,至下一试验深度,再重复(1)~(4)操作。

表 6-1 试验设备技术指标

落锤		质量/kg	63.5
		落距/cm	76
		直径/mm	74
贯入器	对开管	长度/mm	>500
		外径/mm	51
		内径/mm	35
	管靴	长度/mm	50~70
		刃口角度/(°)	18~20
		刃口单刃厚度/mm	1.6
探杆		直径/mm	42
		相对弯曲/‰	<1
贯入指标			贯入30cm的锤击数 $N_{63.5}$

3. 试验的技术要求

(1)标准贯入试验应采用回转钻进,钻进过程中要保持孔中水位略高于地下水位,以防止孔底涌土,加剧孔底以下土层的扰动。当孔壁不稳定时,可采用泥浆或套管护壁,钻至试验标高以上15cm时应停止钻进,清除孔底残土后再进行贯入试验。

(2)应采用自动脱钩的自由落锤装置并保证落锤平稳下落,减小导向杆与锤间的摩阻力,避免锤击偏心和侧向晃动,保持贯入器、探杆、导向杆连接后的垂直度,锤击速率应小于30击/min。

(3)探杆最大相对弯曲度应小于1‰。

(4)正式试验前,应预先将贯入器打入土中15cm,然后开始记录每打入10cm的锤击数,累计打入30cm的锤击数为标准贯入试验锤击数。当锤击数已达到50击,而贯入深度未达到

30cm 时,可记录 50 击的实际贯入度,并按下式换算成相当于 30cm 贯入度的标准贯入试验锤击数 N,并终止试验:

$$N = 30 \times 50/\Delta S \tag{6-1}$$

式中:ΔS——50 击时的实际贯入深度(cm)。

(5)标准贯入试验可在钻孔全深度范围内等间距进行,也可仅在砂土、粉土等需要试验的土层中等间距进行,间距一般为 1~2m。

(6)由于标准贯入试验锤击数 N 值的离散性往往较大,故在利用其解决工程问题时应持慎重态度,仅仅依据单孔标贯试验资料提供设计参数是不完全可信的,如要提供定量的设计参数,应有当地经验,否则只能提供定性的结果,供初步评价用。

6.1.3 试验成果分析及应用

标准贯入试验的成果就是试验点土层的标贯击数。对于标贯击数首先要说明一点的是,实测的标贯击数是否要进行探杆长度修正的问题,对于这一问题有两种截然不同的观点。一种观点认为探杆长度对标贯试验有显著影响,因此必须要进行杆长的修正,如我国的《建筑地基基础设计规范》(GB 50007—2011)及日本的有关规范都规定要对实测的标贯击数进行杆长修正。而我国新修订的国家标准《岩土工程勘察规范(2009 年版)》(GB 50021—2001)、《建筑抗震设计规范》(GB 50011—2010)及一些欧美国家的规范均明确规定不必进行杆长修正。针对这一问题,同济大学等单位专门进行了试验研究。结果表明,当杆长小于 15m 时,传递到贯入器的有效能量随杆长增加而略有增加;当杆长超过 15m 时,实测到的有效能量趋于稳定;当杆长由 15m 增加到 100m 时,能量仅减少 5.4%,能量在探杆中传播时的衰减率约为 6%。由此可见,由探杆长度引起的能量衰减是有限的,远小于其他因素对标贯试验结果(即标贯击数)的影响,因此本书采纳上述第二种观点,即标贯击数不需进行杆长修正。

6.2 十字板剪切试验

6.2.1 试验原理及目的

十字板剪切试验是一种在钻孔内快速测定饱和软黏土抗剪强度的原位测试方法,根据读数记录方式的不同,十字板剪切试验分为普通十字板和电测十字板;根据贯入方式的不同又可分为预钻孔十字板剪切试验和自钻式十字板剪切试验。

十字板剪切试验所测得的抗剪强度值相当于试验深度处天然土层在原位压力下固结的不排水抗剪强度。由于十字板剪切试验不需要采取土样,避免了土样扰动,不改变土的天然应力状态,因此是一种有效的现场测定土的不排水强度试验方法。十字板剪切试验在我国沿海软土地区被广泛使用。它适用于灵敏度 $S_t \leqslant 10$、固结系数 $C_v \leqslant 100 \text{m}^2/\text{a}$ 的均质饱和软黏土,试验深度一般不大于 30m。对于不均匀土层,特别是夹有薄层粉细砂或粉土的软黏土,十字板剪切试验会有较大的误差,应谨慎使用。

十字板剪切试验的原理是将具有一定高径比的十字板插入待测试土层中,通过钻杆对十字板头施加扭矩使其匀速旋转,根据施加的扭矩即可以得到土层的抵抗扭矩,进一步可换算成土的抗剪强度。进行十字板剪切试验的目的如下：

(1)测定原位应力条件下软黏土的不排水抗剪强度。

(2)估算软黏土的灵敏度。

(3)分析疏浚土的等级和可疏挖性。

6.2.2 试验设备与技术要求

1. 试验设备

十字板剪切试验设备主要由十字板头、传力系统、加力装置和力的测量装置4个部分构成。根据力的量测系统的不同,它又分为机械式和电测式两类。国内外十字板头的尺寸规格如表6-2所示。

表6-2 国内外十字板头尺寸规格表　　　　　　单位:mm

十字板规格	高度 H	直径 D	板厚
国内标准推荐	100	50	2~3
	150	75	2~3
美国国家标准推荐	76.2	38.1	1.6
	101.2	50.8	1.6
	127.0	63.5	3.2
	184.0	92.1	3.2

虽然国内外所采用的十字板头尺寸有所差别,但都基本保证了直径和高度之间1∶2的通用比例,这与我国国家标准《岩土工程勘察规范(2009年版)》(GB 50021—2001)的要求也是一致的。

2. 试验流程

由于电测式十字板剪切试验不需要预钻孔且效率高,当前已普遍采用。因此,这里以电测十字板剪切试验叙述试验的操作步骤。

1)试验前的准备工作

(1)确定试验点位后,平整场地并清除有碍贯入的杂填物,应根据已有钻探或静探试验成果确定试验点位(深度),试验点竖向间距一般为1.0m。

(2)检查包括贯入仪、轴杆(尤其是接头)等在内的试验设备,根据预计的试验深度,准备足够长度的轴杆,将电缆按接头顺序穿入轴杆。

(3)进行十字板扭力传感器的标定。标定时,将十字板固定在率定机上,逐级施加荷载(扭矩),用自动记录仪测量对应的扭矩值;然后逐级卸荷,并记录扭矩值。如此进行3次加载、卸荷过程,相同荷载下的扭矩值应基本相同,荷载扭矩呈线性关系,且每次卸荷完毕立即回零,表明十字板头合格,满足测试要求。标定完成后计算十字板常数。

2) 贯入仪就位和量测单元连接

(1) 将地锚对称地设置在试验点位两侧,地锚数量应满足最大试验深度的反力需求;使贯入仪就位和量测单元连接,对贯入仪调平并进行水准校正后,锁定贯入仪和地锚。

(2) 试验点位开孔,将带电缆的轴杆从上往下从十字板剪切装置和贯入仪卡孔穿过,下端与十字板扭力传感器的电缆连接好,上端与量测记录仪相连。将轴杆与扭力柱通过螺纹口连接,然后将十字板头放入试验点位。

(3) 利用贯入仪将十字板头贯入土层 0.5m 后静置,直到记录仪读数不变后调零,消除十字板头与土层之间的温差。

3) 测试

(1) 正式贯入十字板头,直到预定的试验深度,静止 2~3min,将剪切装置上的夹持器拧紧,或采用其他措施锁定轴杆接头。

(2) 按顺时针方向缓慢增加扭转力矩,扭剪速率满足 $(1°\sim2°)/10s$ 的要求;十字板头每扭转 $1°$ 应测记一次显示器读数,直至出现峰值读数或稳定值后,再继续测读 1min。

(3) 用管钳卡牢探杆,顺时针转动 6 圈,然后按测试原状土相同的方法,测记重塑土的相应读数。

(4) 测试完毕,接长轴杆,继续贯入至下一个试验深度,重复上述测试步骤。在一个试验孔内连续测试时,需记录每个试验点的初读数,记录仪不再调零。

4) 收尾工作

一个试验孔内的试验全部结束,将十字板头拔出地面,及时记录记录仪的不归零读数。对十字板进行清洗,检查是否有损伤变形。如果一个工程现场的试验全部结束或当天的试验已结束,应将十字板头和读数仪从探杆上的电缆卸下,装箱妥善保存。

3. 试验的技术要求

为减少对原状土体的扰动,使测试结果更接近实际,试验应满足以下技术要求:

(1) 在进行试验之前,无论是电测十字板的扭力传感器还是机械式的开口钢环,应按规定的方法和程序进行标定,不得使用没有经过标定或标定过期的测力装置。

(2) 对于机械式十字板剪切试验,钻机开孔前应调平机座,并经过水准尺校准;应采用回转干钻工艺,并套管跟进;试验前应清孔,孔底残渣厚度不应大于 100mm。

(3) 在进行预钻式十字板剪切试验时,十字板头插入孔底以下的深度不应小于 3~5 倍钻孔直径,以保证十字板能在未扰动土中进行剪切试验。

(4) 十字板头插入土中试验深度后,应至少静止 2~3min,方可开始剪切试验。试验时的扭剪速率宜采用 $(1°\sim2°)/10s$,测记每扭转 $1°$ 的扭矩,当扭矩出现峰值或稳定值后,要继续测读 1min,以便确认峰值或稳定扭矩。

(5) 在峰值强度或稳定值测试完毕后,如需要测试扰动土的不排水强度,则应使土体完全扰动,顺时针方向连续转动探杆 6 圈后,再测定重塑土的不排水强度。

(6)对于机械式十字板剪切试验,应通过离合装置,单独测定轴杆与土之间的摩擦阻力,以便对测试结果进行修正。

(7)在额定荷载下,电测十字板的扭力传感器的总误差不应大于 3%FS,其中重复性误差、非线性误差、滞后误差和归零误差均应小于 1%FS。电测十字板的记录仪的时飘应小于 0.1%FS/h,温飘应小于 0.1%FS/℃,有效最小分度值应小于 0.06%FS。机械式十字板的钢环测力计的精度要求与电测十字板的扭力传感器的相同,所使用的量表和刻度盘的读数误差应小于 1%FS。

6.2.3　试验成果分析及应用

十字板剪切试验的成果主要有:各试验点土的不排水抗剪峰值强度、残余强度、重塑土强度和灵敏度及其随深度变化曲线;抗剪强度与扭转角的关系曲线等。

由于十字板剪切试验得到的不排水抗剪强度一般偏高,因此要经过修正才能用于工程设计,其修正方法如下:

$$(C_u)_f = \mu \cdot C_u \tag{6-2}$$

式中:C_u——现场实测的十字板不排水抗剪强度(kPa);

$(C_u)_f$——修正后的不排水抗剪强度(kPa);

μ——修正系数,按表 6-3 取值。

表 6-3　修正系数 μ 的取值

修正系数 μ	液性指数 I_P			
	10	15	20	25
各向同性土	0.91	0.88	0.85	0.82
各向异性土	0.95	0.92	0.9	0.88

修正后不排水抗剪强度的工程应用具体如下:

(1)计算地基承载力。根据中国建筑科学研究院和华东电力设计院的经验,地基容许承载力可按式(6-3)进行估算:

$$q_a = 2(C_u)_f + \gamma h \tag{6-3}$$

式中:q_a——地基容许承载力(kPa);

γ——基础底面以上地基土的容重(kN/m^3);

h——基础底面埋深。

(2)估算地基土的灵敏度。软黏土地基的灵敏度按式(6-4)计算:

$$S_t = \frac{(C_u)_f}{C_{u0}} \tag{6-4}$$

式中：C_{u0}——重塑土的十字板强度（kPa）；

S_t——软黏土的灵敏度，当 $S_t \leqslant 2$ 时，为低灵敏度土；当 $2 < S_t < 4$ 时，为中等灵敏度土；当 $S_t \geqslant 4$ 时，为高灵敏度土。

十字板剪切试验成果还可以用来检验地基加固效果、估算单桩极限承载力以及用于估算软土的液性指数、评价疏浚土的等级等，有进一步深入学习需求可参阅相关资料。

6.3 静力触探试验

6.3.1 试验原理及目的

静力触探试验是利用静力以恒定的贯入速率，将一定规格和形状的圆锥探头通过一系列探杆压入土中，同时测记贯入过程中探头所受到的阻力，根据测得的贯入阻力大小来间接判定土的物理力学性质的现场试验方法，其优点是可以连续、快速、准确地在现场直接得到各土层的贯入阻力指标，从而了解土层在原始状态下的有关物理力学参数。

在探头上增加孔压量测装置（孔压传感器、过滤器等），使触探过程不仅可以量测土层对探头的阻力，还可以量测探头附近的孔隙水压力。这种静力触探称为孔压静力触探（piezo-cone penetration test，CPTu）。近 20 年来，静力触探朝着多功能化发展，在静探探头上增加了许多新型的功能，如测温、测斜以及地磁、土壤电阻或地下水 pH 值等的测量，开拓了静力触探技术新的应用领域。

静力触探的贯入机理是个复杂的问题，目前虽有很多的近似理论对其进行模拟分析，但尚没有一种理论能够圆满解释静力触探的机理。目前工程中仍主要采用经验公式将贯入阻力与土的物理力学参数联系起来，或根据贯入阻力的相对大小做定性分析。

开展静力触探试验的目的一般有以下 5 个方面：

（1）根据贯入阻力曲线的形态特征或数值变化幅度划分土层。

（2）评价地基土的承载力。

（3）估算地基土层的物理力学参数。

（4）选择桩基持力层、估算单桩承载力，判定沉桩的可能性。

（5）判定场地土层的液化可能性。

6.3.2 试验设备与技术要求

1. 试验设备

静力触探的试验设备主要由探头部分、贯入装置、量测系统 3 个部分构成。常用的静力触探探头分为单桥探头、双桥探头两种，其主要规格见表 6-4。此外，还有能同时测量孔隙水压力的孔压探头，它们是在原有的单桥或双桥探头上增加测量孔压的装置而构成的。

表 6-4 静力触探探头规格

锥头截面积 A/cm²	探头直径 d/mm	锥角/(°)	单桥探头 有效侧壁长度 L/mm	双桥探头 摩擦筒侧壁面积/cm²	双桥探头 摩擦筒长度 L/mm
10	35.7	60	57	200	179
15	43.7		70	300	219
20	50.4		81	300	189

根据现行《岩土工程勘察规范(2009年版)》(GB 50021—2001)的要求,探头圆锥锥头截面积应采用 10cm² 或 15cm²,鉴于国际通用标准为 10cm²,因此最好使用锥头底面积为 10cm² 的探头。

1) 单桥探头

单桥探头在锥尖上部带有一定长度的侧壁摩擦筒,只能测定一个指标,即比贯入阻力。比贯入阻力是一个反映锥尖阻力和侧壁摩擦力的综合值:

$$P_s = \frac{P}{A} \tag{6-5}$$

式中:P——总贯入阻力(N);

A——锥尖底面积(m²);

P_s——比贯入阻力(Pa)。

单桥探头的结构如图 6-2 所示。

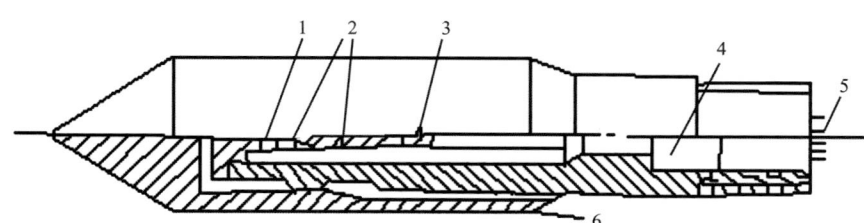

1.顶柱;2.电阻应变片;3.传感器;4.密封垫圈套;5.四芯电缆;6.外套筒。

图 6-2 单桥探头结构示意图

2) 双桥探头

双桥探头是将锥尖和侧壁摩擦筒分开,因而能分锥尖阻力 q_c 和侧壁摩擦力 f_s,可以分别模拟单桩的桩端阻力和桩侧摩擦力。锥尖阻力 q_c 和侧壁摩擦力 f_s 分别定义如下:

$$\begin{cases} q_c = \dfrac{Q_c}{A} \\ f_s = \dfrac{P_f}{F} \end{cases} \tag{6-6}$$

式中：Q_c——锥尖总阻力（N）；
P_f——侧壁总摩擦力（N）；
A——锥底截面积（m²）；
F——摩擦筒侧面积（m²）。

由锥尖阻力 q_c 和侧壁摩擦力 f_s 还可得到摩阻比 R_f 如下：

$$R_f = \frac{f_s}{q_c} \times 100\% \tag{6-7}$$

双桥探头的结构如图 6-3 所示。

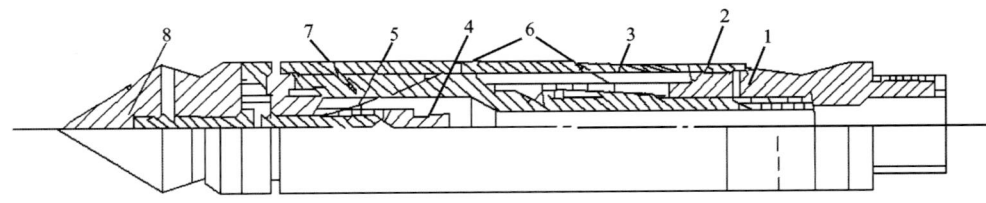

1.传力杆；2.摩擦传感器；3.摩擦筒 4.锥尖传感器；5.顶柱；6-电阻应变片；7.钢珠；8.锥尖头。

图 6-3 双桥探头结构示意图

3）贯入装置

贯入装置由两部分构成：一是给触探杆加压的压力装置，常见的压力装置有 3 种，即液压传动式、手摇链条式及电动丝杆式；二是提供加压所需反力的反力系统，反力系统主要有两种，第一种是利用旋入地下的地锚的抗拔力提供反力，第二种是利用重物提供加压反力，常见的是利用物探车的自重作为压重反力。当需要贯入阻力比较大时，可以将上述两种反力系统结合起来使用，即给物探车配备电动下锚装置以增加反力，通常情况下单个地锚可提供 10～30kN 的抗拔力。

4）量测装置

触探头在贯入土层的过程中其变形柱会随探头遇到的土阻力大小产生相应的变形，因此通过量测变形柱的变形也就可以反算土层阻力的大小。变形柱的变形一般是通过贴在其上的应变片来测量的，应变计通过配套的测量电路及位于地表的读数和自动记录装置来完成整个量测工作。一般而言，自动记录装置可以绘制出贯入阻力随深度的变化曲线，因而可以直观地反映出土层力学性质随深度的变化情况。

3. 试验操作步骤

鉴于静力触探试验存在多种贯入主机、反力装置等，这里以液压式贯入设备、地锚提供反力进行阐述，其他设备条件下的操作步骤可合理参考。

1）试验前的准备工作

试验之前应检查探头、探杆，对探头进行标定，除此之外，还应进行如下准备工作。

(1) 选择、准备探杆和电缆线。根据试验深度和地层条件选择探杆，对于孔深超过 30m，可能穿越坚硬土层的情形，应选择 42mm 探杆。电缆应按探杆连接顺序一次穿齐。

(2)试验孔定位和开孔。根据勘察点平面布置图,现场放样定位试验孔,并做出明显标记。对于表层有杂填土或可能存在贯入障碍的场地,应采用人工开挖或钢钎进行开孔。

(3)贯入主机就位、调平。清除障碍物后,平整试验孔周边地表,根据勘察深度要求和贯入设备特点下设地锚,使贯入主机就位,就位后,用地锚固定,调平贯入主机并用水准尺和自带的水准装置校准。

(4)探头就位与连接。将探头连同探杆和电缆线一起下穿,放入试验孔内,电缆线另一端与记录仪连接。

(5)对于单桥或双桥探头,将探头贯入地面以下 0.5~1.0m 后,上提探头 50~100mm,观察零漂情况,待测量值稳定后,将记录仪调零并将探头压回原位进行正式贯入。

(6)对于孔压探头,应事先做好饱和准备。当地下水埋藏较深时,应先采用直径略大于孔压探头的单桥探头贯入至地下水位开孔,然后再换成孔压探头进行孔压静探。

2)静探贯入与记录

(1)以 20mm/s 贯入速率匀速贯入探头,数据采集间隔宜为 50mm 或 100mm,一般采用自动记录。

(2)贯入过程中接续探杆时,丝扣必须上满,动作迅速,尽量缩短接杆时间;在接杆期间,应采取措施避免探杆回弹或起伏。

(3)贯入时,如果遇到密实、粗颗粒或含碎石颗粒较多的土层,应先打预钻孔,不可硬性贯入;对于浅层存在松散杂填土、碎石土层的情形,可使用套筒来防止孔壁的坍塌。

(4)在贯入过程中,如遇到前述终止试验的任一种情形,应查找出现的原因,是否由操作失误引起。无法补救时,即可取出探头,结束试验或调整孔位重新进行静力触探试验。

3)归零检查与深度校核

(1)在地面下 6m 深度范围内,每贯入 2~3m 应提升探头一次,并记录零漂值,在孔深超过 6m 后,视零漂的大小可放宽归零检查的深度间隔或不作归零检查。

(2)记录深度的标尺设置在贯入主机上,每隔 3~4m 应该校核一次实际的贯入深度。

(3)终孔起拔探杆时和探头拔出地面时,应分别记录零漂值。

(4)孔压探头在整个贯入期间不得提升探头。终孔起拔探头时应记录锥尖阻力和侧壁摩阻力的零漂值;探头拔出地面时,应记录孔压的零漂值。

4)孔压消散试验

(1)事先对钻探资料进行分析,确定孔压消散试验的位置(深度)。当探头贯入到指定深度时,应立即开始孔压消散试验。

(2)从探头停止贯入时刻起,用秒表记录不同时刻的孔压值和端阻力等试验数据。记录的时间间隔由密到疏,可以按时间间隔 2s、4s、8s、16s、30s、1min、2min、4min⋯记录数据,超过 1h 后,每 2h 记录一次。

(3)孔压消散试验宜进行到孔压达到稳定值为止(连续 2h 内孔压值保持不变视为稳定),也可视地层条件和固结参数计算方法的要求,当固结度达到 60%~70% 时,可终止试验。在做消散试验时,应实时绘制消散曲线,监控孔压随时间的消散情况。

(4)在整个消散试验期间,应保持探头静止不动,不得松动、碰撞、升降探杆。

5）收尾工作

一个静探孔的试验结束后，应按如下步骤做好收尾工作。

(1) 起拔最初几根探杆时，注意观察探杆上的干、湿分界线位置，并记录在案。

(2) 卸探杆时，不得转动下面的探杆，要防止探头电缆压断、拉脱或扭曲。

(3) 卸探杆和探头拔出地表后，应及时清洗、检查，按顺序整齐摆放。

(4) 对于孔压探头，如果要进行下一个试验，应重新对探头的过滤器和应变腔进行脱气、注液饱和处理。

4. 静力触探试验的技术要求

(1) 触探头应匀速垂直地压入土中，贯入速率宜为 1.2m/min。

(2) 触探头的测力传感器连同仪器、电缆应进行定期标定，室内探头标定测力传感器的非线性误差、重复性误差、滞后误差、温度零漂、归零误差均应小于 1%FS（满量程读数），现场试验归零误差应小于 3%，绝缘电阻不小于 500MΩ。

(3) 深度记录误差不应大于触探深度的 ±1%。

(4) 当贯入深度大于 30m 或穿过厚层软土层再贯入硬土层时，应采取措施防止孔斜或触探杆断裂，也可配置测斜探头量测触探孔的偏斜角，以修正土层界线的深度。

(5) 孔压探头在贯入前，应在室内保证探头应变腔为已排除气泡的液体所充满，并在现场采取措施保持探头应变腔的饱和状态，直至探头进入地下水位以下的土层为止。在孔压静探试验过程中不得上提探头，以免探头处出现真空负压，破坏应变腔的饱和状态影响测试结果的准确性。

(6) 当在预定深度进行孔压消散试验时，应量测停止贯入后不同时间的孔压值，其计时间隔应由密而疏合理控制。试验过程中不得松动探杆。

6.3.3 试验成果分析及应用

静力触探成果主要应用在下列几方面：

1. 划分土层界线

土层界线划分是岩土工程勘察工作的一个重要内容，特别是在桩基工程设计时，对桩尖持力层顶面标高的准确确定和桩的施工长度确定具有十分重要的意义。

根据静力触探试验曲线结合钻探分层的结果可以更加准确地确定土层分界线的标高。在具体实施时，土层分界线的确定必须考虑到试验时超前和滞后的影响，其具体确定方法如下：

(1) 当上、下层贯入阻力相差不大时，取超前深度和滞后深度的中心位置，或中心偏向小阻力土层 5~10cm 处作为分层界线。

(2) 当上、下层贯入阻力相差一倍以上时，当由软土层进入硬土层（或由硬土层进入软土层）时，取软土层最后一个（或第一个）贯入阻力小值偏向硬土层 10cm 处作为分层界线。

(3) 当上、下层贯入阻力变化不明显时，可结合 f_s 和 R_f 的变化情况确定分层界线。

2. 划分场地土的类别

利用静力触探试验结果划分土层类别的方法主要有 3 种：
(1) 以 R_f 和 p_s（或 q_c）的值共同判别土的类别。
(2) 以 p_s-h 曲线和 q_c-h 曲线形态判别土的类别。
(3) 以 R_f 和 q_c-h 曲线形态综合判别土的类别。

在上述三种方法中，第一种方法有铁道部的相关规程规定，因此这里仅介绍第一种方法，其他方法请见有关参考书籍或资料。以 R_f 和 p_s（或 q_c）的值共同判别土的类别的方法见表 6-5。

表 6-5 双桥探头测试结果划分土的类别

土名	铁道部标准		交通运输部第一航务工程勘察设计院	
	q_c/MPa	R_f/%	q_c/MPa	R_f/%
淤泥质土及软黏土	0.2～1.7	0.5～3.5	<1	10～13
黏土	1.7～9	0.25～5.0	1～1.7	3.8～5.7
粉质黏土			1.4～3	2.2～4.8
粉土	2.5～20	0.6～3.5	3～6	1.1～1.8
砂类土	2～32	0.3～1.2	>6	0.7～1.1

3. 评定地基土的强度参数

(1) 估算饱和黏性土的不排水抗剪强度 C_u：

$$C_u = \frac{q_c - \sigma_0}{N_K} \tag{6-8}$$

式中：σ_0——原位总的上覆压力，可用竖向总的上覆压力 σ_{V0} 或水平向总的上覆压力 σ_{h0} 或八面体应力 σ_{08} 表示，σ_{08} 可用下式表示：

$$\sigma_{08} = \frac{\sigma_{v0} + 2\sigma_{h0}}{3} \tag{6-9}$$

N_k——锥头系数，其值按经验选取。Ladanyi 建议，对灵敏性黏性土，$N_k = 5.5～8$；Bagligh 建议，对于软—中等黏土，$N_k = 5～21$，且 N_k 随着塑性指数 I_P 的增大而减小；Kjeskstad 等建议，对于超固结黏土 $N_k = 17 \pm 5$。

饱和黏性土不排水抗剪强度 C_u 也可直接按表 6-6 所列出的地区性经验公式进行估算。

表 6-6　根据静力触探结果估算饱和黏性土不排水抗剪强度 C_u 的经验公式

公式	适用范围	公式来源
$C_u = 0.071 q_c + 1.28$	$q_c < 700\text{kPa}$ 的滨海相软土	同济大学
$C_u = 0.039 q_c + 2.7$	$q_c < 800\text{kPa}$	铁道部
$C_u = 0.0308 q_s + 4.0$	$p_s = 100 \sim 1500\text{kPa}$ 新港软黏土	交通部第一航务工程勘察设计院
$C_u = 0.0696 q_s - 2.7$	$p_s = 300 \sim 1200\text{kPa}$ 饱和软黏土	中国科学院武汉岩土力学研究所静力触探联合试验组
$C_u = 0.1 q_c$	$\varphi = 0$ 的纯黏土	日本
$C_u = 0.1 q_c$		Meyerhof

(2) 评价砂土的内摩擦角。国内外试验资料表明，砂土的静力触探试验得到的 p_s 和 q_c 与其内摩擦角有着较好的相关关系。我国铁道部《静力触探技术规则》提出可按表 6-7 估算砂土的内摩擦角。

表 6-7　根据静力触探的比贯入阻力 p_s 估算砂土的内摩擦角 φ

p_s/MPa	1.0	2.0	3.0	4.0	6.0	11.0	15	30
$\varphi/(°)$	29	31	32	33	34	36	37	39

4. 评定地基土的承载力

关于利用静力触探试验结果评定地基土承载力的问题，我国科技工作者已开展了大量的工作，取得了许多行之有效的实用成果。但由于我国地域广大，各地的气候及地质条件差异性很大，因此要得到一个统一的在各地普遍适用的公式是不现实的。下面给出我国部分地区一般土类的比贯入阻力与地基承载力基本值的经验关系式 (表 6-8)。

表 6-8　根据 p_s 估算地基土承载力基本值 f_0 的经验公式

经验公式	适用条件		来源
	地区及土类	p_s/MPa	
$f_0 = 0.104 p_s + 25.9$	淤泥质土、一般黏性土、老黏土	$0.3 \leq p_s \leq 6$	中国科学院武汉岩土力学研究所静力触探联合试验组
$f_0 = 0.083 p_s + 54.6$	淤泥质土、一般黏性土	$0.3 \leq p_s \leq 3$	
$f_0 = 0.097 p_s + 76$	老黏土	$3 \leq p_s \leq 6$	
$f_0 = 5.25 \sqrt{p_s} - 103$	中、粗砂	$1 \leq p_s \leq 10$	
$f_0 = 0.02 p_s + 59.5$	粉、细砂	$1 \leq p_s \leq 15$	

续表 6-8

经验公式	适用条件		来源
	地区及土类	p_s/MPa	
$f_0 = 5.8\sqrt{p_s} - 46$	一般黏性土($I_p > 10$)	$0.35 \leqslant p_s \leqslant 5$	《铁路工程地质原位测试规程》(TB 10018—2018)
$f_0 = 0.89 p_s^{0.63} + 14.4$	黏性土及饱和砂土($I_p \leqslant 10$)	$p_s \leqslant 24$	
$f_0 = 0.112 p_s + 5$	软土	$p_s \leqslant 0.9$	
$f_0 = 0.9993 p_s^{0.62}$	新近沉积土($I_p > 10$)	$0.5 \leqslant p_s < 6$	
$f_0 = 0.9993 p_s^{0.629}$	新近沉积土($I_p \leqslant 10$)	$0.5 \leqslant p_s < 10$	
$f_0 = 0.05 p_s + 35$	新黄土(西北带)	$1 \leqslant p_s < 5.5$	
$f_0 = 0.05 p_s + 65$	新黄土(北部边带)	$0.5 \leqslant p_s < 5$	
$f_0 = 0.04 p_s + 40$	新黄土(北部边缘带)	$1 \leqslant p_s < 6$	
$f_0 = 0.05 p_s + 73$	一般黏性土	$1.5 \leqslant p_s < 6$	建设部综合勘察院
$f_0 = 0.075 p_s + 42$	上海硬壳土		同济大学
$f_0 = 0.070 p_s + 37$	上海淤泥质黏性土		
$f_0 = 0.075 p_s + 38$	上海灰色黏性土		
$f_0 = 0.055 p_s + 45$	上海粉土		

5. 预估单桩承载力

采用静力触探试验预估单桩承载力的技术已经比较成熟,许多国家已将这种方法列入国家规范。在我国,国家、行业、部门和地方上的规范规程也有相应的规定,如中华人民共和国行业标准《建筑桩基技术规范》(JGJ 94—2008)、《高层建筑岩土工程勘察标准》(JGJ/T 72—2017)、《铁路工程地质原位测试规程》(TB 10018—2018)、《铁路桥涵设计规范》(TB 10002—2017)、《地基基础设计标准》(DGJ 08—11—2018)等诸多规范都有相应规定。本书仅介绍《建筑桩基技术规范》(JGJ 94—2008)中采用静力触探成果确定单桩承载力的方法。

《建筑桩基技术规范》(JGJ 94—2008)规定,应用静力触探试验确定单桩承载力时,单桥探头的圆锥底面积为 15cm², 底部带 7cm 高的滑套,锥角为 60°。根据单桥探头静力触探资料确定混凝土预制桩单桩竖向极限承载力标准值时,当无地区性经验时可按式(6-10)计算:

$$Q_{uk} = u \sum q_{sik} l_i + a \cdot p_{sk} A_p \tag{6-10}$$

式中:u——桩身周长;

q_{sik}——采用比贯入阻力值估算的桩周第 i 层土的极限侧摩阻力标准值;

l_i——桩穿越第 i 层土的厚度;

a——桩端阻力修正系数；

p_{sk}——桩端附近的静力触探比贯入阻力标准值(平均值)；

A_p——桩端面积。

q_{sik} 的取值应结合土工试验，根据土的类别、埋藏深度、排列次序，按图 6-4 取值。其中，直线 A(线段 gh)适用于地表以下 6m 范围内土层；折线 B(线段 $oabc$)适合于粉土及砂土层以上(或无粉土或砂土层地区)的黏性土层；折线 C (线段 $odef$)适合于粉土及砂土层以下的黏性土层；折线 D(线段 oef)粉土、粉砂、细砂及中砂土。

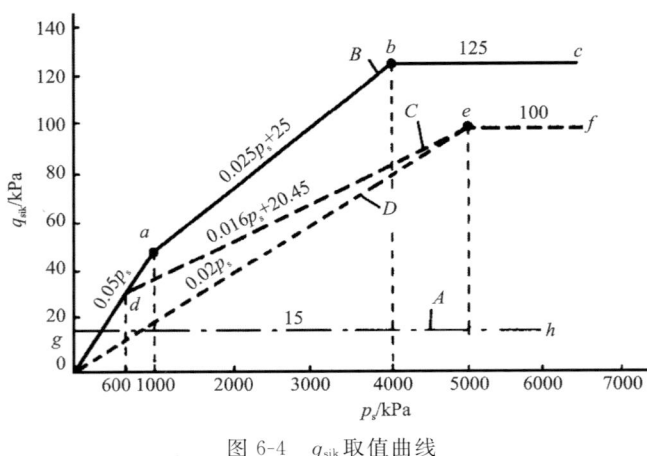

图 6-4 q_{sik} 取值曲线

当桩端穿越粉土、粉砂、细砂及中砂层底面时，按折线 D 估算的 q_{sik} 应乘以表 6-9 中的修正系数 ξ_s。

表 6-9 修正系数 ξ_s 取值

p_s / p_{sl}	≤5	7.5	≥10
ξ_s	1.00	0.50	0.33

注：p_s 为桩端穿越的中密—密实砂土、粉土的比贯入阻力平均值；p_{sl} 为砂土、粉土的下卧软土层的比贯入阻力平均值。

桩端阻力修正系数按表 6-10 取值。

表 6-10 修正系数 α 取值

桩端入土深度 h/m	$h<15$	$15 \leqslant h \leqslant 30$	$30<h \leqslant 60$
α	0.75	0.75~0.90	0.90

注：桩端入土深度 $15 \leqslant h \leqslant 30$，$\alpha$ 值按 h 值的直线内插得到；h 为基底至桩端全断面的距离，不包括桩尖的长度。

p_{sk} 可视情况分别按下式计算：

$$p_{sk} = \begin{cases} \dfrac{1}{2}(p_{sk1} + \beta \cdot p_{sk2}) & (当\ p_{sk1} \leqslant p_{sk2}\ 时) \\ p_{sk2} & (当\ p_{sk1} > p_{sk2}\ 时) \end{cases} \quad (6\text{-}11)$$

式中：p_{sk1}——桩端全截面以上 8 倍桩径范围内的比贯入阻力平均值；

p_{sk2}——桩端全截面以下 4 倍桩径范围内的比贯入阻力平均值，如桩端持力层为密实砂土层，其比贯入阻力平均值 p_s 超过 20MPa 时，则需乘以表 6-11 的系数 C 予以折减后，再计算 p_{sk1} 及 p_{sk2}；

β——折减系数，按 p_{sk1}/p_{sk2} 取值从表 6-12 选用。

表 6-11　系数 C 取值

p_s/MPa	20~30	35	≥40
C	5/6	2/3	1/2

表 6-12　折减系数 β 取值

p_{sk1}/p_{sk2}	≤5	7.5	12.5	≥15
β	1	5/6	2/3	1/2

注：表 6-10 及表 6-11 中，均可采用内插法取值。

当采用双桥探头静力触探试验资料确定混凝土预制桩单桩竖向极限承载力标准值时，双桥探头的圆锥底面积为 15cm²，锥角为 60°，摩擦套筒高 21.85cm。对于黏性土、粉土和砂土，当无地区性经验时可按式（6-12）计算：

$$Q_{uk} = u\sum \beta_i l_i f_{si} + \alpha \cdot q_c A_p \tag{6-12}$$

式中：f_{si}——第 i 层土的探头平均侧阻力；

q_c——桩端平面上、下探头阻力，取桩端平面以上 4 倍桩径范围内探头阻力按土层厚度的加权平均值，然后再和桩端平面以下 1 倍桩径范围内的探头阻力进行平均；

α——桩端阻力修正系数，对黏性土、粉土取 2/3，对饱和砂土取 1/2；

β——第 i 层土桩侧阻力修正系数，对黏性土、粉土，$\beta_i = 10.04(f_{si})^{-0.55}$，对砂土，$\beta_i = 5.05(f_{si})^{-0.45}$。

采用静力触探成果进行饱和砂土、粉土的液化评价，以及评价土的变形参数、地基检测等不在此处进行详细叙述，如有兴趣请参阅相关文献。

6.4　圆锥动力触探试验

圆锥动力触探是利用一定的落锤能量，将一定尺寸、一定形状的圆锥探头打入土中，根据打入的难易程度来评价土的物理力学性质的一种原位测试方法。圆锥动力触探以落锤冲击力提供贯入能量，不像静力触探那样需要专门的反力设备，因此设备比较简单，操作也很方便。此外，由于冲击力比较大，它的适用范围更加广泛，对于静力触探难以贯入的碎石土层及密实砂层甚至较软的岩石也可应用。

6.4.1 试验目的及原理

1. 试验目的

开展圆锥动力触探试验的目的主要有两个：

（1）定性划分不同性质的土层；查明土洞、滑动面和软硬土层分界面；检验评估地基土加固改良效果。

（2）定量估算地基土层的物理力学参数，如确定砂土孔隙比、相对密度等以及土的变形和强度的有关参数，评定天然地基土的承载力和单桩承载力。

2. 试验基本原理

圆锥动力触探试验中，一般以打入土中一定距离（贯入度）所需落锤次数（锤击数）来表示探头在土层中贯入的难易程度。在同样贯入度条件下，锤击数越多，表明土层阻力越大，土的力学性质越好；反之，锤击数越少，表明土层阻力越小，土的力学性质越差。通过锤击数的多少就很容易定性地了解土的力学性质。再结合大量的对比试验，进行统计分析就可以对土体的物理力学性质作出定量化的评估。

6.4.2 试验设备与技术要求

1. 试验设备

圆锥动力触探设备较为简单，主要由 3 个部分构成：一是探头部分；二是穿心落锤；三是穿心锤导向的触探杆。根据设备尺寸、规格及锤击能量的不同，圆锥动力触探又分为 3 种类型，具体见表 6-13。

表 6-13 圆锥动力触探类型及设备规格

项目		类型		
		轻型	重型	超重型
落锤	质量/kg	10	63.5	120
	落距/cm	50	76	100
圆锥探头	锥角/(°)	60		
	直径 d/mm	40	74	74
探杆直径/mm		25	42	50～60
触探指标		贯入 30cm 的锤击数 N_{10}	贯入 10cm 的锤击数 $N_{63.5}$	贯入 10cm 的锤击数 N_{120}
能量指标/(J·cm^{-2})		39.7	115.2	279.1

续表 6-13

项目	类型		
	轻型	重型	超重型
主要适用土类	浅部的填土、砂土、粉土、黏性土	砂土、中密以下碎石土、极软岩石	密实和很密实的碎石土、极软岩石、软岩石
备注	能量指数是指落锤能量与圆锥探头截面积之比		

2. 试验的技术要求

(1) 应采用自动落锤装置以保持平稳下落。

(2) 触探杆最大偏斜度不应超过 2%，锤击贯入应保持连续进行，同时应防止锤击偏心、探杆倾斜和侧向晃动，保持探杆垂直度锤击速率宜为 15～30 击/min；在砂土或碎石土中锤击速率可采用 60 击/min。锤击贯入应连续进行，不能间断，因为间隙时间过长，可能会使土（特别是黏性土）的摩阻力增大，影响测试结果的准确性。

(3) 每贯入 1m，宜将探杆转动一圈半；当贯入深度超过 10m 时，每贯入 20cm 宜转动探杆一次。

(4) 对轻型动力触探，当 N_{10}>100 击或贯入 15cm 锤击数超过 50 击时，可停止试验；对重型动力触探，当连续 3 次 $N_{63.5}$>50 击时，可停止试验或改用超重型动力触探。

(5) 为了减少探杆与孔壁的接触，探杆直径应小于探头直径。在砂土中探头直径与探杆直径之比应大于 1.3，在黏性土中这一比例可适当小些。

(6) 由于地下水位对锤击数与土的物理性质（砂土孔隙比等）有影响，因此应当记录地下水位埋深。

6.4.3 试验成果分析及应用

圆锥动力触探试验的主要成果有锤击数及锤击数随深度的变化曲线，下面对其应用进行详细介绍。

1. 按力学性质划分土层

根据圆锥动力触探试验结果划分土层时，首先应绘制单孔触探锤击数 N 与深度 H 的关系曲线（图 6-5），再结合地质资料对土层进行分层。

一般情况下，划分土层是以某层动力触探锤击数的平均值来考虑的，如果某土层各孔锤击数离散性较大，则不宜采用单孔资料评定土层的性质，应采用多孔资料或与钻探及其他原位测试资料进行综合分析。由于锤击数不仅与探头位置土层性质有关，还与探头位置以下一定深度范围内的土层性质有关，因此在分析触探曲线时，应考虑到曲线上的超前或滞后现象。具体而言当下卧层的密度较小或力学性质较差时，锤击数值提前减小（如图 6-5 中的 5.5m 处），而当下卧层的力学性质相对较好时，锤击数值提前增大（如图 6-5 中的 10.5m 处）。

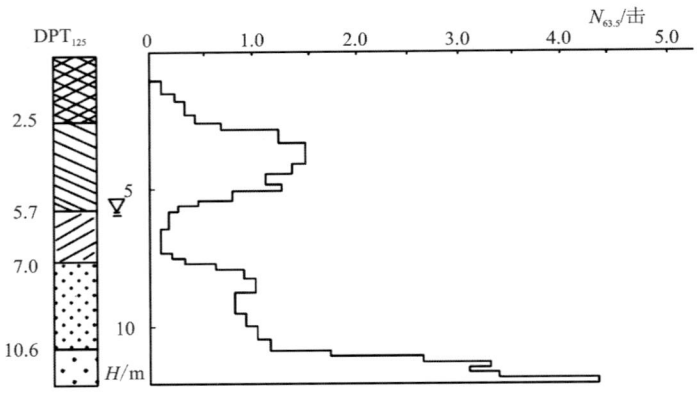

图 6-5 动力触探锤击数与深度关系

2. 确定砂土、圆砾卵石孔隙比

根据重型动力触探的试验结果可确定砂土、圆砾、卵石的孔隙比（表 6-14），但是值得注意的是，表中所列的锤击数是经过校正以后的锤击数，其计算公式如下：

$$N'_{63.5} = \alpha \cdot N_{63.5} \tag{6-13}$$

式中：$N_{63.5}$——实测的重型触探锤击数（击）；

$N'_{63.5}$——校正后的锤击数（击）；

α——触探杆长度校正系数，可按表 6-15 确定。

表 6-14 根据重型动力触探结果确定砂土、圆砾、卵石的孔隙比

土的种类			中砂	粗砂	砾砂	圆砾	卵石
校正后的触探击数 $N'_{63.5}$/击	3	天然孔隙比 e	1.14	1.05	0.90	0.73	0.66
	4		0.97	0.90	0.75	0.62	0.56
	5		0.88	0.80	0.65	0.55	0.50
	6		0.81	0.73	0.58	0.50	0.45
	7		0.76	0.68	0.53	0.46	0.41
	8		0.73	0.64	0.50	0.43	0.39
	9			0.62	0.47	0.41	0.36
	10				0.45	0.39	0.35
	12					0.36	0.32
	15						0.29

续表 6-14

土的种类		中砂	粗砂	砾砂	圆砾	卵石
适用范围	含水量/%	6~11	5~13	5~13	4~10	5~12
	不同颗粒粒径含量/% >100mm				0	0
	>40mm				<20	<35
	<0.1mm	<5	<5	5	10	10
	<0.05mm	<1	<1	<1	<5	<5
	不均匀系数 $C_u = d_{60}/d_{10}$	<5	<6	<15	<100	<120

注：如在地下水位以下，则应采用经过地下水位校正后的锤击数 $N''_{63.5}$。

表 6-15 重型动力触探试验触探杆长度校正系数

触探杆长度 /m		≤2	4	6	8	10	12	14	16
实测锤击数 $N_{63.5}$/击	1	1.00	0.98	0.96	0.93	0.90	0.87	0.84	0.81
	5	1.00	0.96	0.93	0.90	0.86	0.83	0.80	0.77
	10	1.00	0.95	0.91	0.87	0.83	0.79	0.76	0.73
	15	1.00	0.94	0.89	0.84	0.80	0.76	0.72	0.69
	20	1.00				0.77	0.73	0.69	0.66

对于地下水位以下的中、粗、砾砂、圆砾、卵石，上述锤击数还要经过进一步校正，其计算公式如下：

$$N''_{63.5} = 1.1 N'_{63.5} + 1.0 \tag{6-14}$$

式中：$N'_{63.5}$——经过探杆长度校正，但未经过地下水位校正的锤击数；

$N''_{63.5}$——经过地下水位校正后的锤击数。

3. 确定地基土的承载力

《建筑地基基础设计规范》(GB 50007—2011)规定，可用轻型圆锥动力触探（轻便触探）的结果 N_{10} 来确定黏性土地基及由黏性土和粉土组成的素填土地基的承载力标准值，见表 6-16。

表 6-16 轻型动力触探试验击数 N_{10} 与地基承载力标准值 f_k 对照表

土类型	黏性土				素填土			
触探击数 N_{10}/击	15	20	25	30	10	20	30	40
f_k/kPa	105	145	190	230	85	115	135	160

需要补充说明的是，上述 N_{10} 是经过修正后的锤击数值，其修正计算公式如下：

$$N_{10} = \overline{N_{10}} - 1.645\sigma \tag{6-15}$$

式中：$\overline{N_{10}}$——同一土层轻便触探的锤击数现场多次读数的平均值（击）；

N_{10}——修正以后的锤击数（击）；

σ——锤击数现场多次读数的标准差，按式(6-16)计算。

$$\sigma = \sqrt{\frac{\sum_{i=1}^{n}\left[(N_{10})_i^2 - n \cdot \overline{N_{10}^2}\right]}{n-1}} \tag{6-16}$$

式中：$(N_{10})_i$——为参与统计的第 $i(i=1,2,3,\cdots,n)$ 个锤击数现场读数值（击）。

铁道部《动力触探技术规定》(TBJ 18—87)提出，用重型动力触探的锤击数 $N_{63.5}$ 评定各类地基土的承载力基本值 f_0，见表6-17。

《铁路工程地质原位测试规程》(TB 10018—2018)提出，冲积、洪积成因的中砂-砾砂土地基和碎石类土地基，当贯入深度小于20m时，可根据场地土层的重型动力触探的锤击数评定其基本承载力 σ_0，见表6-17。

表6-17 重型动力触探试验击数 $\overline{N}_{63.5}$ 与地基承载力基本值 σ_0 对照表

$\overline{N}_{63.5}$（击·10cm^{-1}）	3	4	5	6	7	8	9	10	12	14
中砂—砾砂土σ_0	120	150	180	220	260	300	340	380		
碎石类土σ_0	140	170	200	240	280	320	360	400	480	540
$\overline{N}_{63.5}$（击·10cm^{-1}）	16	18	20	22	24	26	28	30	35	40
碎石类土σ_0	600	660	720	780	830	870	900	930	970	1000

采用动力触探试验成果用于估算单桩承载力、地基处理效果检测等在此不再详述，如有兴趣可参阅相关文献资料。

6.5 旁压试验

6.5.1 试验目的及原理

旁压试验是将圆柱形的旁压器竖直地放入土中，利用旁压器的扩张对周围土体施加均匀压力，测量径向压力和变形的关系，即可求得地基土在水平方向的应力应变关系。按旁压器置入土中的方式不同,旁压试验分为预钻式、自钻式和压入式3种。

预钻式旁压试验应保证成孔质量,钻孔直径与旁压器直径应良好配合,防止孔壁坍塌。自钻式旁压试验的自钻钻头、钻头转速、钻进速率、刃口距离、泥浆压力和流量等应符合有关规定。预钻式旁压试验是事先在土层中钻探成孔,再将旁压器放置到孔内试验深度进行试验,其结果很大程度上取决于成孔质量,一般用于成孔质量较好的地基土中。

自钻式旁压试验(self-boring pressure meter test,简称 SBPMT)是在旁压器下端装置切削钻头和环形刃具,以静压力压入土中,同时,用钻头将进入刃具的土切碎,并用循环泥浆将碎土带到地面,到预定深度后进行试验。

压入式旁压试验又分为圆锥压入式和圆筒压入式两种,都是用静力将旁压器压入到指定深度进行试验,但在压入过程中对土有挤土效应,对试验结果有一定的影响。

6.5.2 试验设备与技术要求

1. 试验设备

旁压试验所需的仪器设备主要由旁压器、变形测量系统和加压稳压装置等部分组成。

(1)旁压器(图 6-6、表 6-18)。又称旁压仪,是旁压试验的主要部件,整体呈圆柱形,为三腔式圆柱形骨架,外套弹性膜。分上、中、下 3 腔,中腔为测试腔,连接地上液体管路部分;上、下腔为辅助腔,连接地上气体管路部分。旁压器下入试验位置,加压后上下辅助腔迅速膨胀贴紧钻孔侧壁,用于固定旁压器,并使之保持竖直状态;中部测试腔按试验要求在不同氮气压力下,随注入其中的液体而变形。

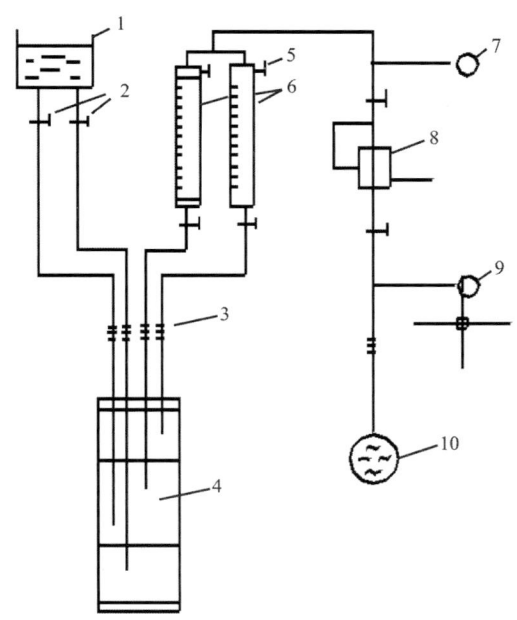

1.水箱;2.开关;3.快速接头;4.旁压器;5.放气阀;6.量管;
7.输出压力表;8.减压阀;9.输入压力表;10.气源。

图 6-6 旁压器结构示意图

表 6-18 旁压器规格表

序号	参数名称		仪器型号		
			PY-3 型	PY-4 型	PY-5 型
1	旁压器	裸体标称外径/mm	50		
		带金属铠外径/mm	55		
		测量腔长度/mm	250		
		旁压器总长/mm	800		
2	测量精度	压力表最小读数/MPa	0.005		
		体积计有效量程/mm	400		
		综合误差/%	≤±1		
		测量方式	电测及目测		
3	其他	最大试验压力/MPa	2.5	4	5.5
		主机尺寸	830mm×360mm×220mm		
		主机质量/kg	28		
		应用范围	黏性土、粉土等地层	硬性黏性土、粉土、砂土等地层	黏性土、粉土、砂土、强风化岩、软岩等地层

(2) 变形测量系统。主要由水位测管和导压管组成。水位测管为有机玻璃材质，内截面积 11.75cm²，其主要功能是显示旁压器的体积变化。水位测管两侧分别设置了 S、ΔV、ΔR 三个标尺刻度。S 为标准长度，最小刻度 1mm，表示由于旁压器变形，引起水位测管液面下降值；ΔV 为体积增量，表示由于旁压器变形，引起水位测管内液体体积变化值；ΔR 为半径增量，表示旁压器变形根据测试段长度换算得到的旁压器半径增量。

(3) 加压稳定装置。主要由氮气源、调压阀、压力表组成。氮气源为高压氮气，其最低压力值宜大于试验预估最大压力 1～2MPa。当氮气源压力过大时，为保护试验设备和人员安全，建议配置减压阀后连接旁压仪。调压阀为压力精密调节装置，可以在输入稳定压力后，调节输出压力从 0 到最大值，该部分是旁压试验的主要控制部分。为方便读数，配置有大、小量程两块压力表。小量程压力表范围为 0～1MPa，当试验压力大于 1MPa 时，关闭小量程压力表下方阀门，使用大量程压力表读数，后者的范围是 0～4MPa。

2. 试验技术要点

1) 仪器标定

(1) 弹性模约束力标定。由于弹性膜具有一定厚度，弹性膜本身产生的侧限作用使压力受到损失，在试验时施加的压力并未完全传递给土体，这种压力损失值称为弹性膜的约束力。

一般规定在每个工程试验前、新装或更新弹性膜、放置时间较长、膨胀次数超过一定值时或温差超过 4℃ 时需进行弹性膜约束力标定。弹性膜约束力的标定方法:将旁压器置于地面,然后打开中腔和上、下腔阀门使其充水,当水充满旁压器并回返至规定刻度时,将旁压器中腔的中点位置放在与量管水位相同的高度,记下初读数,随后逐级加压,每级压力增量为 10kPa,使弹性膜自由膨胀,量测每级压力下的量管水位下降值,直到量管水位下降值接近 40cm 时停止加压。根据记录绘制压力与水位下降值的关系曲线,即弹性模约束力标定曲线(图 6-7)。s 轴的渐近线所对应的压力即为弹性模的约束力 p。

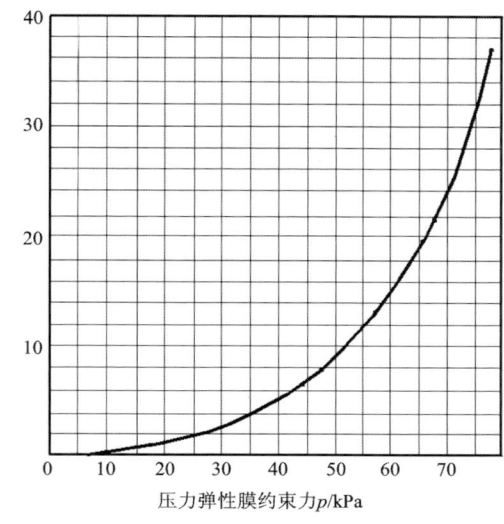

图 6-7　弹性模约束力校正曲线

(2)仪器综合变形的标定。旁压仪的调压阀、量管、导管、压力计等在加压过程中均会产生变形,造成水位下降或体积损失,这种水位下降值或体积损失称为仪器综合变形。仪器综合变形标定方法:将旁压器放进有机玻璃管或钢管内,使旁压器在受到径向限制的条件下逐级加压,加压等级为 100kPa,直到旁压仪的额定压力为止。根据记录的压力 p 和量管水位下降值 s 绘制 p-s 曲线(图 6-8),曲线上直线段的斜率 $\Delta s/\Delta p$ 即为仪器综合变形校正系数 a。

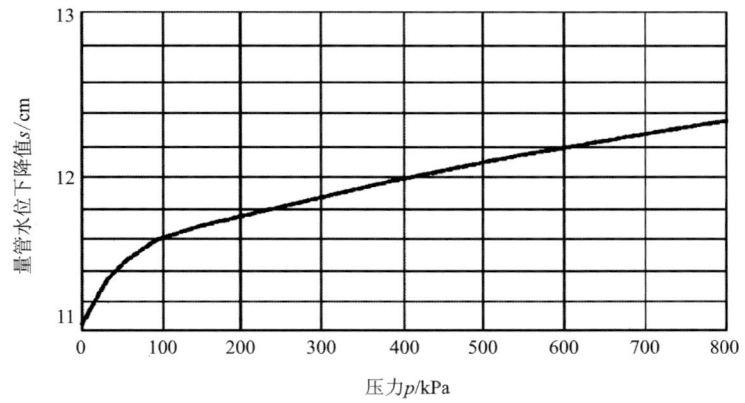

图 6-8　仪器综合变形校正曲线

2)成孔要求

旁压试验钻孔要保证成孔质量,钻孔要直,孔壁要光滑,防止孔壁坍塌。钻孔直径宜比旁压器略大(一般为 2~8mm),孔深应比预定最终试验深度略深(一般深 0.5~1.0m),以保证旁压器下腔在受压膨胀时有足够的空间使其和上腔同步。钻孔成孔后宜立即进行试验,以免缩孔和塌孔。对易塌孔的钻孔，宜采用泥浆护壁。

3) 试验点布置

试验点应布置在有代表性的位置和深度，旁压器的量测腔应在同一土层内，满足两试验点间的竖向距离不小于1.0m或不小于旁压器膨胀段长度的1.5倍距离；试验孔与已有钻孔的水平距离不宜小于1.0m。场地同一试验土层内的试验点总个数应满足统计数据的要求（一般不宜少于6个点）。

3. 试验操作步骤

(1) 钻进成孔。特别要注意孔壁不能扰动。

(2) 充水。将旁压器置于地面上，打开水箱阀门，使水流入旁压器的中腔和上、下腔，并分别回返到量管中。待量管中的水位升高到一定高度时，提起旁压器使中腔的中点与量管的水位相齐平（此时旁压器内不产生静水压力，不会使弹性模膨胀），然后关闭阀门。此时记录的量管水位值既是试验初读数。

(3) 放置旁压器。将旁压器放入钻孔中预定试验位置，将量管阀门打开，此时旁压器内产生静水压力，并记录量管中的水位下降值。静水压力可按下式计算：

$$p_w = \begin{cases} (h_0+z)\gamma_w & （无地下水时） \\ (h_0+h_w)\gamma_w & （有地下水时） \end{cases} \tag{6-17}$$

式中：p_w——静水压力(kPa)；

h_0——量管水面离孔口的高度(m)；

z——地面至旁压器中腔中间的距离(即旁压试验点的深度)(m)；

h_w——地下水位到孔口的埋深(m)；

γ_w——水的重度(kN/m^3)。

(4) 加压。加压时首先打开高压氮气瓶开关，同时观测压力表，控制氮气瓶输出压力不超过减压阀额定标准，然后操纵减压阀按要求逐级加压，从压力表读取压力值，并记录一定压力时的量管中水位变化高度。

加压等级包括加压级数和加压增量，取决于试验目的、土层特点、资料整理及成果判释方法和旁压仪精度。根据绘制旁压曲线的要求，加压等级可采用预计临塑压力的 1/7~1/5 或极限压力的 1/14~1/10，初始阶段加荷等级可取小值，必要时可作卸荷再加荷试验，测定再加荷旁压模量。

每级压力的稳定时间：每级压力下的相对稳定时间(min)，对软岩和风化岩采用1min，对非饱和黏性土、粉土、砂土等采用2min。当采用1min的相对稳定时间标准时，在每级压力下，测读15s、30s、60s的量管水位下降值，并在60s读数完后即施加下一级压力，直至试验终止。当采用2min的相对稳定时间标准时，在每级压力下，测读15s、30s、60s、120s的量管水位下降值，并在2min的读数完成时即施加下一级压力，直到试验终止。

试验终止条件：应根据试验目的和旁压仪的极限试验能力（体积、压力）来确定。当以测定土体变形参数为目的时，试验压力过临塑压力后即可结束试验；当以测定土体强度参数为目的时,则当量测腔的扩张体积相当于量测腔固有体积时,或压力达到仪器的容许最大压力时,应终止试验。试验结束后,排除旁压器内的水使弹性膜恢复原状,2～3min 后取出旁压器,移下一试验点进行试验。

6.5.3 试验成果分析及应用

1. 压力和变形量的校正

压力校正可按式(6-18)计算:
$$p = p_m + p_w - p_i \tag{6-18}$$

式中:p——校正后的压力(kPa);

p_m——压力表读数(kPa);

p_w——静水压力(kPa);

p_i——弹性膜约束力(kPa);

变形量校正可按式(6-19)计算:
$$s = s_m - (p_m + p_w)a \tag{6-19}$$

式中:s——校正后的水位下降值(m);

s_m——量管水位下降值(m);

a——仪器综合变形系数(m^3/kN)。

2. 绘制旁压试验曲线

根据校正后的压力和水位下降值绘制 $p\text{-}s$ 曲线,或根据校正后的压力和体积曲线 $p\text{-}V$ 曲线(图 6-9)。

3. 特征值的确定

(1)初始压力(p_0)的确定。旁压试验曲线直线段延长与 V 轴的交点为 V_0,由该交点作与 p 轴的平行线相交于曲线的点所对应的压力即为 p_0 值。

(2)临塑压力(p_f)的确定。旁压试验曲线直线段的终点,即直线与曲线的第二个切点所对应的压力即为 p_f 值。

(3)极限压力(p_L)的确定。旁压试验曲线过临塑压力后,趋向于 s 轴的渐近线的压力即为 p_L 值。

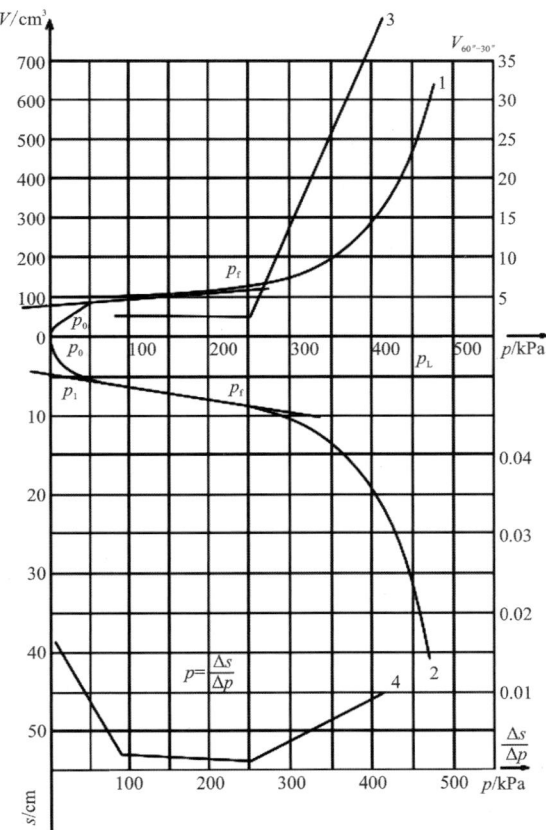

1. $p\text{-}V$ 曲线;2. $p\text{-}s$ 曲线;3. $p\text{-}V_{60''-30''}$ 曲线;4. $p\text{-}\Delta s/\Delta p$ 曲线。

图 6-9 旁压试验曲线

4. 岩土参数的确定

(1)地基土临塑强度和极限强度。地基土临塑强度 f_y 计算公式如下：

$$f_y = p_f - p_0 \tag{6-20}$$

地基土极限强度 f_L 计算公式如下：

$$f_L = p_L - p_0 \tag{6-21}$$

(2)旁压模量 E_M 和旁压剪切模量 G_M。旁压模量 E_M 计算公式如下：

$$E_M = 2(1+\mu)(V_c + V_m)\frac{\Delta p}{\Delta V} \tag{6-22}$$

旁压剪切模量 G_M 计算公式如下：

$$G_M = \frac{E_M}{2(1+v)} \tag{6-23}$$

式中：μ——泊松比,碎石土取 0.27,砂土取 0.30,粉土取 0.35,粉质黏土取 0.38,黏土取 0.42；

Δp——旁压试验曲线上直线段的压力增量(MPa)；

ΔV——相应于 Δp 体积增量(cm^3)(由量管水位下降值乘以量管水柱截面积得到)；

V_c——旁压器中腔固有体积(cm^3)；

V_m——平均体积(cm^3), $V_m = (V_0 + V_f)/2$；

V_0——对应于 p_0 值的体积(cm^3)；

V_f——对应于 p_f 值的体积(cm^3)。

6.6 扁铲侧胀试验

扁铲侧胀试验是岩土工程勘察常用的一种原位测试方法。试验时将带有膜片的扁铲压入土中预定深度,充气使膜片向孔壁土中侧向扩张,根据压力与变形关系测定土的模量及其他有关指标。

6.6.1 试验目的及原理

扁铲侧胀试验(dilatometer test,DMT)也有译为扁板侧胀试验,于 20 世纪 70 年代由意大利 Silvano Marchetti 教授创立。扁铲侧胀试验是将带有膜片的扁铲压入土中预定深度,充气使膜片向孔壁土中侧向扩张,根据压力与变形关系测定土的模量及其他有关指标,因能比较准确地反映小应变的应力应变关系,测试的重复性较好,引入我国后,受到岩土工程界的重视,进行了比较深入的试验研究和工程应用,列入《铁路工程地质原位测试规程》2002 年报批稿,美国 ASTM 和欧洲 EUROCODE 标准亦已列入,我国的《岩土工程勘察规范(2009 年版)》(GB 50021—2001)也将其列入。

扁铲侧胀试验最适宜在软弱、松散土中进行,随着土的坚硬程度或密实程度的增加,适宜性渐差,当采用加强型薄膜片时也可应用于密实的砂土。

6.6.2 试验设备与技术要求

1. 试验设备

扁铲侧胀试验的设备主要由扁铲测头、测控箱、率定附件、气-电管路、压力源和贯入设备组成。

1）扁铲测头

扁铲测头为板状,由高强度不锈钢制成。尺寸为:厚14～16mm,宽94～96mm,长230～240mm,探头前缘刃角12°～16°。

圆形不锈钢薄膜片直径为60mm,厚0.2mm(在可能剪坏探头的土层中,常使用0.25mm厚的钢膜)平装在测头的一侧板面上,膜片内侧设置一套感应盘机构,控制膜片3种特殊位置的状态。

扁铲测头不允许明显弯曲,在平行于轴线长150mm直边内,弯曲度应在0.5mm内,贯入前缘偏离轴线不允许超过2mm。

2）测控箱和率定附件

测控箱内装气压控制管路,控制电路及各种指示开关,主要作用是控制试验时的压力和指示膜片3个特定位置时的压力量并传送膜片达到特定位移量时的信号。

蜂鸣器和检流计应在扁铲测头膜片膨胀量小于0.05mm或大于等于1.10mm时接通,在膜片膨胀量大于等于0.05mm与小于1.10mm时断开。

测控箱与1m长的气-电管路、气压计、校正器等率定附件组成的率定装置,不仅可精确地测定膜片膨胀位置是否符合标准,特别还可对膜片进行率定和老化处理。

3）气-电管路

气-电管路由厚壁、小直径、耐高压的尼龙管,内贯穿铜质导线,两端装有专用连通触头的接头组成,直径最大不超过12mm,具有小巧、连接可靠、牢固、耐用的特性,传输气压和准确地传递特定信号。

用于测试的气-电管路每根长25m,用于率定的气-电管路长1m。配有特制的连接接头,可将2根以上的气-电管路连接加长,并保持气-电管路的通气、通电性能。

4）压力源

压力源可采用高压钢瓶的高压气。

5）贯入设备

贯入设备就是将扁铲测头送入预定试验土层的机具,一般可利用静力触探设备来代替。而在较坚硬的黏性土或较密实的砂层中,则利用标准贯入试验设备来替代。

2. 试验技术要点

(1)扁铲侧胀试验适用于软土、一般黏性土、粉土、黄土和松散—中密的砂土。

(2)扁铲侧胀试验技术要求应符合下列规定:

①扁铲侧胀试验探头长230～240mm、宽94～96mm、厚14～16mm;探头前缘刃角12°～

16°,探头侧面钢膜片的直径 60mm。

②每孔试验前后均应进行探头率定,取试验前后的平均值为修正值;膜片的合格标准为:率定时膨胀至 0.05mm 的气压实测值 $\Delta A=5\sim25$ kPa;率定时膨胀至 1.10mm 的气压实测值 $\Delta B=10\sim110$ kPa。

③试验时,应以静力匀速将探头贯入土中,贯入速率宜为 2cm/s,试验点间距可取 20~50cm。

④探头达到预定深度后,应匀速加压和减压测定膜片膨胀至 0.05mm、1.10mm 和回到 0.05mm 的压力 A、B、C 值。

⑤扁铲侧胀消散试验,应在需测试的深度进行,测读时间间隔可取 1min、2min、4min、8min、15min、30min、90min,以后每 90min 测读一次,直至消散结束。

3. 试验操作步骤

试验宜采用静力匀速将探头压入土中,贯入速率为 2cm/s,试验间距取 20~40cm,但用于液化判别时,试验间距不应大于 20cm。在贯入过程中,排气阀始终保持开启状态。当探头到达预定深度后,关闭排气阀,缓慢打开微调阀,在蜂鸣器停止响的瞬间记录气压值,即 A 读数;继续缓慢加压,直至蜂鸣器响时,记录气压值,即 B 读数;立即打开排气阀,并关上微调阀以防止膜片过分膨胀而损坏膜片;接着将探头贯入至下个试验点,在贯入过程中排气阀始终打开,重复下一次试验。如在试验中需获得 C 读数,应在记录 B 读数后打开微调阀,使其缓慢降压至蜂鸣器停后再次响起(膜片离基座 0.05mm)时,此时记下 C 读数。

到达测试点,应在 5s 内,开始匀速加压及泄压试验,测读钢膜片中心外扩 0.05mm、1.10mm 时的压力 A 和 B 值,每个间断时间为 15s;也可根据需要测读钢膜片中心外扩后恢复到 0.05mm 时的压力 ΔC 值,砂土为 30~60s,黏性土为 2~3min。

试验结束后,应立即提升探杆,从土中取出扁铲测头,不能延误,并对扁铲测头膜片进行标定,求得试验后 ΔA 和 ΔB 值。ΔA 和 ΔB 应在许用范围内,并且试验前后 ΔA 和 ΔB 值相差不能超过 25kPa,且 A 和 B 的值必须满足 $B-A>\Delta A+\Delta B$,否则,试验的数据不能使用。

扁铲消散试验可在需测试的深度,测读 A 和 C 随时间的变化。测读时间可取 1min、2min、4min、8min、15min、30min、60min、90min,以后每 60min 测读一次,直至消散大于 50%。

6.6.3 试验成果分析与应用

扁铲侧胀试验成果资料的整理按以下步骤进行:

(1)根据探头率定所得的修正值 ΔA 和 ΔB,现场试验所得的实测值 A、B、C,计算接触压力 P_0,膜片膨胀至 1.10mm 的压力 P_1 和膜片回到 0.05mm 的压力 P_2。

(2)根据 P_0、P_1 和 P_2 计算侧胀模量 E_D、侧胀水平应力指数 K_D、侧胀土性指数 I_D 和侧胀孔压指数 U_D。

(3)绘制上述 4 个参数与深度的关系曲线。

扁铲侧胀试验成果的应用经验目前尚不丰富。根据铁道部第四勘测设计院的研究成果,利用侧胀土性指数 I_D 划分土类,黏性土的状态,利用侧胀模量计算饱和黏性土的水平不排水弹性模量,利用侧胀水平应力指数 K_D 确定土的静止侧压力系数等,有良好的效果,并列入《铁路工程地质原位测试规程》(TB 10018—2018)。上海、天津以及国际上都有一些研究成果和工程经验,由于扁铲侧胀试验在我国开展较晚,故应用时必须结合当地经验,并与其他测试方法配合,相互印证。

6.7 原位剪切试验

土体强度指标黏聚力 c、摩擦角 φ 值的测定方法很多,不同的排水条件和建筑条件对 c、φ 值的测定有不同的要求。在室内试验中,土样尽管可以通过努力把取样扰动和切样扰动降低到最小限度,但是试样从地层深部取出时因应力释放而引起的扰动是无法避免的,而且精细的取土和试验技术现在还难以普遍推广应用。而原位剪切试验试体比室内试样大,能包含土体宏观结构的变化,而且土体结构没有受到扰动破坏,所以试验条件接近工程实际情况。而且原位测试是在原位应力条件下进行试验,不用取样,避免或减轻了对土样的扰动程度,测定土体的范围尽量模拟土的实际工作条件,提高工程的安全可靠度。

6.7.1 试验目的及基本原理

1. 试验的目的

测定土体在外力作用下土体本身的抗剪强度,测定土不同压力下的抗剪强度,得出土的抗剪强度指标黏聚力 c 和摩擦角 φ,可以估算地基承载力、评价地基稳定性、计算挡土墙土压力等。

2. 试验的基本原理

原位剪切试验的原理是根据库仑定律,土的内摩擦力与剪切面上的法向压力成正比,将同一种土制备成几个土样,分别在不同的法向压力下,沿固定的剪切面直接施加水平剪力,得其剪坏时剪应力,即为抗剪强度 τ_f。然后根据剪切定律确定土的抗剪强度指标内摩擦角 φ 和内黏聚力 c。

根据库仑定律:
$$\tau_f = c + \sigma \tan\varphi \tag{6-24}$$

式中:τ_f——剪切面破坏面上的剪应力(kPa);

c——试验土体的黏聚力(kPa);

σ——破坏面上的法向应力(kPa);

φ——试验土体的内摩擦角(°)。

其中,τ_f、σ 按照下式计算:
$$\sigma = P/F$$
$$\tau_f = q/F$$

式中:P——作用于剪切面的总法向应力(MPa);

q——作用于剪切面的总剪切荷载(MPa);

F——剪切面面积(mm^2)。

3. 试验的适用范围

该试验主要适用于黏性土、粉土、砂土、碎石土以及它们组成的混合土层。

6.7.2 试验设备与技术要求

1. 试验设备

原位剪切试验主要设备由垂直加荷装置、水平推力(拉力)装置、剪切盒、水平及垂直位移计等组成(图6-10)。其中,垂直加压千斤顶1个、水平加压千斤顶1个、百分表1个、垂直加压钢垫板2块、滚排1块、水平加压钢垫板2块、垂直加压斜撑反力装置1套、剪切盒1组(剪切盒面积为$0.12m^2$,尺寸32.5cm×37cm)。制样工具为大铲子、小铲子、锄头、刮土刀等。

2. 试验技术要点

(1)剪切盒罩在试验土体上时,底面应保持与周围土体面齐平,既不能悬空,也不能插入土体中。
(2)剪切盒上钢板应完全覆盖在试验土体顶面,不能接触剪切盒四周的钢板。
(3)水平千斤顶、竖直千斤顶、反力梁的安装都应位于试验土体的中轴位置。
(4)反力梁应充分接触混凝土插槽顶部。
(5)百分表充分抵住剪切盒侧面。
(6)竖直千斤顶下的钢垫板不能偏移,以防加压时弹出。
(7)竖直千斤顶加压时始终稳定在4MPa。
(8)水平千斤顶加压每0.2MPa读数一次。
(9)水平油压表出现大幅回落时停止加压。

3. 试验操作步骤

(1)开挖试坑,开挖到预定深度后用剪切盒制备试验,试验大小刚好让剪切盒套入为宜,套入剪切盒后,轻轻平整表面的土,安放工字钢作为提供反力装置。
(2)在土体上表面放置垂直加压钢垫板,然后把滚排放在垂直加压钢垫板上再安放垂直千斤顶,使千斤顶紧密压着土体。
(3)安放水平加压钢垫板以及水平加压千斤顶,再安装百分表。
(4)开始施加垂直加压千斤顶,第一组试验的垂直千斤顶的压力稳定为4MPa,待垂直千斤顶稳定后开始施加水平加压千斤顶,每级按照0.2MPa施加,稳定缓慢地加载,当水平加压千斤顶读数不再增大或者开始变小时停止施加水平力,记录下此时的水平加压千斤顶的读数和百分表读数。

在原来施加水平力的相反方向施加水平力,使土体回到原来的位置上,然后按照步骤(4)开始试验,此时得到的强度为残余强度。

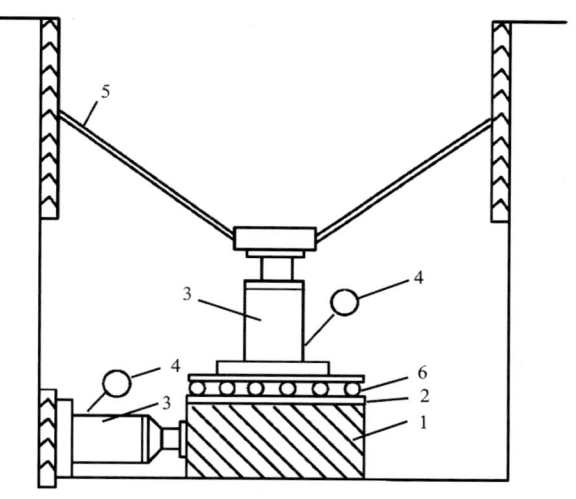

1.剪力盒;2.承压板;3.千斤顶;4.压力表;5.加压反力装置;6.滑座。

图 6-10　千斤顶法剪切试验装置

6.7.3　试验成果分析与应用

(1)垂直压力计算:

$$P = \frac{P_1 + P_2 + P_3}{F} \tag{6-25}$$

式中:P——垂直压力(kPa);

P_1——千斤顶所施加的压力(kN),$P_1 = a + b \times x_1$,其中 a、b 为垂直压力表校正系数,x_1 为压力表读数;

P_2——设备自重(kN),垂直千斤顶活塞以下、透水压板以上设备重;

P_3——试件自重(kN),$P_3 = \gamma F h$,其中 γ 为土的重度(kN/m³),F 为压板面积(m²),h 为土样高度(m)。

(2)剪切应力计算:

$$\tau = \frac{Q}{F} \tag{6-26}$$

式中:τ——剪切应力(kPa);

Q——水平千斤顶所施加的推力(kN),$Q = a + b \times x_2$,其中 a、b 为水平压力表校正系数,x_2 为压力表读数。

(3)c、φ 值的计算:可采用图解法或最小二乘法。

①图解法。不同的抗剪强度参数可通过绘制法向应力与不同强度(比例强度、屈服强度、峰值强度、残余强度)的曲线,确定相应的强度参数。图 6-11 即为剪应力峰值、残余值与相应的法向应力关系曲线。

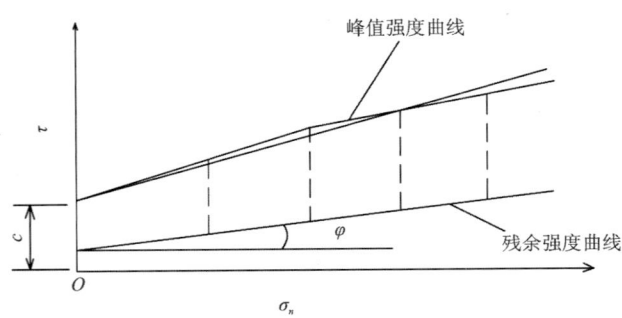

图 6-11 直剪试验剪应力（τ）与法向应力（σ_n）关系曲线

②最小二乘法。将试验所得数对（σ_i,τ_i），按最小二乘原理计算 φ 和 c：

$$\tan\varphi=\frac{n\sum_{i=1}^{n}\sigma_i\tau_i-\sum_{i=1}^{n}\sigma_i\sum_{i=1}^{n}\tau_i}{n\sum_{i=1}^{n}\sigma_i^2-(\sum_{i=1}^{n}\sigma_i)^2} \quad (6\text{-}27)$$

$$c=\frac{\sum_{i=1}^{n}\sigma_i^2\sum_{i=1}^{n}\tau_i-\sum_{i=1}^{n}\sigma_i\sum_{i=1}^{n}\sigma_i\tau_i}{n\sum_{i=1}^{n}\sigma_i^2-(\sum_{i=1}^{n}\sigma_i)^2} \quad (6\text{-}28)$$

式中：σ_i——第 i 次试验的法向应力（MPa）；

τ_i——对应于 σ_i 的抗剪强度（MPa）。

为求得接近实际的强度参数，在计算 $\tan\varphi、c$ 之前，宜按下式舍弃某些误差偏大的测值：

$$\overline{x}+3\sigma+3|m_\sigma|<\overline{x} \text{ 或 } x<\overline{x}-3\sigma-3|m_\sigma| \quad (6\text{-}29)$$

式中：$\overline{x}$——测值 σ_i 或 τ_i 的算数平均值；

σ——测值的方根差，$\sigma=\sqrt{\sum_{1}^{n}(x_i-\overline{x})^2/n}$；

m_σ——方根差的误差，$m_\sigma=\sigma/\sqrt{n}$；

x——应予舍弃的测值。

6.8 波速测试

波速测试就是测定各类弹性波在地基中的传播速度。地基中的弹性波可分为两种：一种是体波，它是在地基介质内部传播的；另一种是面波，它是在地基表面传播的。体波又分为两种：其一是纵波，又称为压缩波、P 波，纵波的质点运动方向与波的传播方向一致；其二是横波，又称剪切波、S 波，横波的质点运动方向与波的传播方向垂直。面波也分为两种：其一是瑞利波，又称为 R 波，是一种沿地基土表面传播的波，质点运动轨迹为与波的传播方向逆行的椭圆，其轨迹平面垂直于地基土表面而平行于波的传播方向；其二是勒夫波，又称 L 波，也是一种沿地基土表面传播的波，其与瑞利波的不同在于质点在水平面内振动而无垂直方向的分量。不同种类的波在地基中的传播速度也是不同的,通常波速测试是指测试纵波、横波、瑞利波3种弹性波的传播速度。而根据不同的测试要求,可分别采用单孔法、跨孔法和面波法3种测试方法。

6.8.1 试验目的及原理

1. 试验目的

波速测试的目的是通过测定地基土中的弹性波传播速度,从而间接测定岩土体在小应变条件下($10^{-6} \sim 10^{-4}$)的动弹性模量、动剪切模量和动泊松比。

2. 基本原理

根据弹性力学理论,横波、纵波及瑞利波在地基中的传播速度与地基土弹性模量、剪切模量和泊松比具有如下关系:

$$\begin{cases} v_P = \sqrt{\dfrac{E(1-\mu)}{\rho(1+\mu)(1-2\mu)}} = \sqrt{\dfrac{2G(1-\mu)}{\rho(1-2\mu)}} \\ v_S = \sqrt{\dfrac{E}{2\rho(1+\mu)}} = \sqrt{\dfrac{G}{\rho}} \\ \dfrac{v_P}{v_S} = \sqrt{\dfrac{2(1-\mu)}{(1-2\mu)}} \\ \dfrac{v_R}{v_S} = \dfrac{0.87+1.12\mu}{1+\mu} \end{cases} \quad (6\text{-}30)$$

式中:μ——地基土的泊松比;

ρ——地基土的密度(kg/m^3);

E——地基土的弹性模量(MPa);

G——地基土的剪切模量(MPa);

v_P——地基土的纵波速度(m/s);

v_S——地基土的横波速度(m/s);

v_R——地基土的瑞利波速度(m/s)。

通过上述关系式不难看出,测得纵波、横波、瑞利波在地基中的传播速度和地基土的密度,则很容易换算得到地基土的泊松比、弹性模量、剪切模量。

6.8.2 试验设备与技术要求

1. 测试方法

1)跨孔法

该方法是利用两个已知距离的钻孔,以其中一个钻孔为发射孔,另一个为接收孔,在发射孔中逐点进行激振产生压缩波和横波，同时在接收孔中采用三分量传感器接收同一深度传来的纵波和横波，根据发射和检测到纵波和横波的时间差，就很容易计算得到纵波和横波的传播速度。跨孔法测试的突出优点在于能够分别测试各土层的波速，从而为场地地基土的分层及定量指标的确定提供参考。

2）单孔法

该方法测试时仅需要一个钻孔。按激振点和接收传感器所处的位置不同，单孔法又分为 4 种：一是地表激振，孔中接收（下孔法）；二是孔中激振，地表接收（上孔法）；三是孔中激振，孔中另一位置接收；四是孔中激振，孔底接收。

3）面波法

面波法是直接在地表测定表面波（瑞利波）传播速度的测试方法，不需要进行钻孔，激振点和接收点均设置在地表。根据震源的不同，面波法又分为稳态振动法和瞬态振动法两种。稳态振动法将激振点和两个接收点布置在一条直线上，在固定激振频率下，调节两个接收点的相对位置，使得两接收点测得的信号具有相同的相位，则此时两个接收点的距离必然等于波长的整数倍，当然也不难找到这样的距离使得它就等于波长。知道了波长也知道了频率，波的传播速度就很容易得到了。由于不同频率的波可以反映出不同深度范围内地基土的性质（这一性质又称为瑞利波的弥散性），因此可以通过改变激振频率，分别测试不同频率下瑞利波的波速来确定不同深度地基土的动力学参数。瞬态法的原理也是类似的，只是其信号分析要采用谱分析的方法进行。

2. 测试设备

波速一般采用工程地震仪进行测试，激发装置随测试方法不同而有所不同。地震仪一般由传感器（也称检波器）、放大器、记录器 3 个部分构成。跨孔法的激振源有爆炸震源和机械震源两种，现在大多采用机械震源，具体方法是用一重物竖向下落冲击钻杆迫使孔底土层震动，产生纵波和横波，这种方法产生的振动只能在孔底，而井下剪切波锤可以在钻孔中任意深度激振产生剪切波。跨孔法所采用的传感器一般都采用三分量传感器，它可以同时测量 x、y、z 三个不同方向上的振动分量。放大器和记录器一般要求具有多个测试通道，以便于同时检测多个传感器的多个振动信号。跨孔法的设备及测试时的布置如图 6-12 所示。

单孔法测试设备除震源外与跨孔法相同。单孔法比较常用的是剪切波震源，具体做法是先选定适当长度的板，在板上加一定质量的重物，激振时用锤子在水平方向敲击板的顶面，从而在地基中产生剪切波。纵波震源则只要在孔口附近放置一块木质或橡胶垫子（或钉一木桩），然后用锤子在垂直方向敲击即可。单孔法的测试设备及布置如图 6-13 所示。

面波法测试所采用的设备与跨孔法的区别在于激振震源的不同。面波法的稳态法所采用的震源为可扫频的电磁式激振器，它可以在较宽的频率范围内改变激振频率。瞬态法的震源与单孔法的剪切波震源相同。稳态法测试时的设备布置如图 6-14 所示。

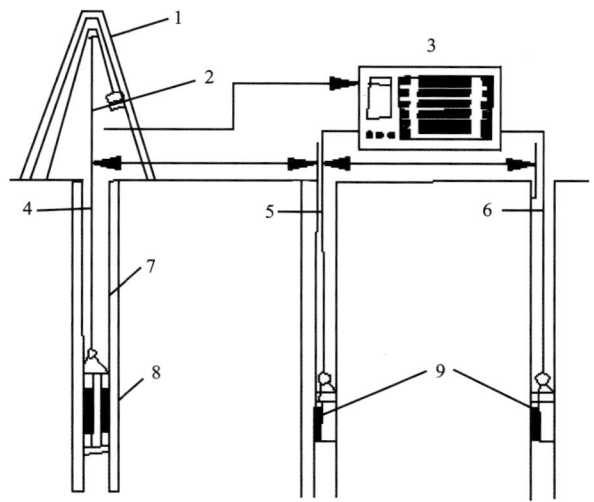

1.三脚架；2.绞车；3.地震仪；4.震源孔；5/6.接收孔；
7.套管；8.井下剪切波锤；9.井下传感器。

图 6-12　跨孔法测试设备及布置示意图

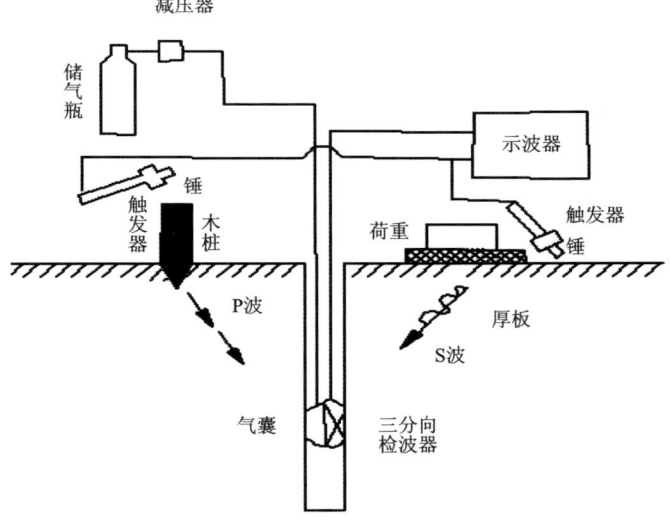

图 6-13　单孔法测试设备及布置示意图

3.试验技术要求

单孔法波速测试的主要技术要求如下：
(1) 测试孔要垂直。
(2) 所采用的三分量传感器要固定在需要测试的钻孔内预定深度处并紧贴孔壁。

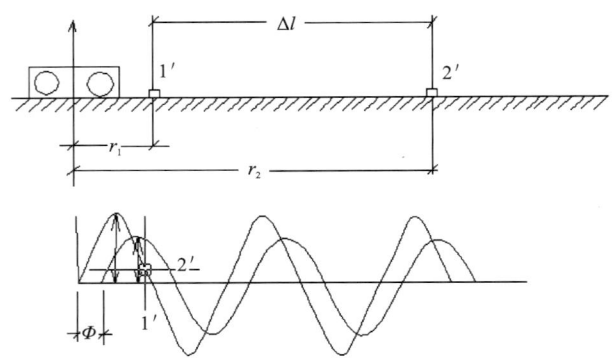

r_1、r_2. 两个传感器到激振器之间的距离；Δl. 两台传感器之间的水平距离（m）；
Φ. 两台传感器接收到的振动波之间的相位差；$1'$、$2'$. 分别为两个传感器

图 6-14　面波法测试设备及布置示意图

(3)应结合土层分布布置测点，测点的垂直间距宜取 1~3m，层位变化处可适当加密，并宜自下而上逐点测试。

跨孔法波速测试的主要技术要求如下：

(1)有两个以上测试孔时，测试孔和震源孔应布置在同一条直线上。

(2)测试孔的孔距在土层中宜取 2~5m，在岩层中宜取 8~15m。测点垂直间距宜取 1~2m。近地表测点宜布置在 0.4 倍孔距深度处，震源和接收传感器应布置在同一地层的相同标高处。

(3)当孔深超过 15m 时，应进行激振孔和测试孔的倾斜度和倾斜方位校正，测点间距宜取面波法测试，宜采用低频传感器。

6.8.3　试验成果分析与应用

波速测试的直接成果就是各被测土层的弹性波速，它们主要被用于以下几个方面：

(1)计算小应变条件下的动剪切模量、动弹性模量和动泊松比。计算公式如下：

$$\begin{cases} G_d = \rho \cdot v_s^2 \\ E_d = \dfrac{\rho \cdot v_s^2 (3v_p^2 - 4v_s^2)}{v_p^2 - v_s^2} \\ \mu_d = \dfrac{v_p^2 - 2v_s^2}{2(v_p^2 - v_s^2)} \end{cases} \quad (6-31)$$

式中：G_d——地基土的动弹性模量；

E_d——动剪切模量；

μ_d——动泊松比。

(2)划分场地类型。《建筑抗震设计规范》(GB 50011—2010)规定，取地面以下 20m 且不大于覆盖层(第四纪土层)厚度范围内各土层剪切波速按厚度加权平均值 V_{sm}，将场地土划分为坚硬场地土、中硬场地土、中软场地土和软弱场地土，具体划分结果见表 6-19。场地土的类型划分是按土层的剪切波速划分的，不是等效剪切波速；场地类别是按覆盖层厚度、岩石的剪

切波速或土的等效剪切波速综合确定的。

表 6-19　场地土划分

场地土类型	土层剪切波速 v_{sm}/(m·s^{-1})	场地土类型	土层剪切波速 v_{sm}/(m·s^{-1})
坚硬场地土	>500	中软场地土	150～250
中硬场地土	250～500	软弱场地土	≤150

波速测试成果用于估算场地土层的固有周期、检验地基加固效果、判断场地土的液化等在此不详细叙述，有兴趣的可查阅相关文献资料。

6.9　底泥污染物快速检测

6.9.1　快速检测目的及原理

1. 快速检测目的

传统化学检测一般在室内进行，其土壤污染物化学分析检测流程分为风干→制样→称样→消化→测试5个步骤。从制备土壤样品到准备化学药品，再到处理土壤、进行测试分析及测试一组土壤污染物指标，从制备处理土壤样品到各指标的测试需要约半个月的时间，时间较长，如果要检测大量的样品则需要更多的时间。

为满足环保疏浚等项目前期方案设计的需求，需要一种更适应快速土体污染调查的新模式，实现对土体污染物类型和含量的现场快速检测，与室内试验测定相互补充。因此，快速化学检测的目的就是为满足底泥中各种金属、非金属污染物质的现场快速检测，满足项目设计对资料的快速需要并节约检测成本。

2. 快速检测原理

目前底泥污染物快速化学检测方法大致分为以下几种：X射线光谱分析法、手持式光谱仪检测技术、LIBS激光诱导击穿光谱技术等。它们的试验检测原理分别如下。

（1）X射线光谱分析法主要有原子发射光谱法、原子吸收光谱法、紫外-可见吸收光谱法、红外光谱法等，随着科技的飞速发展，太赫兹时域光谱技术、激光诱导荧光光谱技术、激光烧蚀—快脉冲放电等离子体光谱技术等新型衍生的光谱分析方法也不断应运而生。目前应用于便携快速检测设备上的均是基于X射线光谱分析原理的。

X射线是由原子中的电子在能量相差悬殊的两个能级之间跃迁而产生的粒子流，是波长介于紫外线和γ射线之间的电磁辐射，其波长范围为0.001～10nm（频率为30PHz～30EHz），穿透能力强。XRF分析的原理是用X射线作为激发源，照射待测样品，使激发元素产生二次特征X射线（即X-荧光），使用X射线荧光仪测量并记录样品中待测元素的特征X射线的频率、能量以及强度来定性或定量测定样品中成分。根据分光方式的不同，它分为能量色散型X射线荧光光谱仪和波长色散型X射线荧光光谱仪两大类。波长色散型X射线荧光光谱仪是用分光晶体将荧光光束色散后,测定各元素的特征X射线波长和强度来测定元素的含量,主要用于岩矿和地质检测中;能量色散型X射线荧光光谱仪是借助高分辨率敏感半导体检测器与多道分析器将未色散的X射线荧光,按光子能量分离X射线光谱线,根据元素能量的高低来测定元素的含量,应用领域广泛,土壤重金属污染检测主要采用能量色散型X射线荧光光谱分析法。

(2)手持式光谱仪检测技术原理是通过高压产生电子流打入到X光管中靶材产生初级X光,初级X光经过过滤和聚集射入被测样品产生次级X射线,也就是通常所说的X荧光,X荧光被探测器探测到后经放大,数模转换输入到计算机。计算机计算出所需结果,原理过程具体如下:

① 主要X射线激发K壳层电子。
② 更高壳层的电子填补空缺。
③ 不同能量状态释放出不同的X射线荧光(不同的元素特征荧光不同)。
④ 对X射线能量进行分析,并与内置的数据库进行对比。
⑤ 输出。

(3)LIBS技术应用原理。将激光脉冲聚焦在土壤样品表面上,激光脉冲功率密度范围为 $10^7 \sim 10^{11} W/cm^2$。当激光能量大于土壤样品击穿阈值时,土壤会在瞬间被电离、分解与蒸发,生成等离子体羽,其电子密度为 $10^{17} \sim 10^{19} cm^{-3}$,温度为 $10^4 \sim 10^5 K$,粒子会发生跃迁现象,从低能级态转换为高能级态。激光脉冲结束后,等离子体温度开始下降,粒子会发生回落现象,从高能级态转换为低能级态,在此过程中粒子会向外发出光子信号,内部含有重金属元素特征信息,从而获得土壤样品LIBS(laser-induced break down spectroscopy,激光诱导击穿光谱技术)光谱数据,通过对光谱数据的分析得到土壤金属元素的含量。

6.9.2 快速检测设备及技术要求

1. 主要仪器与试剂

市场上的检测设备主要包括:便携式XRF(X ray fluorescence,X射线荧光光谱分析)土壤重金属检测仪(美国Innov-X公司)、AFS-230E型双道原子荧光分光光度计(北京科创海光分析仪器公司)、TAS-990型原子吸收分光光度计(北京普析通用有限公司)、AA240Z型原子吸收分光光度计、美国尼通XL3t 950手持光谱检测仪等。

2. 快速检测的技术要点

总铜、总锌、总铬分析参照《土壤和沉积物 铜、锌、铅、镍、铬的测定 火焰原子吸收分光光度法》(HJ 491—2019),总砷分析参照《土壤质量 总汞、总砷、总铅的测定 原子荧光法 第2部分:土壤中总砷的测定》(GB/T 22105.2—2008),总铅分析参照《土壤质量铅、镉的测定石墨炉原子吸收分光光度法》(GB/T 17141—1997)。

(1)原位土壤现场便携式XRF法。移除土壤表面杂物并平整表面,将麦拉膜(厚度约为

5μm,便携式 XRF 测定仪专用)平铺于土壤表面并保持平整;将仪器探头窗口垂直对准麦拉膜进行现场原位检测,设定测定时间为 90s,用便携式 XRF 测定仪直接测定样品中的 Cr、Cu、Zn、Pb 和 As。

(2)便携式 XRF 实验室测定法。取经(1)所述处理后的样品约 5g,装入配置有麦拉膜的聚乙烯样品杯(直径 3cm,高度 2cm),平铺后以脱脂棉衬底、压实、盖上底盖,制成样品。将仪器探头窗口垂直对准麦拉膜测试表面,设置仪器测定时间为 90s,直接测定样品中的 Cr、Cu、Zn、Pb 和 As。

市场上其他的一些设备和具体操作要点技术人员可在应用的时候详细了解,不同的设备有不完全一致的使用要求,在此不详细展开。

6.9.3　试验成果分析与应用

实验室土壤重金属分析(固体废弃物)主要包括样品现场采集和实验室分析。目前土壤样品的采集主要依靠经验判别污染区域,并在实验室内精确分析,周期一般为 2~3d,且经验判别往往造成采样布点盲目、无序,分析指标筛选困难,污染监测指标判别不够精准,耗时且繁琐,严重制约项目开展的进度要求或污染事故的应急检测能力。

利用便携式光谱分析法对污染事故现场开展土壤的快速测定,能够准确、快速地得到结果;通过软件分析形成污染区域元素分布的等值线图,可迅速锁定污染物及污染区域,实现野外分析的初步预判。虽然这类设备的检测精度不如实验室高,但其具有检测速度快、成果质量满足定性或半定量需要的优点。

下面以中交(天津)生态环保设计研究院有限公司采用购置的 OK-V24 速测仪和 Niton XL3t-950 型手持式光谱仪对星云湖和白洋淀底泥进行营养盐和重金属含量快速测定为例,对快速检测过程和结果进行简要介绍。

1. 营养盐检测

1)检测流程

检测经过消解、滴定、显色和测试 4 个步骤(图 6-15)。

(1)样品消解

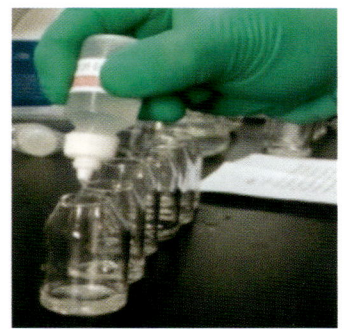
(2)样品滴定

(3)样品显色

(4)样品测定

图 6-15 营养盐快速检测流程

2)检测结果

营养盐检测结果如表 6-20 所示。

表 6-20 营养盐检测结果

测试指标	样品编号	速测结果/‰				速测平均值/‰	实验室/‰	偏差/%
		速测1	速测2	速测3	速测4			
全氮	DQ036	1.09	1.11	1.08	0.86	1.09	1.07	1.90
	C228	0.8	0.78	0.73	0.77	0.77	0.89	3.50
	BX010	1.27	1.19	1.25	1.22	1.23	1.21	1.70
全磷	DQ036	0.35	0.4	0.37	0.4	0.38	0.963	60.54
	C228	0.94	0.89	0.83	0.91	0.89	1.85	51.76
	BX010	0.45	0.41	0.44	0.48	0.45	0.67	33.58
有机质	DQ036	22.46	21.57	21.47	21.87	21.84	19.2	13.75
	C228	23.91	24.2	23.6	23.98	23.92	23.7	9.40
	BX010	16.2	16.11	15.92	16.67	16.23	15.36	5.63

检测结果表明,全氮快速测定平行样品间的极差最大为 0.25‰,全磷极差最大为 0.08‰,有机质极差最大为 0.75‰,均小于 1‰,证明快速检测设备对营养盐的检测结果较为稳定,完全满足定性分析设备检测稳定性要求,可以满足土壤污染物有无和含量高低的定性判断。

2. 重金属元素检测

1)检测流程

重金属元素检测流程见图 6-16,主要包括样品提取、制备与快速检测。

2)检测结果分析

通过快速检测结果数据偏差对比(图 6-17):6 个样品中共计 30 份重金属数据,其中 7 个检测数据误差小于 5%,21 个数据的检测误差在 50% 以下,7 个检测数据误差在 50%~

第 6 章 环保疏浚岩土工程原位测试

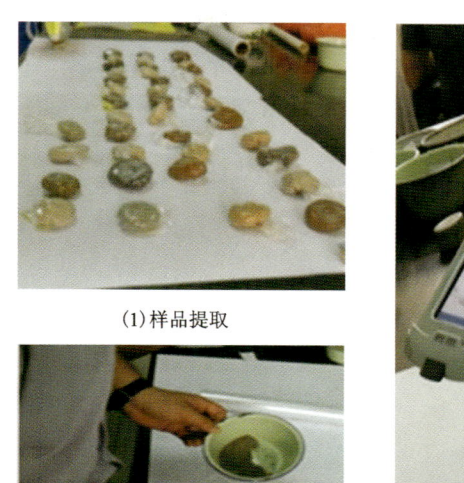

(1) 样品提取

(2) 样品制备

(3) 快速检测

图 6-16 重金属元素快速检测流程

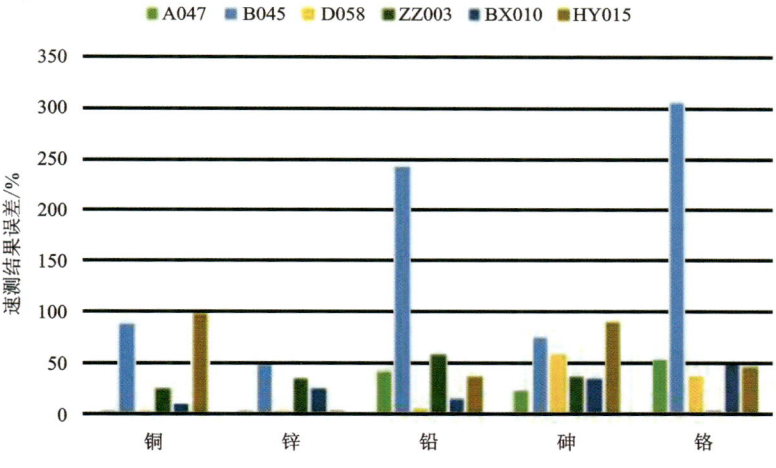

图 6-17 重金属元素含量快速检测结果偏差

100%之间,1个检测数据超过200%,1个检测数据超过300%。依据检测数据比较结果,绝大多数检测数据的偏差小于50%,快速检测所获得的重金属含量数据可适用于污染土勘察现场的污染层位初步定性划分,可有效提高污染土现场定性层位划分的准确性。同时,快速检测结果在提供有益可参考的定量使用价值的同时,应注意少量检测结果存在较大偏差的可能性,及时进行复测验证。

6.10 水体污染物快速检测技术

1. 水体污染物快速检测的目的

随着现代工农业的不断发展，大量工业废水、生活污水的排放以及农药、化肥的流失使地表水及地下水受到不同程度的污染，对人类饮用水安全和人体健康构成了严重威胁，成为制约人们对美好生活向往的重要障碍。水体污染物快速检测目的就是在尽可能短的时间内对污染物质的种类、浓度和污染范围及其可能的危害做出判断，为防止污染的扩散及采取应对措施提供科学依据。对于工程项目而言，快速检测（识别）水体污染物可有效缩短检测的工期和成本，或在项目可行性研究、方案设计阶段以尽可能地减少投入，为高效、快捷决策提供依据。

2. 水体污染物快速检测的原理和方法

水污染物快速检测的原理主要是两个，即化学分析原理和光谱检测原理，方法包括试纸法、微型滴定法和分光光度法（便携检测仪器一般采用该种方法），前两种为化学分析原理，后一种是光谱检测原理。

（1）试纸法。根据化学分析原理，以层析纸为载体，负载多种污染物检测试剂，采取一定工艺制备而成的一种便捷型环保产品，具有快速、简便、价廉、污染少等特点。

（2）微型滴定法。根据化学分析原理，将已知浓度的标准溶液加入到待测物质的溶液中，直到被测定的物质与标准溶液完全反应，然后利用所滴加的标准溶液的浓度和体积计算出待测物质在溶液中的含量。

（3）便携式仪器法。依据分光光度法的原理，基于被测物质对光的选择性吸收而对水中的有机和无机污染物进行检测。目前国内外已推出多种针对污染物现场快速检测的便携式仪器，有单一参数检测的仪器，也有多参数检测的仪器。当前美国 HACH 公司生产的一系列水体污染物快速检测仪在水质在线监测、室内试验检测中具有较强的市场影响力。

3. 水体污染物快速检测的应用

在环保疏浚工程的开展过程中，在满足误差要求的前提下，快速取得水体中氮、磷、COD、pH 等指标，可为工程的顺利开展提供有力的技术支撑，快速检测成果的作用主要体现在以下几个方面：

（1）在项目前期，快速检测技术可为污染物的快速识别和含量分析提供技术支撑，为项目的开展和决策提供技术支持。

（2）在项目开展过程中，施工对水环境的影响监测、工程实施效果的全过程实时在线监测等方面的工作均需要快速检测技术提供快速的检测成果。

（3）项目实施完成后，可依托快速检测技术对工程的实施效果进行检测，对一定时间内的效果进行跟踪监测等。

当前市场上对于快速检测的仪器设备比较多，但检测原理无外乎光学原理和电化学原理，不同类型的设备可提供不同的检测功能和参数，根据项目需要购置相关的设备，根据设备的操作说明进行使用即可，此处不再赘述。

第 7 章 室内试验

7.1 土工试验

7.1.1 试验指标

环保疏浚底泥勘察需要测定的物理力学指标、测定方法见表7-1(金相灿等,2016)。

表 7-1 环保疏浚勘察测定物理力学指标

岩土类别	岩土名称	标贯击数	重度	颗粒分析	比重	天然含水量	界限含水量	抗剪强度	相对密度	附着力
有机质土及泥炭	有机质土及泥炭		△		△	△				
淤泥土类	浮泥		△	√	√	△				
	流泥		△	√	√	△				
	淤泥	△	△	√	√	△	△	△		√
	淤泥质土	△	△	√	√	△	△	△		√
黏性土类	黏土	△	△	√	√	△	△	△		√
	粉质黏土	△	△	√	√	△	△	△		√
粉类土	黏质粉土	△	△	△	√	△	△	△		√
	砂质粉土	△	△	△	√	△	△	△		√
砂类土	粉砂	△	△	△	√	√			△	
	细砂	△	△	△	√	√			△	
	中砂	△	△	△	√	√			△	
	粗砂	△	△	△	√	√			△	
	砾砂	△	△	△	√	√			△	

注:△表示必须做;√表示可根据情况选做。

底泥的室内土工试验的物理力学指标中,黏性土应包括天然含水率 ω、天然密度 ρ、相对密度 G、孔隙比 e(计算指标)、液限 I_L、塑限 I_P、直剪快剪试验、附着力试验、渗透系数等;无黏性土做水上、水下休止角、颗粒级配分析,粉土做黏性土的全部试验外加做黏粒含量分析等,具体操作和试验仪器应符合现行国家标准《土工试验方法标准》(GB/T 50123—2019)。

7.1.2 土的物理性质试验

1. 含水率试验

以烘干法为室内含水率试验的标准方法。在野外无烘箱设备或要求快速测定含水率时,可用酒精燃烧法测定细粒土含水率。

土的有机质含量不宜大于干土质量的5%,当土中有机质含量为5%~10%时,仍允许采用本标准进行试验,但应注明有机质含量。

1)烘干法

(1)本试验所用的仪器设备应符合下列规定:

①烘箱。可采用电热烘箱或温度能保持105~110℃的其他能源烘箱。

②电子天平。称量200g,分度值0.01g。

③电子台秤。称量5000g,分度值1g。

④其他。干燥器、称量盒。

(2)烘干法试验步骤:

① 取有代表性试样。细粒土15~30g,砂类土50~100g,砂砾石2~5kg。将试样放入称量盒内,立即盖好盒盖,称量,细粒土、砂类土称量应准确至0.01g,砂砾石称量应准确至1.0g。当使用恒质量盒时,可先将其放置在电子天平或电子台秤上清零,再称量装有试样的恒质量盒,称量结果即为湿土质量。

②揭开盒盖,将试样和盒放入烘箱,在105~110℃下烘到恒量。烘干时间,对黏质土,不得少于8h;对砂类土,不得少于6h;对有机质含量为5%~10%的土,应将烘干温度控制在65~70℃的恒温下烘至恒量。

③将烘干后的试样和盒取出,盖好盒盖放入干燥器内冷却至室温,称干土质量。

(3)烘干法的含水率应按式(7-1)计算,精确至0.1%:

$$w = \left(\frac{m_0}{m_d} - 1\right) \times 100\% \tag{7-1}$$

式中:ω——含水率(%)。

(4)烘干法进行含水率试验应进行两次平行测定,取其算术平均值,最大允许平行差值应符合表7-2的规定。

表 7-2 含水率测定的最大允许平行差值　　　　　　　　　　单位:%

含水率 w	最大允许平行差值
<10	±0.5
10～40	±1
>40	±2

2) 酒精燃烧法

(1) 试验所用的仪器设备应符合下列规定:

① 电子天平。称量 200g,分度值 0.01g。

② 酒精。纯度不得小于 95%。

③ 其他。称量盒、滴管、火柴、调土刀。

(2) 酒精燃烧法试验步骤:

① 取有代表性试样。取黏土 5～10g,砂土 20～30g 放入称量盒内。应按烘干法的规定称取湿土。

② 用滴管将酒精注入放有试样的称量盒中,直至盒中出现自由液面为止。为使酒精在试样中充分混合均匀,可将盒底在桌面上轻轻敲击。

③ 点燃盒中酒精,烧至火焰熄灭。

④ 将试样冷却数分钟,应按上述②、③的规定再重复燃烧两次。当第 3 次火焰熄灭后,立即盖好盒盖,称干土质量。

⑤ 本试验称量应准确至 0.01g。

(3) 酒精法试验应进行两次平行测定,计算方法及最大允许平行差值应符合表 7-2 的规定。

2. 密度试验

一般规定:细粒土宜采用环刀法,试样易碎裂、难以切削时,可用蜡封法。

1) 环刀法

(1) 本试验所用的主要仪器设备应符合下列规定:

① 环刀。尺寸参数应符合现行国家标准《岩土工程仪器基本参数及通用技术条件》(GB/T 15406—2007)及《土工实验仪器　环刀》(SL 370—2006)的规定。

② 天平。称量 500g,分度值 0.1g;称量 200g,分度值 0.01g。

(2) 环刀法试验应按下列步骤进行:

① 按工程需要取原状土试样或制备所需状态的扰动土试样,整平其两端,将环刀内壁涂一薄层凡士林,刃口向下放在试样上。

② 用切土刀(或钢丝锯)将土样削成略大于环刀直径的土柱。然后将环刀垂直下压,边压边削,至土样伸出环刀为止。将两端余土削去修平,取剩余的代表性土样测定含水率。

③擦净环刀外壁称量,准确至 0.1g。

(3)密度及干密度应按下列公式计算,计算至 0.01g/cm³。

$$\begin{cases} \rho = \dfrac{m_0}{V} \\ \rho_d = \dfrac{\rho}{1+0.01w} \end{cases} \tag{7-2}$$

式中:ρ——试样的湿密度(g/cm³);

ρ_d——试样的干密度(g/cm³);

V——环刀容积(cm³)。

(4)试验应进行两次平行测定,最大允许平行差值应为±0.03g/cm³。试验结果取算术平均值。

2)蜡封法

(1)试验所用的主要仪器设备应符合下列规定:

①蜡封设备。应附熔蜡加热器。

②天平。称量 500g,分度值 0.1g;称量 200g,分度值 0.01g。

(2)蜡封法试验应按下列步骤进行:

①切取约 30cm³ 的试样,削去松浮表土及尖锐棱角后,系于细线上称量,准确至 0.01g,取代表性试样测定含水率。

②持线将试样徐徐浸入刚过熔点的蜡中,待全部沉浸后,立即将试样提出。检查涂在试样四周的蜡中有无气泡存在。当有气泡时,应用热针刺破,并涂平孔口。冷却后称蜡封试样质量,准确至 0.1g。

③用线将试样吊在天平(图 7-1)一端,并使试样浸没于纯水中称量,准确至 0.1g。测记纯水的温度。

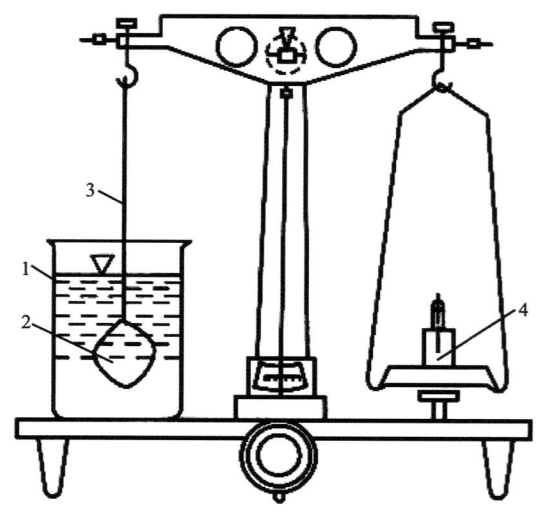

1.盛水杯;2.蜡封试样;3.细线;4.砝码。

图 7-1 天平

④取出试样,擦干蜡表面的水分,用天平称量蜡封试样,准确至 0.1g。当试样质量增加时,应另取试样重做试验。

(3)湿密度及干密度应按式(7-3)计算:

$$\begin{cases} \rho = \dfrac{m_0}{\dfrac{m_n - m_{nw}}{\rho_{wT}} - \dfrac{m_n - m_0}{\rho_n}} \\ \rho_d = \dfrac{\rho}{1 + 0.01w} \end{cases} \quad (7\text{-}3)$$

式中:m_n——试样加蜡质量(g);

m_{nw}——试样加蜡在水中质量(g);

ρ_{wT}——纯水在温度 T 时的密度(g/cm³),准确至 0.01g/cm³;

ρ_n——蜡的密度(g/cm³),准确至 0.01g/cm³。

(4)试验应进行两次平行测定,最大允许平行差值应为±0.03g/cm³。试验结果取其算术平均值。

3. 比重试验

按照土粒粒径可分别用下列方法进行相对密度测定:粒径小于 5mm 的土,用比重瓶法;粒径不小于 5mm 的土,且其中粒径大于 20mm 的颗粒含量小于 10% 时,应用浮称法;粒径大于 20mm 的颗粒含量不小于 10% 时,应用虹吸筒法。

一般土粒的相对密度应用纯水测定;对含有易溶盐、亲水性胶体或有机质的土,应用煤油等中性液体替代纯水测定。

1) 比重瓶法

(1)试验所用的仪器设备应符合下列规定:

①比重瓶。容量 100mL 或 50mL,分长颈和短颈两种。

②天平。称量 200g,分度值 0.001g。

③恒温水槽。最大允许误差应为±1℃。

④砂浴。应能调节温度。

⑤真空抽气设备。真空度−98kPa。

⑥温度计。测量范围 0~50℃,分度值 0.5℃。

⑦筛。孔径 5mm。

⑧其他。烘箱、纯水、中性液体、漏斗、滴管。

(2)比重瓶的校准应按下列步骤进行:

①将比重瓶洗净,烘干,称量两次,准确至 0.001g,取其算术平均值,最大允许平均差值应为±0.002g。

②将煮沸并冷却的纯水注入比重瓶,对长颈比重瓶,达到刻度为止,对短颈比重瓶,注满水,塞紧瓶塞,多余水自瓶塞毛细管中溢出。移比重瓶入恒温水槽。待瓶内水温稳定后,将瓶取出,擦干外壁的水,称瓶、水总质量,准确至 0.001g。测定两次,取其算术平均值,其最大允

许平行差值应为±0.002g。

③将恒温水槽水温以5℃级差调节,逐级测定不同温度下的瓶、水总质量。

④以瓶、水总质量为横坐标,温度为纵坐标,绘制瓶、水总质量与温度的关系曲线。

(3)比重瓶法试验应按下列步骤进行:

①将比重瓶烘干。当使用100mL比重瓶时,应称粒径小于5mm的烘干土15g装入;当使用50mL比重瓶时,应称粒径小于5mm的烘干土12g装入。

②可采用煮沸法或真空抽气法排除土中的空气。向已装有干土的比重瓶注入纯水至瓶的一半处,摇动比重瓶,将瓶放在砂浴上煮沸,煮沸时间自悬液沸腾起砂土不得少于30min,细粒土不得少于1h。煮沸时应注意不使土液溢出瓶外。

③将纯水注入比重瓶,当采用长颈比重瓶时,注水至略低于瓶的刻度处;当采用短颈比重瓶时,应注水至近满,有恒温水槽时,可将比重瓶放于恒温水槽内。待瓶内悬液温度稳定及瓶上部悬液澄清。

④当采用长颈比重瓶时,用滴管调整液面恰至刻度处,以弯液面下缘为准,擦干瓶外及瓶内壁刻度以上部分的水,称瓶、水、土总质量;当采用短颈比重瓶时,塞好瓶塞,使多余水分自瓶塞毛细管中溢出,将瓶外水分擦干后,称瓶、水、土总质量。称量后应测定瓶内水的温度。

⑤根据测得的温度,从已绘制的温度与瓶、水总质量关系中查得瓶、水总质量。

⑥当土粒中含有易溶盐、亲水性胶体或有机质时,测定其土粒相对密度应用中性液体代替纯水,用真空抽气法代替煮沸法,排除土中空气。抽气时真空度应接近一个大气负压值(-98kPa),抽气时间可为1~2h,直至悬液内无气泡逸出时为止。其余步骤应按上述③~⑤的方法进行。

⑦本试验称量应准确至0.001g,温度应准确至0.5℃。

(4)土粒相对密度应按下列公式计算。

①用纯水测定时:

$$G_s = \frac{m_d}{m_{bw} + m_d - m_{bws}} G_{wT} \tag{7-4}$$

式中:m_{bw}——比重瓶、水的总质量(g);

m_{bws}——比重瓶、水、干土的总质量(g);

G_{wT}——T时纯水的相对密度(可查相关技术手册),准确至0.001。

②用中性液体测定时:

$$G_s = \frac{m_d}{m_{bk} + m_d - m_{bks}} G_{kT} \tag{7-5}$$

式中:m_{bk}——瓶、中性液体的总质量(g);

m_{bks}——瓶、中性液体、干土的总质量(g);

G_{kT}——T时中性液体的相对密度(实测得),准确至0.001。

(5)试验应进行2次平行测定,试验结果取其算术平均值,最大允许平行差值应为±0.02。

2)浮称法

(1)试验所用的仪器设备应符合下列规定:

①铁丝筐。孔径小于5mm,直径为10~15cm,高为10~20cm。

②盛水容器。适合铁丝筐沉入。

③浮称天平或秤。称量2kg,分度值0.2g;称量10kg,分度值1g。

④筛。孔径为5mm、20mm。

⑤其他。烘箱、温度计。

(2)浮称法试验应按下列步骤进行:

①取粒径不小于5mm,且其中粒径大于20mm的颗粒含量小于10%的代表性试样500~1000g,当采用秤称时,称取1~2kg。

②冲洗试样,直至颗粒表面无尘土和其他污物。

③将试样浸在水中24h后取出,将试样放在湿毛巾上擦干表面,即为饱和面干试样,称取饱和面干试样质量后,立即放入铁丝筐,缓缓浸没于水中,并在水中摇晃,至无气泡逸出时为止。

④称铁丝筐和试样在水中的总质量(图7-2)。

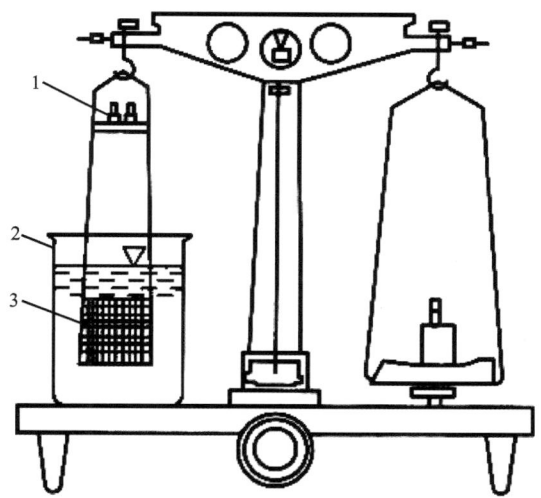

1.调天平平衡砝码盘;2.盛水容器;3.盛粗粒土的铁丝框。

图7-2 浮称天平

⑤取出试样烘干、称量。

⑥称铁丝筐在水中质量,并应测量容器内水的温度,准确至0.5℃。

⑦试验称量应准确至0.2g。

(3)土粒相对密度应按式(7-6)计算:

$$G_s = \frac{m_d}{m_d - (m_{ks} - m_k)} G_{wT} \tag{7-6}$$

式中:m_{ks}——试样加铁丝筐在水中的总质量(g);

m_k——铁丝筐在水中的质量(g)。

(4)干相对密度应按式(7-7)计算：

$$G_s' = \frac{m_d}{m_b - (m_{ks} - m_k)} G_{wT} \quad (7-7)$$

式中：m_b——饱和面干试样质量(g)。

(5)吸着含水率应按式(7-8)计算：

$$w_{ab} = \left(\frac{m_b}{m_d} - 1\right) \times 100 \quad (7-8)$$

式中：w_{ab}——吸着含水率(%)，计算至0.1%。

(6)试验应进行两次平行测定，两次测定最大允许差值应为±0.02，试验结果取其算术平均值。

(7)土粒平均相对密度应按式(7-9)计算：

$$G_s = \frac{1}{\dfrac{P_s}{G_{s1}} + \dfrac{1-P_s}{G_{s2}}} \quad (7-9)$$

式中：P_s——粒径大于5mm的土粒占总质量的含量，以小数计；

G_{s1}——粒径大于5mm的土粒的相对密度；

G_{s2}——粒径小于5mm的土粒的相对密度。

3)虹吸筒法

(1)试验所用的仪器设备应符合下列规定：

①虹吸筒如图7-3所示。

②台秤。称量10kg，分度值1g。

③量筒。容量大于2000mL。

④筛。孔径5mm、20mm。

⑤其他。烘箱、温度计、搅拌棒。

(2)虹吸筒法试验应按下列步骤进行：

①取粒径不小于5mm，且其中粒径不小于20mm的颗粒含量大于10%的代表性试样1000~7000g。

②将试样冲洗，直至颗粒表面无尘土和其他污物。

③再将试样浸在水中24h后取出，晾干（或用布擦干）其表面水分，称重。

④注清水入虹吸筒，至管口有水溢出时停止注水。待管口不再有水流出后，关闭管夹，

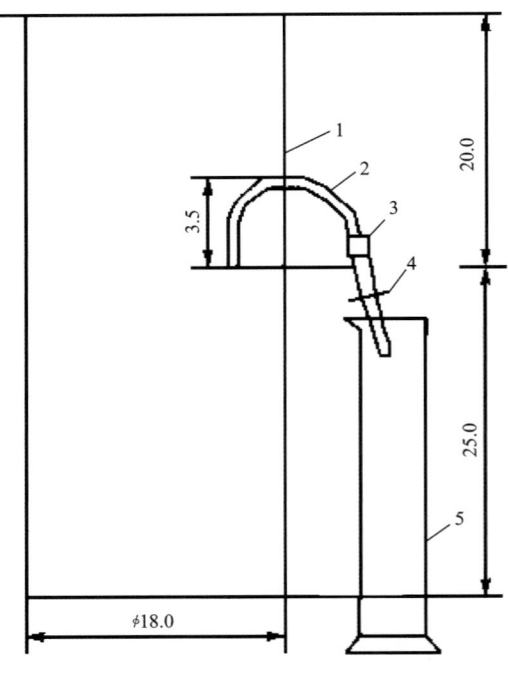

1.虹吸筒；2.虹吸管；3.橡皮管；4.管夹；5.量筒。

图7-3 虹吸筒（单位:cm）

将试样缓缓放入筒中，边放边使用搅拌棒搅拌，至无气泡逸出时为止，搅动时勿使水溅出筒外。

⑤待虹吸筒中水面平静后，开管夹，让试样排开的水通过虹吸管流入量筒中。

⑥称量筒与水总质量。测量筒内水的温度,准确至0.5℃。

⑦取出虹吸筒内试样,烘干、称量。

⑧本试验称量应准确至1g。

(3)比重应按式(7-10)计算:

$$G_s = \frac{m_d}{(m_{cw} - m_c) - (m_{ad} - m_d)} G_{wT} \tag{7-10}$$

式中:m_{cw}——量筒加排开水总质量(g);

m_c——量筒质量(g);

m_{ad}——晾干试样质量(g)。

(4)试验应进行两次平行测定,两次测定的最大允许平均差值应为±0.02,取其算术平均值。

4. 界限含水率试验

一般规定:土的粒径应小于0.5mm以及有机质含量不大于干土质量的5%。该试验中含水率的测定应按本章含水率烘干法进行。

1)液塑限联合测定法

(1)试验所用的仪器设备应符合下列规定:

①液塑限联合测定仪(图7-4)应包括带标尺的圆锥仪、电磁铁、显示屏、控制开关和试样杯。圆锥仪质量为76g,锥角为30°;读数显示宜采用光电式、游标式和百分表式。

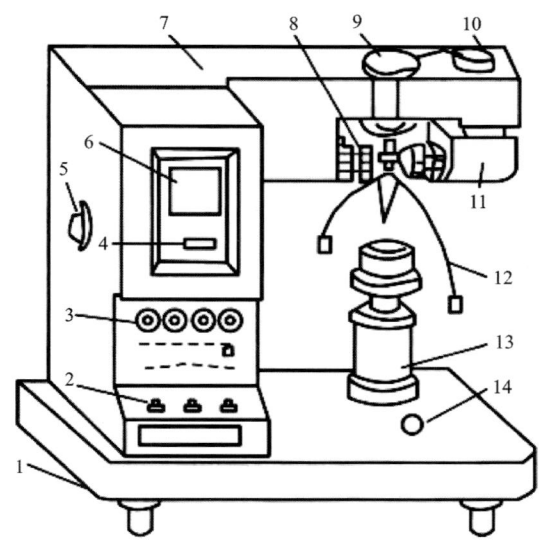

1.水平调节螺丝;2.控制开关;3.指示灯;4.零线调节螺丝;5.反光镜调节螺丝;
6.屏幕;7.机壳;8.物镜调节螺丝;9.电磁装置;10.光源调节螺丝;
11.光源;12.圆锥仪;13.升降台;14.水平泡。

图7-4 光电式液塑限联合测定仪示意图

②试样杯。直径40～50mm；高30～40mm。
③天平。称量200g，分度值0.01g。
④筛。孔径0.5mm。
⑤其他。烘箱、干燥缸、铝盒、调土刀、凡士林。

(2)液塑限联合测定法试验应按下列步骤进行：

①液塑限联合试验宜采用天然含水率的土样制备试样，也可用风干土制备试样。

②当采用天然含水率的土样时，应剔除粒径大于0.5mm的颗粒，再分别按接近液限、塑限和二者的中间状态制备不同稠度的土膏，静置湿润。静置时间可视原含水率的大小而定。

③当采用风干土样时，取过0.5mm筛的代表性土样约200g，分成3份，分别放入3个盛土皿中，加入不同数量的纯水，并调成均匀土膏，放入密封的保湿缸中，静置24h。

④将制备好的土膏用调土刀充分调拌均匀，密实地填入试样杯中，使空气逸出。高出试样杯的余土用刮土刀刮平，将试样杯放在仪器底座上。

⑤取圆锥仪，在锥体上涂以薄层润滑油脂，接通电源，使电磁铁吸稳圆锥仪。当使用游标式或百分表式时，提起锥杆，用旋钮固定。

⑥调节屏幕准线，使初读数为零。调节升降座，使圆锥仪锥角接触试样面，指标灯亮时圆锥在自重下沉入试样内，当使用游标式或百分表式时用手扭动旋钮，松开锥杆，经5s后测读圆锥下沉深度。然后取出试样杯，挖去锥尖入土处的润滑油脂，取锥体附近的试样不得少于10g，放入称量盒内，称量，准确至0.01g，测定含水率。

⑦应按上述④～⑥的规定，测试其余2个试样的圆锥下沉深度和含水率。

(3)以含水率为横坐标，圆锥下沉深度为纵坐标，在双对数坐标纸上绘制关系曲线。3点连一直线(图7-5中的A线)。当3点不在一直线上，通过高含水率的一点与其余两点连成两条直线，在圆锥下沉深度为2mm处查得相应的含水率，当两个含水率的差值小于2%时，应以该两点含水率的平均值与高含水率的点连成一线(图7-5中的B线)。当两个含水率的差值不小于2%时，应补做试验。

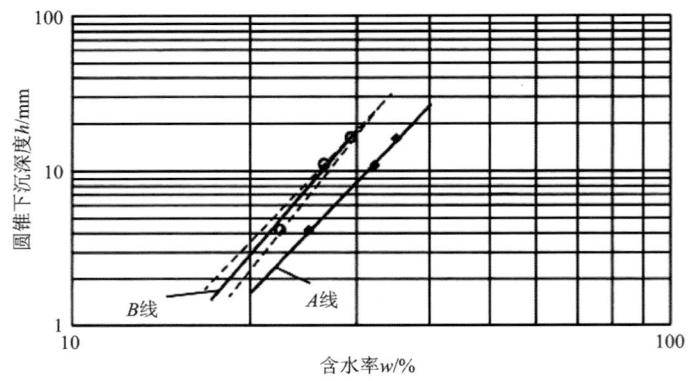

图7-5　圆锥下沉深度与含水率关系图曲线

(4)通过圆锥下沉深度与含水率关系图，查得下沉深度为17mm所对应的含水率为液限，下沉深度为10mm所对应的含水率为10mm液限；查得下沉深度为2mm所对应的含水率为塑限,以百分数表示,准确至 0.1%。

(5)塑性指数和液性指数应按下列公式计算：

$$\begin{cases} I_P = w_L - w_P \\ I_L = \dfrac{w_0 - w_P}{I_P} \end{cases} \tag{7-11}$$

式中：I_P——塑性指数；

I_L——液性指数,计算至 0.01；

w_L——液限(%)；

w_P——塑限(%)。

2)搓滚塑限法

(1)试验所用的仪器设备应符合下列规定：

①毛玻璃板。尺寸宜为 200mm×300mm。

②卡尺。分度值 0.02mm。

③天平。称量 200g,分度值 0.01g。

④筛。孔径 0.5mm。

⑤其他。烘箱、干燥缸、铝盒。

(2)搓滚塑限法试验应按下列步骤进行：

①取过 0.5mm 筛的代表性试样约 100g,加纯水拌和,浸润静置过夜。

②将试样在手中捏揉至不黏手,捏扁,当出现裂缝时,表示含水率已接近塑限。

③取接近塑限的试样一小块,先手用捏成橄榄形,然后再用手掌在毛玻璃板上轻轻搓滚。搓滚时手掌均匀施加压力于土条上,不得使土条在毛玻璃板上无力滚动,土条不得有空心现象,土条长度不宜大于手掌宽度。

④当土条搓成 3mm 时,产生裂缝,并开始断裂,表示试样达到塑限。当不产生裂缝及断裂时,表示这时试样的含水率高于塑限；当土条直径大于 3mm 时即断裂,表示试样含水率小于塑限,应弃去,重新取土试验。当土条在任何含水率下始终搓不到 3mm 即开始断裂,则该土无塑性。

⑤取直径符合 3mm 断裂土条 3~5g,放入称量盒内,盖紧盒盖,测定含水率。此含水率即为塑限。

(3)塑限应按式(7-12)计算,计算至 0.1%：

$$w_p = \left(\dfrac{m_0}{m_d} - 1\right) \times 100\% \tag{7-12}$$

(4)本试验应进行两次平行测定,两次测定的最大允许差值应符合规范的规定。

5. 颗粒分析试验

本试验根据土的颗粒大小及级配情况,可分别采用下列几种方法：筛析法,适用于粒径为 0.075~60mm 的土；密度计法,适用于粒径小于 0.075mm 的土；当土中粗细兼有时,应联合使用筛析法和密度计法。

1)筛析法

(1)试验所用的仪器设备应符合下列规定：

①试验筛。应符合现行国家标准《试验筛　技术要求和检验　第1部分：金属丝编织网试验筛》(GB/T 6003.1—2022)的规定。

②粗筛。孔径为60mm、40mm、20mm、10mm、5mm、2mm。

③细筛。孔径为2.0mm、1.0mm、0.5mm、0.25mm、0.1mm、0.075mm。

④天平。称量1000g,分度值0.1g；称量200g,分度值0.01g。

⑤台秤。称量5kg,分度值1g。

⑥振筛机。应符合现行行业标准《实验室用标准筛振荡机技术条件》(DZ/T 0118—1994)的规定。

⑦其他。烘箱、量筒、漏斗、瓷杯、附带橡皮头研杵的研钵、瓷盘、毛刷、匙、木碾。

(2)筛析法试验应按下列步骤进行：

①从风干、松散的土样中,用四分法按下列规定取出代表性试样。粒径小于2mm的土取100～300g；最大粒径小于10mm的土取300～1000g；最大粒径小于20mm的土取1000～2000g；最大粒径小于40mm的土取2000～4000g；最大粒径小于60mm的土取4000g以上。

②砂砾土筛析法应按下列步骤进行：

a.称量应准确至0.1g,当试样质量大于500g时,应准确至1g。

b.将试样过2mm细筛,分别称出筛上和筛下土质量。

c.若2mm筛下的土小于试样总质量的10%,则可省略细筛筛析。若2mm筛上的土小于试样总质量的10%,则可省略粗筛筛析。

d.取2mm筛上试样倒入依次叠好的粗筛的最上层筛中；取2mm筛下试样倒入依次选好的细筛最上层筛中,进行筛析。细筛宜放在振筛机上震摇,震摇时间应为10～15min。

e.由最大孔径筛开始,顺序将各筛取下,在白纸上用手轻叩摇晃筛。当仍有土粒漏下时,应继续轻叩摇晃筛,至无土粒漏下为止。漏下的土粒应全部放入下级筛内。并将留在各筛上的试样分别称量,当试样质量小于500g时,准确至0.1g。

f.筛前试样总质量与筛后各级筛上和筛底试样质量的总和的差值不得大于试样总质量的1%。

(3)含有黏土粒的砂砾土应按下列步骤进行：

a.将土样放在橡皮板上用土碾将黏结的土团充分碾散,用四分法取样,称取代表性试样,置于盛有清水的瓷盘中,用搅棒搅拌,使试样充分浸润和粗细颗粒分离。

b.将浸润后的混合液过2mm细筛,边搅拌边冲洗边过筛,直至筛上仅留大于2mm的土粒为止。然后将筛上的土烘干称量,准确至0.1g。

c.用带橡皮头的研杵研磨粒径小于2mm的混合液,待稍沉淀,将上部悬液0.075mm筛。再向瓷盘加清水研磨,静置过筛。如此反复,直至盆内悬液澄清。最后将全部土料倒在0.075mm筛上,用水冲洗,直至筛上仅留粒径大于0.075mm的净砂为止。

d.将粒径大于0.075mm的净砂烘干称量,准确至0.01g,进行细筛筛析。

e.将粒径大于2mm的土和粒径为2～0.075mm的土的质量从原取土总质量中减去,即得粒径小于0.075mm的土的质量。

f.当粒径小于0.075mm的试样质量大于总质量的10%时,应按密度计法或移液管法测定粒径小于0.075mm的颗粒组成。

(4)小于某粒径的试样质量占试样总质量百分数应按式(7-13)计算:

$$X = \frac{m_A}{m_B} d_x \tag{7-13}$$

式中:X——小于某粒径的试样质量占试样总质量的百分数(%);

m_A——小于某粒径的试样质量(g);

m_B——当细筛分析时或用密度计法分析时所取试样质量(粗筛分析时则为试样总质量)(g);

d_x——粒径小于2mm或粒径小于0.075mm的试样质量占总质量的百分数(%)。

(5)以小于某粒径的试样质量占试样总质量的百分数为纵坐标、颗粒粒径为横坐标,在单对数坐标上绘制颗粒大小分布曲线。

(6)级配指标不均匀系数和曲率系数C_u、C_c应按式(2-1)和式(2-2)计算。

2)密度计法

(1)试验仪器应符合下列规定:

①甲种密度计。刻度单位以20℃时每1000mL悬液内所含土质量的克数表示,刻度为-5~50,分度值为0.5。

②乙种密度计。刻度单位以20℃时悬液的比重表示,刻度为0.995~1.020,分度值为0.0002。

③量筒。高约45cm,直径约6cm,容积1000mL。刻度为0~1000mL,分度值为10mL。

试验筛应符合下列规定:

①细筛。孔径2mm、1mm、0.5mm、0.25mm、0.15mm。

②洗筛。孔径0.075mm。

③天平。称量200g,分度值0.01g。

④温度计。刻度0~50℃,分度值0.5℃。

⑤洗筛漏斗。直径略大于洗筛直径,使洗筛恰可套入漏斗中。

⑥搅拌器。轮径50mm,孔径约3mm;杆长约400mm,带旋转叶。

⑦煮沸设备。附冷凝管。

⑧其他。秒表、锥形瓶、研钵、木杵、电导率仪。

(2)试剂应符合下列规定:

①分散剂。浓度4%六偏磷酸钠、6%双氧水、1%硅酸钠。

②水溶盐检验试剂。10%盐酸、5%氯化钡、10%硝酸、5%硝酸银。

(3)密度计法试验应按下列步骤进行:

①宜采用风干土试样,按式(7-14)计算试样干质量为30g时所需的风干土质量:

$$m_0 = m_d(1 + 0.01\omega_0) \tag{7-14}$$

式中:ω_0——风干土含水率(%)。

②试样中易溶盐含量大于总质量的0.5%时,应洗盐。易溶盐含量检验可用电导法或目

测法,步骤如下:

a. 电导法应按电导率仪使用说明书操作,测定温度 T 时试样溶液(土水比 1∶5)的电导率,20℃时的电导率应按式(7-15)计算:

$$K_{20} = \frac{K_T}{1+0.02(T-20)} \tag{7-15}$$

式中:K_{20}——20℃时悬液的电导率(μS/cm);

K_T——T 时悬液的电导率(μS/cm);

T——测定时悬液的温度(℃)。当 $K_{20}>1000\mu$S/cm 时,应洗盐。

b. 目测法应取风干试样 3g 于烧杯中,加适量纯水调成糊状研散,再加纯水 25mL 煮沸 10min 冷却后移入试管中,放置过夜,观察试管,当出现凝聚现象时应洗盐。

③洗盐应按下列步骤进行:

a. 将分析用的试样放入调土杯内,注入少量蒸馏水,拌和均匀。迅速倒入贴有滤纸的漏斗中,并注入蒸馏水冲洗过滤。附在调土杯上的土粒全部洗入漏斗。发现滤液浑浊时,应重新过滤。

b. 应经常使漏斗内的液面保持高出土面约 5cm。每次加水后,应用表面皿盖住漏斗。

c. 检查易溶盐清洗程度,可用 2 个试管各取刚滤下的滤液 3~5mL,一管加入 3~5 滴 10%盐酸和 5%氯化钡;另一管加入 3~5 滴 10%硝酸和 5%硝酸银。当发现管中有白色沉淀时,即为试样中的易溶盐未洗净,应继续清洗,直至检查时试管中均不再发现白色沉淀为止。

d. 洗盐后将漏斗中的土样仔细洗下,风干试样。

④称干质量为 30g 的风干试样倒入锥形瓶中,勿使土粒丢失。注入水 200mL,浸泡约 12h。

⑤将锥形瓶放在煮沸设备上,连接冷凝管进行煮沸。煮沸时间约为 1h。

⑥将冷却后的悬液倒入瓷杯中,静置约 1min,将上部悬液倒入量筒。杯底沉淀物用带橡皮头研杵细心研散,加水,经搅拌后,静置约 1min,再将上部悬液倒入量筒。如此反复操作,直至杯内悬液澄清为止。当土中粒径大于 0.075mm 的颗粒大致超过试样总质量的 15%时,应将其全部倒至 0.075mm 筛上冲洗,直至筛上仅留大于 0.075mm 的颗粒为止。

⑦将留在洗筛上的颗粒洗入蒸发皿内,倾去上部清水,烘干称量,进行细筛筛析。

⑧将过筛悬液倒入量筒,加 4%浓度的六偏磷酸钠约 10mL 于量筒溶液中,再注入纯水,使筒内悬液达 1000mL。当加入六偏磷酸钠后土样产生凝聚时,应选用其他分散剂。

⑨用搅拌器在量筒内沿整个悬液深度上下搅拌约 1min,往复各约 30 次,搅拌时勿使悬液溅出筒外,使悬液内土粒均匀分布。

⑩取出搅拌器,将密度计放入悬液中同时开动秒表。测经 0.5min、1min、2min、5min、15min、30min、60min、120min、180min 和 1440min 时密度计读数。

⑪每次读数均应在预定时间前 10s~20s 将密度计小心地放入悬液接近读数的深度,并应将密度计浮泡保持在量筒中部位置,不得贴近筒壁。

⑫密度计读数均以弯液面上缘为准。甲种密度计应准确至 0.5,乙种密度应准确至 0.000 2。每次读数完毕立即取出密度计放入盛有纯水的量筒中。并测定各相应的悬液温

度,准确至0.5℃。放入或取出密度计时,应尽量减少悬液的扰动。

⑬当试样在分析前未过0.075mm洗筛,在密度计第1个读数时,发现下沉的土粒已超过试样总质量的15%时,则应于试验结束后,将量筒中土粒过0.075mm筛,进行筛析,并应计算各级颗粒占试样总质量的百分比。

(4)小于某粒径的试样质量占试样总质量百分数应按式(7-16)计算:

①甲种密度计:

$$\begin{cases} X = \dfrac{100}{m_d} C_s (R_1 + m_T + n_w - C_D) \\ C_s = \dfrac{\rho_s}{\rho_s - \rho_{w20}} \cdot \dfrac{2.65 - \rho_{w20}}{2.65} \end{cases} \tag{7-16}$$

式中:C_s——土粒相对密度校正值,参考表7-3;

R_1——甲种密度计读数;

m_T——温度校正值,参考表7-4;

n_w——弯液面校正值;

C_D——分散剂校正值;

ρ_s——土粒密度(g/cm³);

ρ_{w20}——20℃时水的密度(g/cm³)。

表7-3 土粒相对密度校正值

土粒相对密度	甲种密度计相对密度校正值 C_s	乙种密度计相对密度校正值 C_s'	土粒相对密度	甲种密度计相对密度校正值 C_s	乙种密度计相对密度校正值 C_s'
2.50	1.038	1.666	2.70	0.989	1.588
2.52	1.032	1.658	2.72	0.985	1.581
2.54	1.027	1.649	2.74	0.981	1.575
2.56	1.022	1.641	2.76	0.977	1.568
2.58	1.017	1.632	2.78	0.973	1.562
2.60	1.012	1.625	2.80	0.969	1.556
2.62	1.007	1.617	2.82	0.965	1.549
2.64	1.002	1.609	2.84	0.961	1.543
2.66	0.998	1.603	2.86	0.958	1.538
2.68	0.993	1.595	2.88	0.954	1.532

表 7-4 温度校正值

悬液温度/℃	甲种密度计温度校正值 m_T	甲种密度计温度校正值 m'_T	悬液温度/℃	甲种密度计温度校正值 m_T	甲种密度计温度校正值 m'_T
10.0	−2.0	−0.0012	20.0	+0.0	+0.0000
10.5	−1.9	−0.0012	20.5	+0.1	+0.0001
11.0	−1.9	−0.0012	21.0	+0.3	+0.0002
11.5	−1.8	−0.0011	21.5	+0.5	+0.0003
12.0	−1.8	−0.0011	22.0	+0.6	+0.0004
12.5	−1.7	−0.0010	22.5	+0.8	+0.0005
13.0	−1.6	−0.0010	23.0	+0.9	+0.0006
13.5	−1.5	−0.0009	23.5	+1.1	+0.0007
14.0	−1.4	−0.0009	24.0	+1.3	+0.0008
14.5	−1.3	−0.0008	24.5	+1.5	+0.0009
15.0	−1.2	−0.0008	25.0	+1.7	+0.0010
15.5	−1.1	−0.0007	25.5	+1.9	+0.0011
16.0	−1.0	−0.0006	26.0	+2.1	+0.0013
16.5	−0.9	−0.0006	26.5	+2.2	+0.0014
17.0	−0.8	−0.0005	27.0	+2.5	+0.0015
17.5	−0.7	−0.0004	27.5	+2.6	+0.0016
18.0	−0.5	−0.0003	28.0	+2.9	+0.0018
18.5	−0.4	−0.0003	28.5	+3.1	+0.0019
19.0	−0.3	−0.0002	29.0	+3.3	+0.0021
19.5	−0.1	−0.0001	29.5	+3.5	+0.0022
20.0	0.0	0.0000	30.0	+3.7	+0.0023

②乙种密度计：

$$\begin{cases} X = \dfrac{100V}{m_d} C'_s [(R_2 - 1) + m'_T + n'_w - C'_D] \rho_{w20} \\ C'_s = \dfrac{\rho_s}{\rho_s - \rho_{w20}} \end{cases} \quad (7\text{-}17)$$

式中：V——悬液体积(mL)；

C'_s——土粒比重校正值,见表7-3；

R_2——乙种密度计读数；

m'_T——温度校正值,见表7-4；

n'_w——弯液面校正值；

C'_D——分散剂校正值。

(5)粒径应按式(7-18)计算：

$$d = \sqrt{\frac{1800 \times 10^4 \eta}{(G_s - G_{wT})\rho_{w0}} \cdot \frac{L_t}{t}} \tag{7-18}$$

式中：d——粒径(mm)；

η——水的动力黏滞系数(1×10^{-6} kPa·s),可按表7-5执行；

G_{wT}——温度为T时的水的相对密度；

ρ_{w0}——4℃时水的密度(g/cm³)；

g——重力加速度(981cm/s²)；

L_t——某一时间t内的土粒沉降距离(cm)；

t——沉降时间(s)。

为了简化计算,式(7-18)也可写成：

$$d = K\sqrt{\frac{L_t}{t}} \tag{7-19}$$

式中：K——粒径计算系数,$K = \sqrt{\dfrac{1800 \times 10^4 \eta}{(G_s - G_{wT})\rho_{w0}g}}$ 与悬液温度和土粒相对密度有关,其值可按表7-6执行。

(6)用小于某粒径的土质量百分数为纵坐标,粒径为横坐标,在单对数横坐标上绘制颗粒大小分布曲线。当与筛析法联合分析时,应将两段曲线绘成一平滑曲线。

表 7-5 水的动力黏滞系数、黏滞系数比、温度校正值

温度 $T/℃$	动力黏滞系数 $\eta/(\times 10^{-6}$ kPa·s$)$	η_T/η_{20}	温度校正系数 T_D	温度 $T/℃$	动力黏滞系数 $\eta/(\times 10^{-6}$ kPa·s$)$	η_T/η_{20}	温度校正系数 T_D
5.0	1.516	1.501	1.17	17.5	1.074	1.066	1.66
5.5	1.493	1.478	1.19	18.0	1.061	1.050	1.68
6.0	1.470	1.455	1.21	18.5	1.048	1.038	1.70
6.5	1.449	1.435	1.23	19.0	1.035	1.025	1.72
7.0	1.428	1.414	1.25	19.5	1.022	1.012	1.74
7.5	1.407	1.393	1.27	20.0	1.010	1.000	1.76
8.0	1.387	1.373	1.28	20.5	0.998	0.998	1.78

续表 7-5

温度 $T/℃$	动力黏滞系数 $\eta/(\times 10^{-6} kPa \cdot s)$	η_T/η_{20}	温度校正系数 T_D	温度 $T/℃$	动力黏滞系数 $\eta/(\times 10^{-6} kPa \cdot s)$	η_T/η_{20}	温度校正系数 T_D
8.5	1.367	1.353	1.30	21.0	0.986	0.976	1.80
9.0	1.347	1.334	1.32	21.5	0.974	0.964	1.83
9.5	1.328	1.315	1.34	22.0	0.952	0.953	1.85
10.0	1.310	1.297	1.36	22.5	0.941	0.932	1.89
10.5	1.292	1.279	1.38	23.0	0.919	0.910	1.94
11.0	1.274	1.261	1.40	24.0	0.899	0.890	1.98
11.5	1.256	1.243	1.42	25.0	0.899	0.890	1.98
12.0	1.239	1.227	1.44	26.0	0.879	0.870	2.03
12.5	1.223	1.211	1.46	27.0	0.859	0.850	2.07
13.0	1.206	1.194	1.48	28.0	0.841	0.833	2.12
13.5	1.188	1.176	1.50	29.0	0.823	0.815	2.16
14.0	1.175	1.163	1.52	30.0	0.806	0.798	2.21
14.5	1.160	1.148	1.54	31.0	0.789	0.781	2.25
15.0	1.144	1.133	1.56	32.0	0.773	0.765	2.30
15.5	1.130	1.119	1.58	33.0	0.757	0.750	2.34
16.0	1.115	1.104	1.60	34.0	0.742	0.735	2.39
16.5	1.101	1.090	1.62	35.0	0.727	0.720	2.43
17.0	1.088	1.077	1.64				

表 7-6 粒径计算系数 K 值

温度/℃	土粒相对密度 G_s								
	2.45	2.50	2.55	2.60	2.65	2.70	2.75	2.80	2.85
5	0.1385	0.1360	0.1339	0.1318	0.1298	0.1279	0.1261	0.1243	0.1226
6	0.1365	0.1342	0.1320	0.1299	0.1280	0.1261	0.1243	0.1225	0.1208
7	0.1344	0.1321	0.1300	0.1280	0.1260	0.1241	0.1224	0.1206	0.1189
8	0.1324	0.1302	0.1281	0.1260	0.1241	0.1223	0.1205	0.1188	0.1182
9	0.1305	0.1283	0.1262	0.1242	0.1224	0.1205	0.1187	0.1171	0.1164
10	0.1288	0.1267	0.1247	0.1227	0.1208	0.1189	0.1173	0.1156	0.1141

续表 7-6

温度/℃	土粒相对密度 G_s								
	2.45	2.50	2.55	2.60	2.65	2.70	2.75	2.80	2.85
11	0.127 0	0.124 9	0.122 9	0.120 9	0.119 0	0.117 3	0.115 6	0.114 0	0.112 4
12	0.125 3	0.123 2	0.121 2	0.119 3	0.117 5	0.115 7	0.114 0	0.112 4	0.110 9
13	0.123 5	0.121 4	0.119 5	0.117 5	0.115 8	0.114 1	0.112 4	0.110 9	0.100 4
14	0.122 1	0.120 0	0.118 0	0.116 2	0.114 9	0.112 7	0.111 1	0.109 5	0.100 0
15	0.120 5	0.118 4	0.116 5	0.114 7	0.113	0.111 3	0.109 6	0.108 1	0.106 7
16	0.118 9	0.116 9	0.115 0	0.113 2	0.111 5	0.109 8	0.108 0	0.106 7	0.105 3
17	0.117 3	0.115 4	0.113 5	0.111 8	0.110 0	0.108 5	0.106 9	0.104 7	0.103 9
18	0.115 9	0.114 0	0.112 1	0.110 3	0.108 6	0.107 1	0.105 5	0.104 0	0.102 6
19	0.114 5	0.112 5	0.110 8	0.109 1	0.107 3	0.105 8	0.103 1	0.108 8	0.101 4
20	0.113 0	0.111 1	0.109 3	0.107 5	0.105 9	0.104 3	0.102 9	0.101 4	0.100 0
21	0.111 8	0.109 9	0.108 1	0.106 4	0.104 7	0.103 2	0.101 8	0.100 3	0.099 0
22	0.110 3	0.108 5	0.106 7	0.105 1	0.103 5	0.101 9	0.100 4	0.099 0	0.097 7
23	0.109 1	0.107 2	0.105 5	0.103 8	0.102 2	0.100 7	0.099 3	0.097 9	0.096 6
24	0.107 8	0.106 1	0.104 4	0.102 8	0.101 1	0.099 7	0.098 2	0.096 8	0.095 6
25	0.106 5	0.104 7	0.103 1	0.101 4	0.010 0	0.098 4	0.097 0	0.095 7	0.094 3
26	0.105 4	0.103 5	0.101 9	0.100 3	0.099 0	0.097 3	0.095 9	0.094 6	0.093 3
27	0.104 1	0.102 4	0.100 7	0.099 2	0.097 7	0.096 2	0.094 8	0.093 5	0.092 3
28	0.103 2	0.101 4	0.099 8	0.098 2	0.096 7	0.095 2	0.093 9	0.092 6	0.091 3
29	0.101 9	0.100 2	0.098 6	0.097 1	0.095 6	0.094 1	0.092 8	0.091 4	0.090 3
30	0.100 8	0.099 1	0.097 5	0.096 0	0.094 5	0.093 1	0.091 7	0.090 5	0.089 3

6. 砂土的相对密度试验

1) 一般规定

(1) 本试验方法适用于粒径不大于 5mm，且粒径 2~5mm 的试样质量不大于试样总质量的 15% 的土。

(2) 砂的相对密度试验是进行砂的最大干密度和最小干密度试验；砂的最小干密度试验宜采用漏斗法和量筒法，砂的最大干密度试验采用振动锤击法。

(3) 本试验必须进行两次平行测定，两次测定的密度差值不得大于 0.03g/cm³，取两次测值的平均值。

2)砂的最小干密度试验

(1)本试验所用的主要仪器设备,应符合下列规定:

①量筒。容积500mL和1000mL,后者内径应大于60mm。

②长颈漏斗。颈管的内径为1.2cm,颈口应磨平。

③锥形塞。直径为1.5cm的圆锥体,焊接在铁杆上(图7-6)。

④砂面拂平器。十字形金属平面焊接在铜杆下端。

(2)最小干密度试验,应按下列步骤进行:

①将锥形塞杯自长颈漏斗下口穿入,并向上提起,使锥底堵住漏斗管口,一并放入1000mL的量筒内,使其下端与量筒底接触。

②称取烘干的代表性试样700g,均匀缓慢地倒入漏斗中,将漏斗和锥形塞杆同时提高,移动塞杆,使锥体略离开管口,管口应经常保持高出砂面1~2cm,使试样缓慢且均匀分布地落入量筒中。

③试样全部落入量筒后,取出漏斗和锥形塞,用砂面拂平器将砂面拂平、测记试样体积,估读至5mL。

注:若试样中不含大于2mm的颗粒时,可取试样400g用500mL的量筒进行试验。

④用手掌或橡皮板堵住量筒口,将量筒倒转并缓慢地转回到原来位置,重复数次,记下试样在量筒内所占体积的最大值,估读至5mL。

⑤取上述两种方法测得的较大体积值,计算最小干密度。

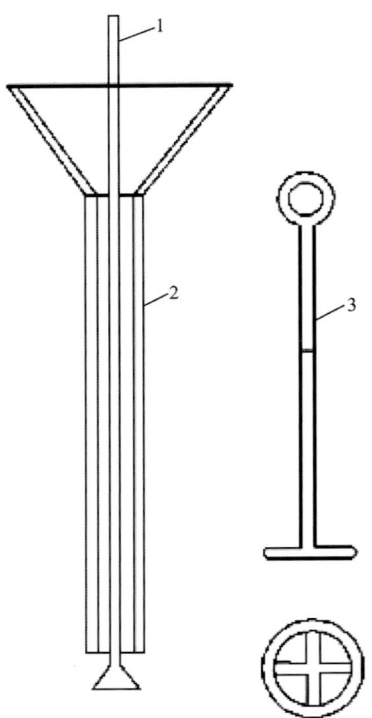

1.锥形塞; 2.长颈漏斗; 3.砂面拂平器。

图7-6　漏斗及拂平器

(3)最小干密度应按式(7-20)计算:

$$\rho_{dmin} = \frac{m_d}{V_d} \quad (7\text{-}20)$$

(4)最大孔隙比应按下式计算:

$$e_{max} = \frac{\rho_w \cdot G_s}{\rho_{dmin}} - 1 \quad (7\text{-}21)$$

(5)砂的最小干密度试验记录格式应符合相关规范的规定。

3)砂的最大干密度试验

(1)本试验所用的主要仪器设备,应符合下列规定:

①金属圆筒。容积250mL,内径为5cm;容积1000mL,内径为10cm,高度均为12.7cm,附护筒。

②振动叉(图7-7)。

③击锤:锤质量1.25kg,落高15cm,锤直径5cm(图7-8)。

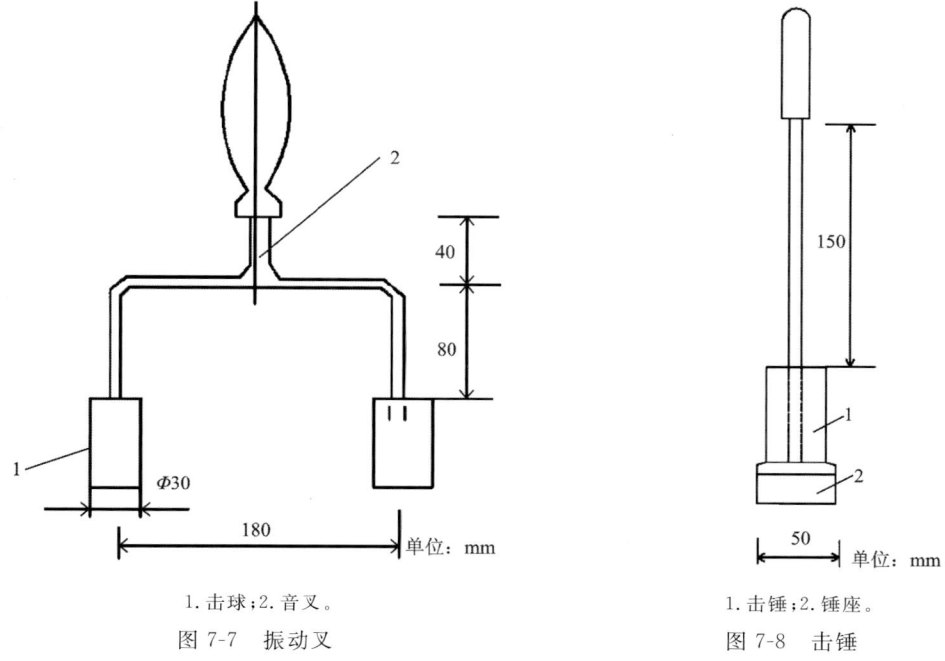

1.击球;2.音叉。

图7-7 振动叉

1.击锤;2.锤座。

图7-8 击锤

(2)最大干密度试验,应按下列步骤进行:

①取代表性试样2000g,拌匀并分3次倒入金属圆筒进行振击,每层试样宜为圆筒容积的1/3,试样倒入筒后用振动叉以每分钟往返150~200次的速度敲打圆周两侧,并在同一时间内用击锤锤击试样表面,每分钟30~60次,直至试样体积不变为止。如此重复第二层和第三层。

②取下护筒,刮平试样,称圆筒和试样的总质量,计算出试样质量。

(3)最大干密度应按式(7-22)计算:

$$\rho_{dmax} = \frac{m_d}{V_d} \tag{7-22}$$

式中:ρ_{dmax}——砂的最大干密度(g/cm²)。

(4)最小孔隙比应按式(7-23)计算:

$$e_{min} = \frac{\rho_w \cdot G_s}{\rho_{dmax}} - 1 \tag{7-23}$$

式中:e_{min}——最小孔隙比。

⑤砂的相对密度应按式(7-24)计算:

$$\begin{cases} D_r = \dfrac{e_{max} - e_0}{e_{max} - e_{min}} \\ D_r = \dfrac{\rho_{dmax}(\rho_d - \rho_{dmin})}{\rho_d - (\rho_{dmax} - \rho_{dmin})} \end{cases} \tag{7-24}$$

式中:e_0——砂的天然孔隙比;

D_r——砂的相对密度；

ρ_d——要求的干密度（或天然干密度）（g/cm³）。

7. 无黏性土休止角试验

土样应为粒径小于 5mm 的无黏性土。该试验方法测定的休止角分为风干状态和水下状态两种。

1) 仪器设备

休止角测定仪（图 7-9）圆盘直径分为 10cm 和 20cm 两种，分别适用于粒径小于 2mm 的无黏性和粒径小于 5mm 的无黏性土；附属设备包括勺子、水槽、烘箱。

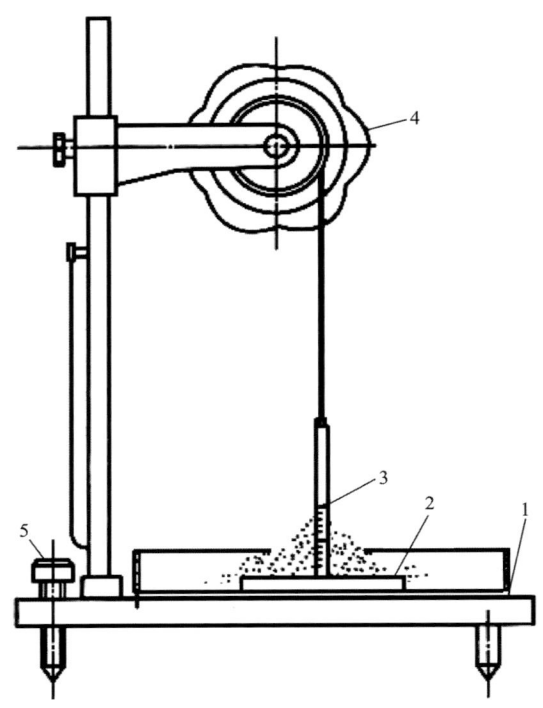

1.底盘；2.圆盘；3.铁杆；4.制动器；5.水平螺丝。

图 7-9 休止角测定仪

2) 操作步骤

(1) 取代表性的充分风干试样若干，并选择相应的圆盘。

(2) 转动制动器，使圆盘落在底盘中。

(3) 用小勺细心地沿铁杆四周倾倒试样。小勺离试样表面的高度应始终保持在 1cm 左右，直至圆盘外缘完全盖满为止。

(4) 慢慢转动制动器，使圆盘平稳升起，直至离开底盘内的试样为止。测记锥顶与铁杆接触处的刻度（hzc）。

(5) 当测定水下状态的休止角时，先将盛土圆盘慢慢地沉入水槽内。水槽内水面应达铁杆的 0 刻度处，应按上述第(3)条的规定注入试样。应按第(4)条的规定转动制动器，使圆盘下降。当锥体顶端达水面时,测记锥顶与铁杆接触处的刻度(hzm)。

(6)根据测得的 hzc 和 hzm 值,计算其休止角。

(7)本试验需进行 2 次平行测定,试验结果取其算术平均值,以整数(°)表示。

8. 土的附着力试验

(1)试验仪器宜采用弹簧秤附着力仪。

(2)操作程序应按下列规定进行：

①将土调匀,测定含水量。

②将土分层装入土样杯中,填实填满,不留气孔；用垫圈套住杯口,刮去余土,使土面与垫圈齐平；除去垫圈,土面高出杯口 0.5mm。

③将土样杯装在预先整平的附着力仪底座上；压板对准土样杯口,使压板平面完全解除土面；在压板上部无冲击地施加垂直荷重 2kg,加荷时间为 30s,擦净杯口挤出的余土。

④推上联合器装置,摇动手柄,转速控制在 6r/min；当压板脱离杯口即脱离土面时立即停止转动手柄。

⑤读出仪器计数器附着力指示值；擦净压板上的土,按前述步骤重复进行四次；去掉四次测定值中的最大值和最小值,采用余下 2 个数值的平均值作为该土的附着力试验结果。

⑥试验结束后,清洁压板,涂凡士林防锈。

9. 土的有机质含量试验

(1)本试验方法适用于有机质含量不大于 15% 的土,采用重铬酸钾容量法。

(2)本试验所用的主要仪器设备应符合下列规定：

①分析天平。称量 200g,最小分度值 0.000 1g。

②油浴锅。带铁丝笼,植物油。

③加热设备。烘箱、电炉。

④其他设备。温度计(0~200℃,刻度 0.5℃)、试管、锥形瓶、滴定管、小漏斗、洗瓶、玻璃棒、容量瓶、干燥器、0.15mm 筛子等。

(3)本试验所用试剂应符合下列规定：

①重铬酸钾标准溶液。准确称取预先在 105~110℃烘干并研细的重铬酸钾($K_2Cr_2O_7$)44.123 1g,溶于 800mL 纯水中(必要时可加热),在不断搅拌下,缓慢地加入浓硫酸 1000mL,冷却后移入 2L 容量瓶中,用纯水稀释至刻度。此标准溶液浓度 $c(K_2Cr_2O_7)=0.075$mol/L。

②硫酸亚铁标准溶液。称取硫酸亚铁($FeSO_4 \cdot 7H_2O$)56g(或硫酸亚铁铵 80g),溶于适量纯水中,加 3mol/L 的(H_2SO_4)溶液 30mL,然后用纯水稀释至 1L。按操作如下标定：

准确量取重铬酸钾标准溶液 10.00mL 三份,分别置于锥形瓶中,各用纯水稀释至约 60mL,再分别加入邻菲啰啉指示剂 3~5 滴,用硫酸亚铁标准溶液滴定,使溶液由黄色经绿突变至橙红色为终点,记录其用量。3 份平行误差不得超过 0.05mL,取算术平均值。求硫酸亚铁标准溶液准确浓度：

$$c(\text{FeSO}_4) = \frac{c(\text{K}_2\text{Cr}_2\text{O}_7)V(\text{K}_2\text{Cr}_2\text{O}_7)}{V(\text{FeSO}_4)} \tag{7-25}$$

式中：$c(\text{FeSO}_4)$——硫酸亚铁的浓度(mol/L)；

$V(\text{FeSO}_4)$——滴定硫酸亚铁用量(mL)；

$c(\text{K}_2\text{Cr}_2\text{O}_7)$——重铬酸钾浓度(mol/L)；

$V(\text{K}_2\text{Cr}_2\text{O}_7)$——取重铬酸钾体积(mL)。

计算精度至0.0001mol/L。

③邻菲啰啉指示剂。称取邻菲啰啉1.845g和硫酸亚铁0.695g溶于100mL纯水中，贮于棕色瓶中。

(4)有机质试验应按下列步骤进行：

①当试样中含有机碳小于8mg时，准确称取已除去植物根并通过0.15mm筛的风干试样0.1000～0.5000g，放入干燥的试管底部，用滴定管缓慢滴入重铬酸钾标准溶液10.00mL，摇匀，于试管口插一小漏斗。

②将试管插入铁丝笼中，放入190℃左右的油浴锅内，试管内的液面应低于油面。控制在170～180℃的温度范围，从试管内溶液沸腾时开始计时，煮沸5min，取出稍冷。

③将试管内溶液倒入锥形瓶中，用纯水洗净试管底部，并使试液控制在60mL，加入邻菲啰啉指示剂3～5滴，用硫酸亚铁标准溶液滴定至溶液由黄色经绿色突变为橙红色时为终点。记下硫酸亚铁标准溶液的用量，估读至0.05mL。

④试验同时，按①～③的步骤操作，以纯砂代替试样进行空白试验。

(5)有机质含量按式(7-26)计算：

$$O_m = \frac{c(\text{Fe}^{2+})[V'(\text{Fe}^{2+}) - V(\text{Fe}^{2+})] \times 0.003 \times 1.724 \times (1 + 0.01\omega) \times 100}{m_s} \tag{7-26}$$

式中：O_m——有机质含量(%)；

$c(\text{Fe}^{2+})$——硫酸亚铁标准溶液浓度(mol/L)；

$V'(\text{Fe}^{2+})$——空白滴定硫酸亚铁用量(mL)；

$V(\text{Fe}^{2+})$——试样测定硫酸亚铁用量(mL)；

0.003——1/4硫酸亚铁标准溶液浓度时的摩尔质量(kg/mol)；

1.724——有机碳换算成有机质的因数，计算准确至0.01%。

7.1.3 土的剪切强度试验

1. 直接剪切试验

一般规定：本试验的土样宜为渗透系数小于1×10^{-6}cm/s的细粒土。

(1)本试验所用的仪器设备应符合下列规定。

①应变控制式直剪仪(图7-10)。包括剪切盒(水槽、上剪切盒、下剪切盒)、垂直加压框架、负荷传感器或测力计及推动机构等，其技术条件应符合现行国家标准《岩土工程仪器基本参数及通用技术条件》(GB/T 15406—2007)的规定。

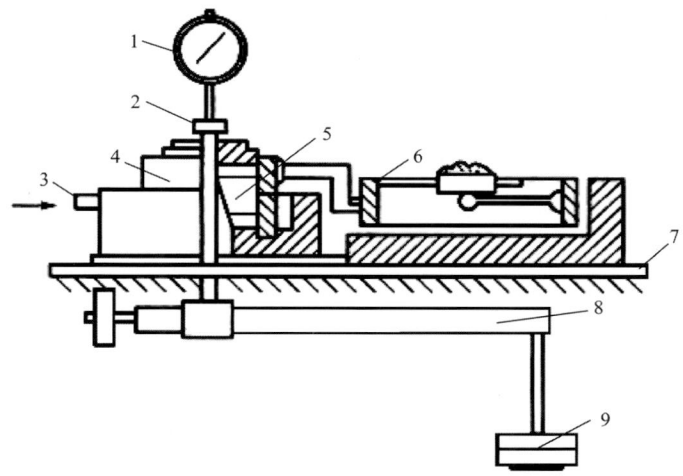

1.垂直变形百分表;2.垂直加压框架;3.推动座;4.剪切盒;
5.试样;6.测力计;7.台板;8.杠杆;9.砝码。
图 7-10 应变控制式直剪仪结构示意图

②位移传感器或位移计(百分表)。量程 5~10mm,分度值 0.01mm。
③天平。称量 500g,分度值 0.1g。
(2)本试验所用的其他仪器设备应符合下列规定。
①环刀。内径 6.18cm,高 2cm。
②其他。饱和器、削土刀或钢丝锯、秒表、滤纸、直尺。
(3)试样制备应按下列步骤进行。
①黏性土试样制备:
a.从原状土样中切取原状土试样或制备给定干密度及含水率的扰动土试样。
b.测定试样的含水率及密度。
②砂类土试样制备:
a.取过 2mm 筛孔的代表性风干砂样 1200g 备用。按要求的干密度称每个试样所需风干砂量,准确至 0.1g。
b.对准上下盒,插入固定销,将洁净的透水板放入剪切盒内。
c.将准备好的砂样倒入剪力盒内,拂平表面,放上一块硬木块,用手轻轻敲打,使试样达到要求的干密度,然后取出硬木块。
(4)垂直压力应符合下列规定。每组试验应取 4 个试样,在 4 种不同垂直压力下进行剪切试验。可根据工程实际和土的软硬程度施加各级垂直压力,垂直压力的各级差值要大致相等。也可取垂直压力分别为 100kPa、200kPa、300kPa、400kPa,各个垂直压力可一次轻轻施加,若土质松软,也可分级施加以防试样挤出。
(5)试样安装与剪切应按下列步骤进行。
①对准上下盒,插入固定销。在下盒内放不透水板。将装有试样的环刀平口向下,对准剪切盒口,在试样顶面放不透水板,然后将试样徐徐推入剪切盒内,移去环刀。

②转动手轮,使上盒前端钢珠刚好与负荷传感器或测力计接触。调整负荷传感器或测力计读数为零。顺次加上加压盖板、钢珠、加压框架,安装垂直位移传感器或位移计,测记起始读数。

③应按规范的要求施加垂直压力。

④施加垂直压力后,立即拔去固定销。开动秒表,宜采用0.8~1.2mm/min的速率剪切,4~6转/min的均匀速度旋转手轮,使试样在3~5min内剪损。当剪应力的读数达到稳定或有显著后退时,表示试样已剪损,宜剪至剪切变形达到4mm。当剪应力读数继续增加时,剪切变形应达到6mm为止,手轮每转一转,同时测记负荷传感器或测力计读数并根据需要测记垂直位移读数,直至剪损为止。

⑤剪切结束后,吸去剪切盒中积水,倒转手轮,移去垂直压力、框架、钢珠、加压盖板等,取出试样。需要时,测定剪切面附近土的含水率。

(6)计算、制图和记录。

① 试样的剪应力应按式(7-27)计算:

$$\tau = \frac{CR}{A_0} \times 10 \tag{7-27}$$

式中:τ——剪应力(kPa);

C——测力计率定系数(N/0.01mm);

R——测力计读数(0.01mm);

A_0——试样初始的面积(cm^2)。

②以剪应力为纵坐标,剪切位移为横坐标,绘制剪应力τ与剪切位移ΔL的关系曲线。

③选取剪应力τ与剪切位移ΔL关系曲线上的峰值点或稳定值作为抗剪强度S。当无明显峰点时,取剪切位移$\Delta L = 4mm$对应的剪应力作为抗剪强度S。

④以抗剪强度S为纵坐标,垂直单位压力P为横坐标,绘制抗剪强度S与垂直压力P的关系曲线。根据图上各点,绘一视测的直线。直线的倾角为土的内摩擦角φ,直线在纵坐标轴上的截距为土的黏聚力c。各种试验方法所测得的c、φ值,快剪试验应表示为c_q及φ_q。

2. 无侧限抗压强度试验

(1)本试验方法适用于饱和黏土。

(2)本试验所用的主要仪器设备应符合下列规定:

①应变控制式无侧限压缩仪。由测力计、加压框架、升降设备组成(图7-11)。

②轴向位移计。量程10mm,分度值0.01mm的百分表或准确度为全量程0.2%的位移传感器。

③天平。称量500g,最小分度值0.1g。

(3)原状土试样制备应按规范的步骤进行。试样直径宜为35~50mm,高度与直径之比宜采用2.0~2.5。

(4)无侧限抗压强度试验,应按下列步骤进行:

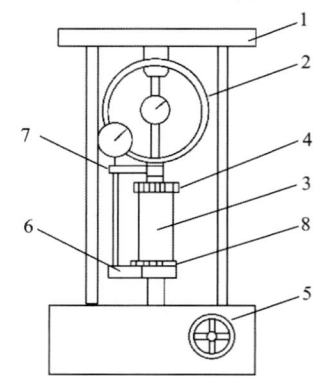

1.轴向加荷架;2.轴向测力计;3.试样;
4.上、下传压板;5.手轮;
6.升降板;7.轴向位移计。

图7-11 应变控制式无侧限压缩仪

①将试样两端抹一薄层凡士林,在气候干燥时,试样周围亦需抹一薄层凡士林,防止水分蒸发。

②将试样放在底座上,转动手轮,使底座缓慢上升,试样与加压板刚好接触,将测力计读数调整为零。根据试样的软硬程度选用不同量程的测力计。

③轴向应变速率宜为每分钟应变1%～3%。转动手柄,使升降设备上升进行试验,轴向应变小于3%时,每隔0.5%应变(或0.4mm)读数一次;轴向应变等于、大于3%时,每隔1%应变(或0.8mm)读数一次。试验宜在8～10min内完成。

④当测力计读数出现峰值时,继续进行3%～5%的应变后停止试验;当读数无峰值时,试验应进行到应变达20%为止。

⑤试验结束,取下试样,描述试样破坏后的形状。

⑥当需要测定灵敏度时,应立即将破坏后的试样除去涂有凡士林的表面,加少许余土,包于塑料薄膜内用手搓捏,破坏其结构,重塑成圆柱形,放入重塑筒内,用金属垫板,将试样挤成与原状试样尺寸、密度相等的试样,并按①～⑤条的步骤进行试验。

(5)轴向应变,应按式(7-28)计算:

$$\varepsilon_1 = \frac{\Delta h}{h_0} \tag{7-28}$$

(6)试样面积的校正,应按式(7-29)计算:

$$A_a = \frac{A_0}{1-\varepsilon_1} \tag{7-29}$$

(7)试样所受的轴向应力,应按式(7-30)计算:

$$\sigma = \frac{C \cdot R}{A_a} \times 10 \tag{7-30}$$

式中:σ——轴向应力(kPa);

10——单位换算系数。

(8)以轴向应力为纵坐标,轴向应变为横坐标,绘制轴向应力与轴向应变关系曲线(图7-12)。取曲线上最大轴向应力作为无侧限抗压强度,当曲线上峰值不明显时,取轴向应变15%所对应的轴向应力作为无侧限抗压强度。

(9)灵敏度应按式(7-31)计算:

$$S_t = \frac{q_u}{q'_u} \tag{7-31}$$

式中:S_t——灵敏度;

q_u——原状试样的无侧限抗压强度(kPa);

q'_u——重塑试样的无侧限抗压强度(kPa)。

3. 三轴压缩试验

1)一般规定

(1)试验方法适用于细粒土和粒径小于20mm的粗粒土。

(2)试验应根据工程要求分别采用不固结不排水剪(UU)试验、固结不排水剪(CU)测孔

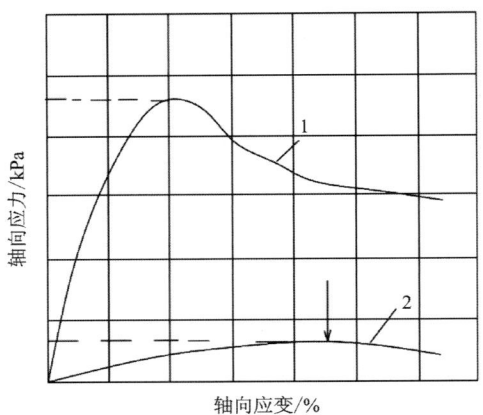

1.原状试样;2.重塑试样。

图 7-12 轴向应力与轴向应变关系曲线

隙水压力($\overline{CU}$)试验和固结排水剪(CD)试验。

(3)本试验必须制备 3 个以上性质相同的试样,在不同的周围压力下进行试验。周围压力宜根据工程实际荷重确定。对于填土,最大一级周围压力应与最大的实际荷重大致相等。

注:试验宜在恒温条件下进行。

2)仪器设备

(1)本试验所用的主要仪器设备应符合下列规定:

①应变控制式三轴仪(图 7-13)。由压力室、轴向加压设备、周围压力系统、反压力系统、孔隙水压力量测系统、轴向变形和体积变化量测系统组成。

②附属设备。包括击样器、饱和器、切土器、原状土分样器、切土盘、承膜筒和对开圆膜。

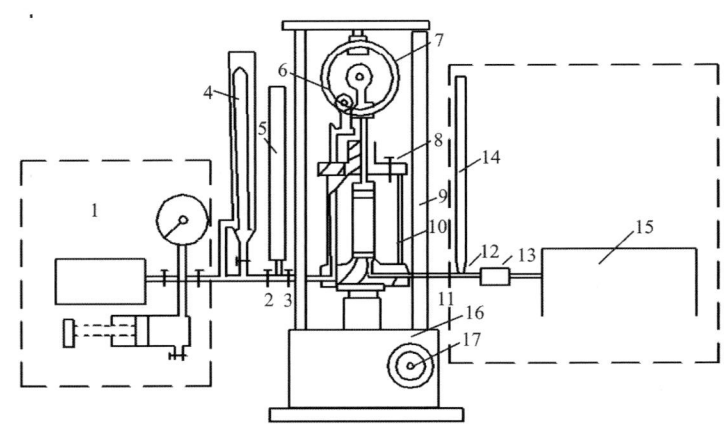

1.周围压力系统;2、3.T 型阀门;4.体变管;5.排水管;6.轴向位移表;7.测力计;
8.排气孔;9.轴向加压设备;10.压力室;11.孔压阀;12.量管阀;13.孔压传感器;
14.量管;15.孔压量测系统;16.离合器;17.手轮。

图 7-13 应变控制式三轴仪

③天平。称量200g,最小分度值0.01g;称量1000g,最小分度值0.1g。

④橡皮膜。应具有弹性的乳胶膜,对直径39.1和61.8mm的试样,厚度以0.1～0.2mm为宜,对直径101mm的试样,厚度以0.2～0.3mm为宜。

⑤透水板。直径与试样直径相等,其渗透系数宜大于试样的渗透系数,使用前在水中煮沸并泡于水中。

(2)试验时的仪器应符合下列规定:

①周围压力的测量准确度应为全量程的1%,根据试样的强度大小,选择不同量程的测力计,应使最大轴向压力的准确度不低于1%。

②孔隙水压力量测系统内的气泡应完全排除。系统内的气泡可用纯水冲出或施加压力使气泡溶解于水,并从试样底座溢出。整个系统的体积变化因数应小于$1.5 \times 10^{-5} \mathrm{cm}^3/\mathrm{kPa}$。

③管路应畅通,各连接处应无漏水,压力室活塞杆在轴套内应能滑动。

④橡皮膜在使用前应作仔细检查,其方法是扎紧两端,向膜内充气,在水中检查,应无气泡溢出,方可使用。

3)试样尺寸

本试验采用的试样最小直径为ϕ35mm,最大直径为ϕ101mm,试样高度宜为试样直径的2～2.5倍,试样的允许最大粒径应符合表7-7的规定。对于有裂缝、软弱面和构造面的试样,试样直径宜大于60mm。

表7-7 试样的土粒最大粒径

试样直径	允许最大粒径
<100	试样直径的1/10
>100	试样直径的1/5

4)原状土试样制备

原状土试样制备应按本标准的规定将土样切成圆柱形试样。

(1)对于较软的土样,先用钢丝锯或切土刀切取一稍大于规定尺寸的土柱,放在切土盘上下圆盘之间,用钢丝锯或切土刀紧靠侧板,由上往下细心切削,边切削边转动圆盘,直到土样被削成规定的直径为止。试样切削时应避免扰动,当试样表面遇有砾石或凹坑时,允许用削下的余土填补。

(2)对较硬的土样,先用切土刀切取一稍大于规定尺寸的土柱,放在切土架上,用切土器切削土样,边削边压切土器,直至切削到超出试样高度约2cm。

(3)取出试样,按规定的高度将两端削平,称量,并取余土测定试样的含水率。

(4)对于直径大于10cm的土样,可用分样器切成3个土柱,按上述方法切取39.1mm的试样。

5)扰动土试样制备

扰动土试样制备应根据预定的干密度和含水率,按标准的步骤备样后,在击样器内分层击实,粉土宜为3～5层,黏土宜为5～8层,各层土料数量应相等,各层接触面应刨毛。击完最后一层,将击样器内的试样两端整平,取出试样称量。对制备好的试样,应量测其直径和高度。试样的平均直径应按式(7-32)计算:

$$D_0 = \frac{D_1 + 2D_2 + D_3}{4}$$ （7-32）

式中:D_1、D_2、D_3——试样上、中、下部位的直径(mm)。

6) 砂类土的试样制备

砂类土的试样制备应先在压力室底座上依次放上不透水板,橡皮膜和对开圆模。根据砂样的干密度及试样体积,称取所需的砂样质量,分3等份,将每份砂样填入橡皮膜内,填至该层要求的高度,依次第二层、第三层,直至膜内填满。当制备饱和试样时,在压力室底座上依次放透水板,橡皮膜和对开圆模,在模内注入纯水至试样高度的1/3,将砂样分3等份,在水中煮沸,待冷却后分3层,按预定的干密度填入橡皮膜内,直至膜内填满。当要求的干密度较大时,填砂过程中,轻轻敲打对开圆模,使所称的砂样填满规定的体积,整平砂面,放上不透水板或透水板,试样帽,扎紧橡皮膜。对试样内部施加5kPa负压力使试样能站立,拆除对开圆模。

7) 试样饱和

试样饱和宜选用下列方法:

(1) 抽气饱和。将试样装入饱和器内,按《土工试验方法标准》(GB/T 50123—2019)的步骤进行。

(2) 水头饱和。将试样按《土工试验方法标准》(GB/T 50123—2019)的步骤安装于压力室内。试样周围不贴滤纸条,施加20kPa周围压力。提高试样底部量管水位,降低试样顶部量管的水位,使两管水位差在1m左右,打开孔隙水压力阀、量管阀和排水管阀,使纯水从底部进入试样,从试样顶部溢出,直至流入水量和溢出水量相等。当需要提高试样的饱和度时,宜在水头饱和前,从底部将二氧化碳气体通入试样,置换孔隙中的空气。二氧化碳的压力以5~10kPa为宜,再进行水头饱和。

(3) 反压力饱和。试样要求完全饱和时,应对试样施加反压力。反压力系统和周围压力系统相同(对不固结不排水剪试验可用同一套设备施加),但应用双层体变管代替排水量管。试样装好后,调节孔隙水压力等于大气压力,关闭孔隙水压力阀、反压力阀、体变管阀。测记体变管读数。开周围压力阀,先对试样施加20kPa的周围压力,开孔隙水压力阀,待孔隙水压力变化稳定,测记读数,关孔隙水压力阀。反压力应分级施加,同时分级施加周围压力,以尽量减少对试样的扰动。周围压力和反压力的每级增量宜为30kPa,开体变管阀和反压力阀,同时施加周围压力和反压力,缓慢打开孔隙水压力阀,检查孔隙水压力增量,待孔隙水压力稳定后,测记孔隙水压力和体变管读数,再施加下一级周围压力和孔隙水压力。计算每级周围压力引起的孔隙水压力增量,当孔隙水压力增量与周围压力增量之比 $\Delta u/\Delta \sigma_3 > 0.98$ 时,认为试样饱和。

4. 不固结不排水剪试验

(1) 试样的安装应按下列步骤进行:

①在压力室的底座上,依次放上不透水板、试样及不透水试样帽,将橡皮膜用承膜筒套在

试样外,并用橡皮圈将橡皮膜两端与底座及试样帽分别扎紧。

②将压力室罩顶部活塞提高,放下压力室罩,将活塞对准试样中心,并均匀地拧紧底座连接螺母。向压力室内注满纯水,待压力室顶部排气孔有水溢出时,拧紧排气孔,并将活塞对准测力计和试样顶部。

③将离合器调至粗位,转动粗调手轮,当试样帽与活塞及测力计接近时,将离合器调至细位,改用细调手轮,使试样帽与活塞及测力计接触,装上变形指示计,将测力计和变形指示计调至零位。

④关排水阀,开周围压力阀,施加周围压力。

(2)剪切试样应按下列步骤进行:

①剪切应变速率宜为每分钟应变0.5%～1.0%。

②启动电动机,合上离合器,开始剪切。试样每产生0.3%～0.4%的轴向应变(或0.2mm变形值),测记一次测力计读数和轴向变形值。当轴向应变大于3%时,试样每产生0.7%～08%的轴向应变(或0.5mm变形值),测记一次。

③当测力计读数出现峰值时,剪切应继续进行到轴向应变为15%～20%。

④试验结束,关电动机,关周围压力阀,脱开离合器,将离合器调至粗位,转动粗调手轮,将压力室降下,打开排气孔,排除压力室内的水,拆卸压力室罩,拆除试样,描述试样破坏形状,称试样质量,并测定含水率。

(3)轴向应变应按式(7-33)计算:

$$\varepsilon_1 = \frac{\Delta h_1}{h_0} \times 100 \tag{7-33}$$

式中:ε_1——轴向应变(%);

h_1——剪切过程中试样的高度变化(mm);

h_0——试样初始高度(mm)。

(4)试样面积的校正,应按式(7-34)计算:

$$A_a = \frac{A_0}{1-\varepsilon_1} \tag{7-34}$$

式中:A_a——试样的校正断面积(cm^2);

A_0——试样的初始断面积(cm^2)。

(5)主应力差应按式(7-35)计算:

$$\sigma_1 - \sigma_3 = \frac{CR}{A_a} \times 10 \tag{7-35}$$

式中:σ_1——大总主应力(kPa);

σ_3——小总主应力(kPa);

C——测力计率定系数(N/0.01mm 或 N/mV);

R——测力计读数(0.01mm);

10——单位换算系数。

(6)以主应力差为纵坐标,以轴向应变为横坐标,绘制主应力差与轴向应变关系曲线(图7-14)。取曲线上主应力差的峰值作为破坏点,无峰值时,取15%轴向应变时的主应力差值作为破坏点。

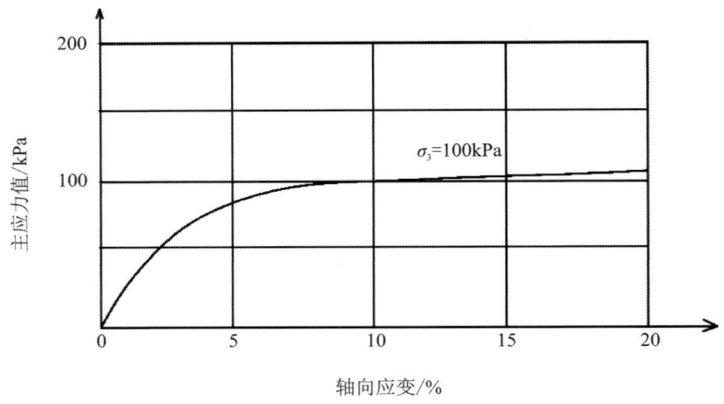

图 7-14　主应力差与轴向应变关系曲线

(7)以剪应力为纵坐标,以法向应力为横坐标,在横坐标轴以破坏时的 $\dfrac{\sigma_{1f}+\sigma_{3f}}{2}$ 为圆心,以 $\dfrac{\sigma_{1f}-\sigma_{3f}}{2}$ 为半径,在 $\tau-\sigma$ 应力平面上绘制破损应力圆,并绘制不同周围压力下破损应力圆的包线,求出不排水强度参数(图 7-15)。

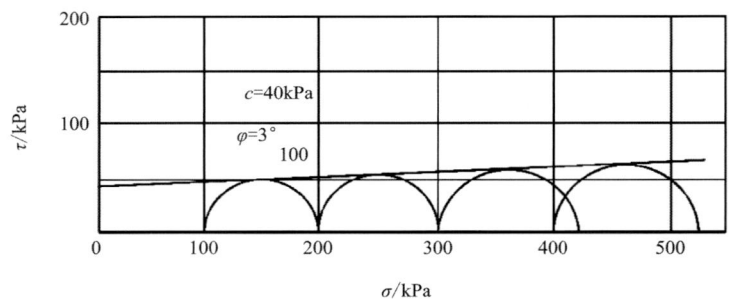

图 7-15　不固结不排水剪强度包线

5. 固结不排水剪试验

(1)试样的安装应按下列步骤进行:

①开孔隙水压力阀和量管阀,对孔隙水压力系统及压力室底座充水排气后,关孔隙水压力阀和量管阀。压力室底座上依次放上透水板、湿滤纸、试样、湿滤纸、透水板,试样周围贴浸水的滤纸条 7~9 条。将橡皮膜用承膜筒套在试样外,并用橡皮圈将橡皮膜下端与底座扎紧。打开孔隙水压力阀和量管阀,使水缓慢地从试样底部流入,排除试样与橡皮膜之间的气泡,关闭孔隙水压力阀和量管阀。打开排水阀,使试样帽中充水,放在透水板上,用橡皮圈将橡皮膜上端与试样帽扎紧,降低排水管,使管内水面位于试样中心以下 20~40cm,吸除试样与橡皮膜之间的余水,关排水阀。需要测定土的应力-应变关系时,应在试样与透水板之间放置中间夹有硅脂的两层圆形橡皮膜,膜中间应留有直径为 1cm 的圆孔排水。

第 7 章 室内试验

②压力室罩安装、充水及测力计调整应按《土工试验方法标准》(GB/T 50123—2019)第 16.4.1 条款 3 的步骤进行。

(2)试样排水固结应按下列步骤进行：

①调节排水管使管内水面与试样高度的中心齐平，测记排水管水面读数。

②开孔隙水压力阀，使孔隙水压力等于大气压力，关孔隙水压力阀，记下初始读数。当需要施加反压力时，应按《土工试验方法标准》(GB/T 50123—2019)第 18.3.5 条 3 款的步骤进行。

③将孔隙水压力调至接近周围压力值，施加周围压力后，再打开孔隙水压力阀，待孔隙水压力稳定测定孔隙水压力。

④打开排水阀。当需要测定排水过程时，应按《土工试验方法标准》(GB/T 50123—2019)第 17.2.2 条 10、11 款的步骤测记排水管水面及孔隙水压力读数，直至孔隙水压力消散 95% 以上。固结完成后，关排水阀，测记孔隙水压力和排水管水面读数。

⑤微调压力机升降台，使活塞与试样接触，此时轴向变形指示计的变化值为试样固结时的高度变化。

(3)剪切试样应按下列步骤进行：

①剪切应变速率黏土宜为每分钟应变 0.05%～0.1%，粉土为每分钟应变 0.1%～0.5%。

②将测力计、轴向变形指示计及孔隙水压力读数均调整至零。

③启动电动机，合上离合器，开始剪切。测力计、轴向变形、孔隙水压力应按《土工试验方法标准》(GB/T 50123—2019)第 16.4.2 条 2～3 款的步骤进行测记。

④试验结束，关电动机，关各阀门，脱开离合器，将离合器调至粗位，转动粗调手轮，将压力室降下，打开排气孔，排除压力室内的水，拆卸压力室罩，拆除试样，描述试样破坏形状，称试样质量，并测定试样含水率。

(4)试样固结后的高度，应按式(7-36)计算：

$$h_c = h_0 \left(1 - \frac{\Delta V}{V_0}\right)^{1/3} \tag{7-36}$$

式中：h_c——试样固结后的高度(cm)；

ΔV——试样固结后与固结前的体积变化(cm^3)。

(5)试样固结后的面积，应按下式计算：

$$A_c = A_0 \left(1 - \frac{\Delta V}{V_0}\right)^{2/3} \tag{7-37}$$

式中：A_c——试样固结后的面积(cm^2)。

(6)试样面积的校正，应按式(7-38)计算：

$$\begin{cases} A_a = \dfrac{A_0}{1-\varepsilon_1} \\ \varepsilon_1 = \dfrac{\Delta h}{h_0} \end{cases} \tag{7-38}$$

(7)有效主应力比计算如下：

①有效大主应力：

$$\sigma'_1 = \sigma_1 - u \tag{7-39}$$

式中:σ'_1——有效大主应力(kPa);
u——孔隙水压力(kPa)。

②有效小主应力:

$$\sigma'_3 = \sigma_3 - u \tag{7-40}$$

式中:σ'_3——有效小主应力(kPa)。

③有效主应力比:

$$\frac{\sigma'_1}{\sigma'_3} = 1 + \frac{\sigma'_1 - \sigma'_3}{\sigma'_3} \tag{7-41}$$

(8)孔隙水压力系数计算如下:

①初始孔隙水压力系数:

$$B = \frac{u_0}{\sigma_3} \tag{7-42}$$

式中:B——初始孔隙水压力系数;
u_0——施加周围压力产生的孔隙水压力(kPa)。

②破坏时孔隙水压力系数:

$$A_f = \frac{u_f}{B(\sigma_1 - \sigma_3)} \tag{7-43}$$

式中:A_f——破坏时的孔隙水压力系数;
u_f——试样破坏时,主应力差产生的孔隙水压力(kPa)。

(9)绘制主应力差与轴向应变关系曲线。

(10)以有效应力比为纵坐标,轴向应变为横坐标,绘制有效应力比与轴向应变关系曲线(图7-16)。

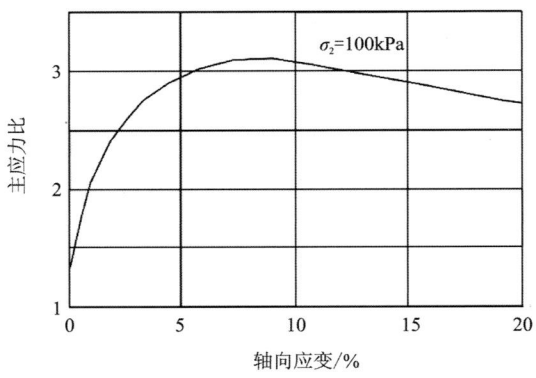

图7-16 有效应力比与轴向应变关系曲线

(11)以孔隙水压力为纵坐标,以轴向应变为横坐标,绘制孔隙水压力与轴向应变关系曲线(图7-17)。

(12)以 $\dfrac{\sigma'_1 - \sigma'_3}{2}$ 为纵坐标,以 $\dfrac{\sigma'_1 + \sigma'_3}{2}$ 为横坐标,绘制有效应力路径曲线(图7-18),并计算有效内摩擦角和有效黏聚力。

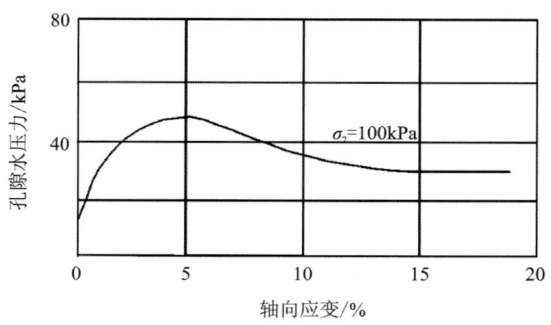

图 7-17　孔隙水压力与轴向应变关系曲线

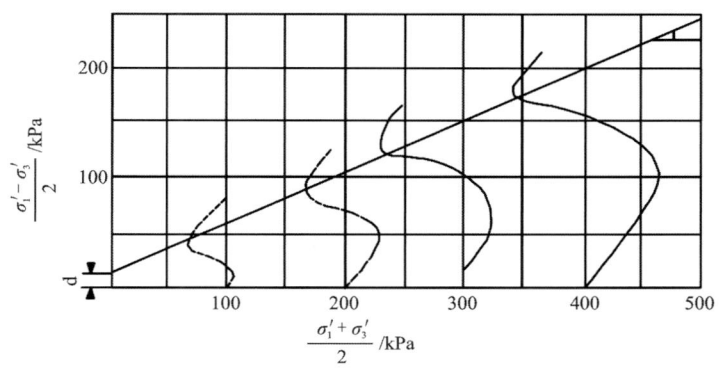

图 7-18　有效应力路径曲线

①有效内摩擦角：

$$\varphi' = \sin^{-1} \mathrm{tg}\alpha \tag{7-44}$$

式中：φ'——有效内摩擦角(°)；

α——应力路径图上破坏点连线的倾角(°)。

②有效黏聚力：

$$c' = \frac{d}{\cos\varphi'} \tag{7-45}$$

式中：c'——有效黏聚力(kPa)

d——应力路径上破坏点连线在纵轴上的截距(kPa)。

(13) 以主应力差或有效主应力比的峰值作为破坏点，无峰值时，以有效应力路径的密集点或轴向应变15%时的主应力差值作为破坏点，按标准绘制破损应力圆及不同周围压力下的破损应力圆包线，并求出总应力强度参数；有效内摩擦角和有效黏聚力应以 $\dfrac{\sigma_1' + \sigma_3'}{2}$ 为圆心、以 $\dfrac{\sigma_1' - \sigma_3'}{2}$ 为半径绘制有效破损应力圆确定（图 7-19）。

其他如固结排水剪试验、不固结不排水剪切试验、砂类土的剪切试验、反复直剪试验等试验过程与上述试验存在一定的相似性，此处不再赘述，如有需要可参考相关的土工试验规范。

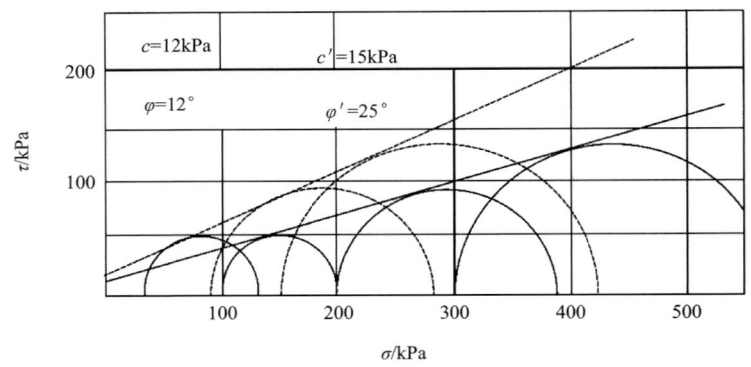

图 7-19 固结不排水剪强度包线

7.1.4 土的渗透试验

常水头渗透试验适用于粗粒土,变水头渗透试验适用于细粒土。试验用水宜采用实际作用于土中的天然水,有困难时,可用纯水或经过滤的清水。在试验前必须用抽气法或煮沸法进行脱气。试验时的水温宜高于室温 3～4℃。渗透系数的最大允许差值应为 $\pm 2.0\times 10^{-n}$ cm/s,在测得的结果中取 3～4 个在允许差值范围内的数据,求得其平均值,作为试样在该孔隙比 e 时的渗透系数。本试验应以水温 20℃ 为标准温度,计算标准温度下的渗透系数。

1. 常水头渗透试验

(1)试验所用的仪器设备应符合下列规定:

①常水头渗透仪装置。封底圆筒的尺寸参数应符合现行国家标准《岩土工程仪器基本参数及通用技术条件》(GB/T 15406—2007)的规定。

②当使用其他尺寸的圆筒时,圆筒内径应大于试样最大粒径的 10 倍。

③玻璃测压管内径为 0.6cm,分度值为 0.1cm(图 7-20)。

④天平。称量 5000g,分度值 1.0g。

⑤温度计。分度值 0.5℃。

⑥其他。木锤、秒表。

(2)常水头渗透试验应按下列步骤进行:

①应先按要求装好仪器(图 7-20),并检查各管路接头处是否漏水。将调节管与供水管连通,由仪器底部充水至水位略高于金属孔板,关止水夹。

②取具有代表性的风干试样 3～4kg,称量准确至 1.0g,并测定试样的风干含水率。

③将试样分层装入圆筒,每层厚 2～3cm,用木锤轻轻击实到一定的厚度,以控制其孔隙比。试样含黏粒较多时,应在金属孔板上加铺厚约 2cm 的粗砂过渡层,防止试验时细粒流失,并量出过渡层厚度。

④每层试样装好后,连接供水管和调节管,并由调节管中进水,微开止水夹,使试样逐渐饱和。当水面与试样顶面齐平,关止水夹。饱和时水流不应过急,以免冲动试样。

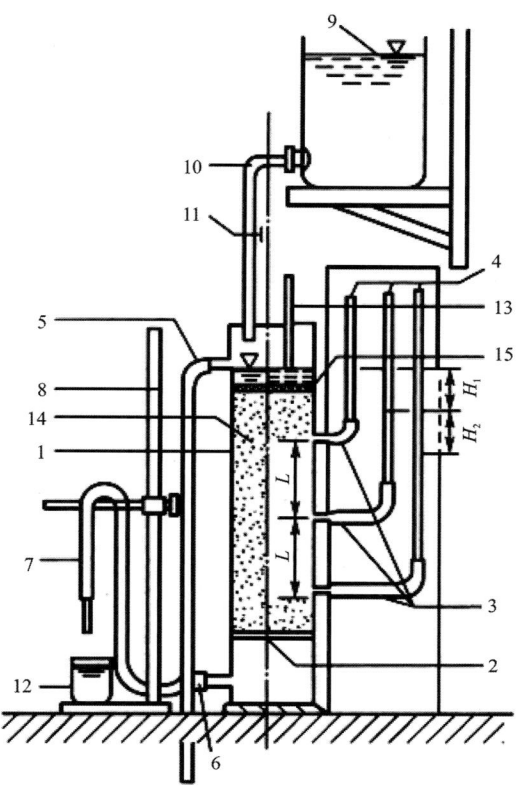

1.封底金属圆筒;2.金属孔板;3.测压孔;4.玻璃测压管;5.溢水孔;6.渗水孔;7.调节管;8.滑动支架;9.供水瓶;10.供水管;11.止水夹;12.容量为500mL的量筒;13.温度计;14.试样;15.砾石层。

图 7-20　常水头渗透装置

⑤按照标准的规定逐层装试样,至试样高出上测压孔 3~4cm。在试样上端铺厚约 2cm 砾石作缓冲层。待最后一层试样饱和后,继续使水位缓缓上升至溢水孔。当有水溢出时,关止水夹。

⑥试样装好后量测试样顶部至仪器上口的剩余高度,计算试样净高。称剩余试样质量,准确至 1.0g,计算装入试样总质量。

⑦静置数分钟后,检查各测压管水位是否与溢水孔齐平。不齐平时,说明试样中或测压管接头处有集气阻隔,用吸水球进行吸水排气处理。

⑧提高调节管,使其高于溢水孔,然后将调节管与供水管分开,并将供水管置于金属圆筒内。开止水夹,使水由上部注入金属圆筒内。

⑨降低调节管口,使其位于试样上部 1/3 高度处,造成水位差使水渗入试样,经调节管流出。在渗透过程中应调节供水管夹,使供水管流量略多于溢出水量。溢水孔应始终有余水溢出,以保持常水位。

⑩测压管水位稳定后,记录测压管水位,计算各测压管间的水位差。

⑪开动秒表,同时用量筒接取经一定时间的渗透水量,并重复 1 次。接取渗透水量时,调

节管口不得浸入水中。

⑫测记进水与出水处的水温,取平均值。

⑬降低调节管管口至试样中部及下部 1/3 处,以改变水力坡降,按标准的规定重复进行测定渗出水量和水温,当不同水力坡降下测定的数据接近时,结束试验。

⑭根据需要,可装数个不同孔隙比的试样,进行渗透系数的测定。

(3)常水头渗透试验渗透系数应按式(7-46)计算:

$$\begin{cases} k_T = \dfrac{2QL}{At(H_1+H_2)} \\ k_{20} = k_T \dfrac{\eta_T}{\eta_{20}} \end{cases} \quad (7\text{-}46)$$

式中:k_T——水温 T 时试样的渗透系数(cm/s);

Q——时间 t 秒内的渗透水量(cm³);

L——渗径(cm),等于两测压孔中心间的试样高度;

A——试件的断面积(cm²);

t——时间(s);

H_1、H_2——水位差(cm);

k_{20}——标准温度(20℃)时试样的渗透系数(cm/s);

η_T——T 时水的动力黏滞系数($\times 10^{-6}$ kPa·s);

η_{20}——20℃时水的动力黏滞系数($\times 10^{-6}$ kPa·s)。

(4)当进行不同孔隙比下的渗透试验时,可在半对数坐标上绘制以孔隙比为纵坐标、以渗透系数为横坐标的 e-k 关系曲线图。

2. 变水头渗透试验

(1)本试验所用的仪器设备(图 7-21)应符合下列规定:

①渗透容器。由环刀、透水板、套筒及上、下盖组成。

②水头装置。变水头管的内径,根据试样渗透系数选择不同尺寸,且不宜大于 1cm,长度为 1.0m 以上,分度值为 1.0mm。

③其他。切土器、秒表、温度计、削土刀、凡士林。

(2)变水头渗透试验应按下列步骤进行:

①用环刀在垂直或平行土样层面切取原状试样或扰动土制备成给定密度的试样,进行充分饱和。切土时,应尽量避免结构扰动,不得用削土刀反复涂抹试样表面。

②将容器套筒内壁涂一薄层凡士林,将盛有试样

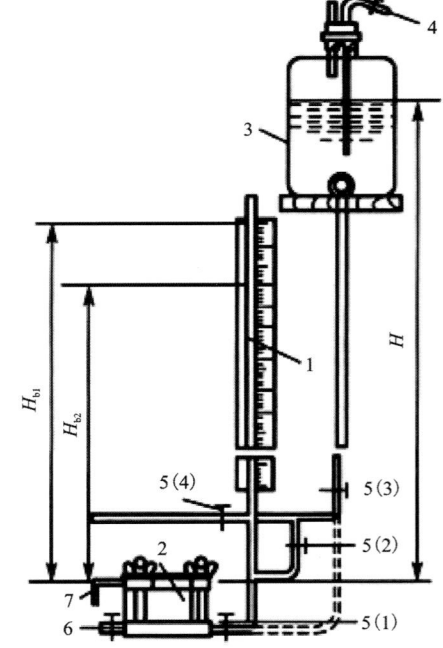

1.变水头管;2.渗透容器;3.供水瓶门-接水源管;
5.进水管夹;6.排气管;7.出水管。

图 7-21 变水头渗透装置

的环刀推入套筒,压入止水垫圈。把挤出的多余凡士林小心刮净。装好带有透水板的上、下盖,并用螺丝拧紧,不得漏气漏水。

③把装好试样的渗透容器与水头装置连通。利用供水瓶中的水充满进水管,水头高度根据试样结构的疏松程度确定,不应大于2m,待水头稳定后注入渗透容器。开排气阀,将容器侧立,排除渗透容器底部的空气,直至溢出水中无气泡。关排气阀,放平渗透容器。

④在一定水头作用下静置一段时间,待出水管口有水溢出时,再开始进行试验测定。

⑤将水头管充水至需要高度后,关止水夹5(2),开始测记变水头管中起始水头高度和起始时间,按预定时间间隔测记水头和时间的变化,并测记出水口的水温。如此连续测记2~3次后,再使水头管水位回升至需要高度,再连续测记数次,重复试验5~6次以上。

(3)变水头渗透试验渗透系数应按式(7-47)计算:

$$\begin{cases} k_T = 2.3 \dfrac{aL}{At} \lg \dfrac{H_{b1}}{H_{b2}} \\ k_{20} = k_T \dfrac{\eta_T}{\eta_{20}} \end{cases} \quad (7\text{-}47)$$

式中:a——变水头管截面积(cm^2);

L——渗径(cm),等于试样高度;

H_{b1}——开始时水头(cm);

H_{b2}——终止时水头(cm)。

7.1.5 土的固结试验

1.标准固结试验

(1)本试验方法适用于饱和的黏土。当只进行压缩时,允许用于非饱和土。

(2)试验所用的主要仪器设备,应符合下列规定:

①固结容器。由环刀、护环、透水板、水槽、加压上盖组成(图7-22)。

a.环刀。内径为61.8mm和79.8mm,高度为20mm。环刀应具有一定的刚度,内壁应保持较高的光洁度,宜涂一薄层硅脂或聚四氯乙烯。

b.透水板。由氧化铝或不受腐蚀的金属材料制成,其渗透系数应大于试样的渗透系数。用固定式容器时,顶部透水板直径应小于环刀内径0.2~0.5mm;用浮环式容器时上下端透水板直径相等,均应小于环刀内径。

②加压设备。应能垂直地在瞬间施加各级规定的压力,且没有冲击力,压力准确度应符合现行国家

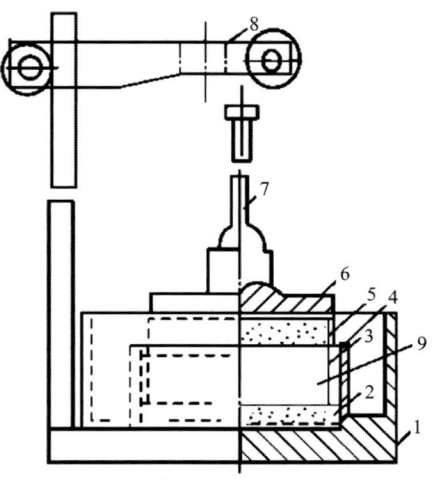

1.水槽;2.护环;3.环刀;4.导环;5.透水板;
6.加压上盖;7.位移计导杆;
8.位移计架;9.试样。

图7-22 固结容器

标准《土工仪器的基本参数及通用技术条件》(GB/T 15406—2007)的规定。

③变形量测设备。量程10mm,最小分度值为0.01mm的百分表或准确度为全量程0.2%的位移传感器。

(3)固结仪及加压设备应定期校准,并应作仪器变形校正曲线,具体操作见有关标准。

(4)试样制备应按本标准的规定进行,并测定试样的含水率和密度,取切下的余土测定土粒相对密度。试样需要饱和时,应按《土工试验方法标准》(GB/T 50123—2019)第4.6.3条的规定进行抽气饱和。

(5)固结试验应按下列步骤进行:

①在固结容器内放置护环、透水板和薄型滤纸,将带有试样的环刀装入护环内,放上导环、试样上依次放上薄型滤纸、透水板和加压上盖,并将固结容器置于加压框架正中,使加压上盖与加压框架中心对准,安装百分表或位移传感器。注:滤纸和透水板的湿度应接近试样的湿度。

②施加1kPa的预压力使试样与仪器上下各部件之间接触,将百分表或传感器调整到零位或测读初读数。

③确定需要施加的各级压力,压力等级宜为12.5kPa、25kPa、50kPa、100kPa、200kPa、400kPa、800kPa、1600kPa、3200kPa。第一级压力的大小应视土的软硬程度而定,宜用12.5kPa、25kPa或50kPa。最后一级压力应大于土的自重压力与附加压力之和。只需测定压缩系数时,最大压力不小于400kPa。

④需要确定原状土的先期固结压力时,初始段的荷重率应小于1,可采用0.5或0.25。施加的压力应使测得的 e-$\log P$ 曲线下段出现直线段。对超固结土,应进行卸压、再加压来评价其再压缩特性。

⑤对于饱和试样,施加第一级压力后应立即向水槽中注水浸没试样。非饱和试样进行压缩试验时,须用湿棉纱围住加压板周围。

⑥需要测定沉降速率、固结系数时,施加每一级压力后宜按下列时间顺序测记试样的高度变化。时间为6s、15s、1min、2min15s、4min、6min15s、9min、12min15s、16min、20min15s、25min、30min15s、36min、42min15s、49min、64min、100min、200min、400min、23h、24h,到稳定为止。不需要测定沉降速率时,则施加每级压力后24h测定试样高度变化作为稳定标准,只需测定压缩系数的试样,施加每级压力后,每小时变形达0.01mm时,测定试样高度变化作为稳定标准。按此步骤逐级加压至试验结束。注:测定沉降速率仅适用饱和土。

⑦需要进行回弹试验时,可在某级压力下固结稳定后退压,直至退到要求的压力,每次退压至24h后测定试样的回弹量。

⑧试验结束后吸去容器中的水,迅速拆除仪器各部件,取出整块试样,测定含水率。

(6)试样的初始孔隙比,应按式(7-48)计算:

$$e_0 = \frac{(1+\omega_0)G_s\rho_w}{\rho_0} - 1 \tag{7-48}$$

式中:e_0——试样的初始孔隙比。

(7) 各级压力下试样固结稳定后的单位沉降量,应按式(7-49)计算:

$$S_i = \frac{\sum \Delta h_i}{h_0} \times 10^3 \tag{7-49}$$

式中:S_i——某级压力下的单位沉降量(mm/m);

h_0——试样初始高度(mm);

$\sum \Delta h_i$——某级压力下试样固结稳定后的总变形量(mm),等于该级压力下固结稳定读数减去仪器变形量;

10^3——单位换算系数。

(8) 各级压力下试样固结稳定后的孔隙比,应按式(7-50)计算:

$$e_i = e_0 - \frac{1+e_0}{h_0} \Delta h_i \tag{7-50}$$

式中:e_i——各级压力下试样固结稳定后的孔隙比。

(9) 某一压力范围内的压缩系数,应按式(7-51)计算:

$$\alpha_v = \frac{e_i - e_{i+1}}{P_{i+1} - P_i} \tag{7-51}$$

式中:α_v——压缩系数(MPa^{-1});

P_i——某级压力值(MPa)。

(10) 某一压力范围内的压缩模量,应按式(7-52)计算:

$$E_s = \frac{1+e_0}{\alpha_v} \tag{7-52}$$

式中:E_s——某压力范围内的压缩模量(MPa)。

(11) 某一压力范围内的体积压缩系数,应按式(7-53)计算:

$$m_V = \frac{1}{E_s} = \frac{\alpha_v}{1+e_0} \tag{7-53}$$

式中:m_V——某压力范围内的体积压缩系数(MPa^{-1})。

(12) 压缩指数和回弹指数,应按式(7-54)计算:

$$C_c \text{ 或 } C_s = \frac{e_i - e_{i+1}}{\lg P_{i+1} - \lg P_i} \tag{7-54}$$

式中:C_c——压缩指数;

C_s——回弹指数。

(13) 以孔隙比为纵坐标,压力为横坐标绘制孔隙比与压力的关系曲线,见图 7-23。

(14) 以孔隙比为纵坐标,以压力的对数为横坐标,绘制孔隙比与压力的对数关系曲线,见图 7-24。

(15) 原状土试样的先期固结压力,应按下列方法确定。在 e-$\lg P$ 曲线上找出最小曲率半径 $R_{\min}$ 的点 O,过 O 点做水平线 OA,切线 OB 及 $\angle AOB$ 的平分线 OD,OD 与曲线下段直线段的延长线交于 B 点,则对应于 B 点的压力值即为该原状土试样的先期固结压力。

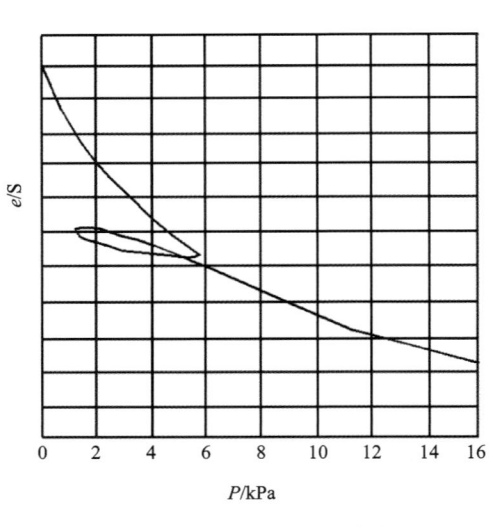

图 7-23 $e-P$ 关系曲线

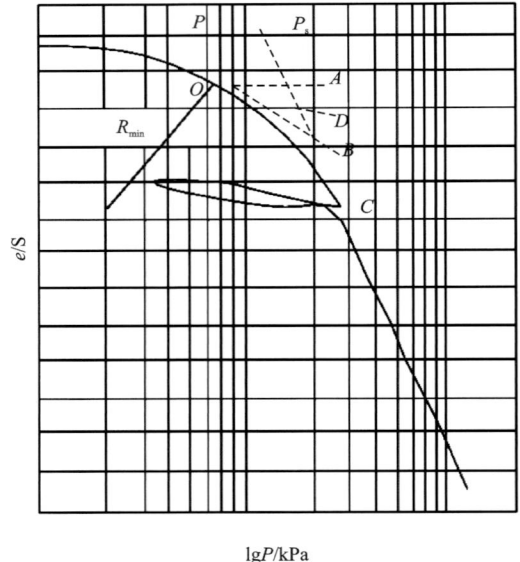

图 7-24 $e\text{-}\lg P$ 曲线求 P_c 示意图

(16)固结系数应按下列方法确定：

①时间平方根法。对某一级压力，以量表读数 $d(\text{mm})$ 为纵坐标，时间平方根 $\sqrt{t}(\text{min})$ 为横坐标，绘制变形与时间平方根关系曲线(图 7-25)，延长 $d\text{-}\sqrt{t}$ 曲线开始段的直线，交纵坐标轴于 d_s 为理论零点，过 d_s 作另一直线，令其横坐标为前一直线横坐标的 1.15 倍，则后一直线与 $d\text{-}\sqrt{t}$ 曲线交点所对应的时间的平方根即为试样固结度达 90% 所需的时间 t_{90}，该级压力下的固结系数应按式(7-55)计算：

$$C_V = \frac{0.848\,\overline{h}^2}{t_{90}} \tag{7-55}$$

式中：C_V——固结系数(cm^2/s)；

$\overline{h}$——最大排水距离(cm)，等于某一级压力下试样的初始和终了高度的平均值之半；

t_{90}——固结度达 90% 所需的时间(s)。

②时间对数法。对某一级压力，以量表读数 $d(\text{mm})$ 为纵坐标，时间的对数为横坐标，绘制变形与时间对数 $d\text{-}\lg t$ 关系曲线(图 7-26)，在关系曲线的开始段，选任一时间 t_1，查得相对应的量表读数 d_1，再取时间 $t_2 = t_1/4$，查得相对应的量表读数 d_2，则 $2d_2 - d_1$ 即为 d_{01}。如此再选取另一时间，依同法求得 d_{02}、d_{03}、d_{04} 等，取其平均值为理论零点 d_0，延长曲线中部的直线段和通过曲线尾部数点切线的交点即为理论终点 d_{100}，则 $d_{50} = (d_0 + d_{100})/2$，对应于 d_{50} 的时间即为试样固结度达 50% 所需的时间 t_{50}，该压力下的固结系数应按式计算：

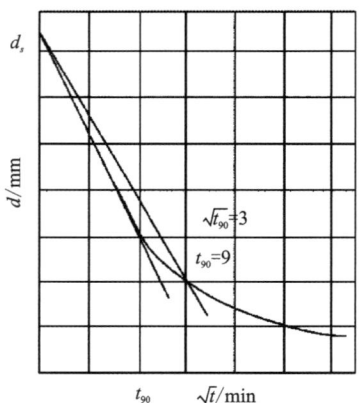

图 7-25 时间平方根法求 t_{90}

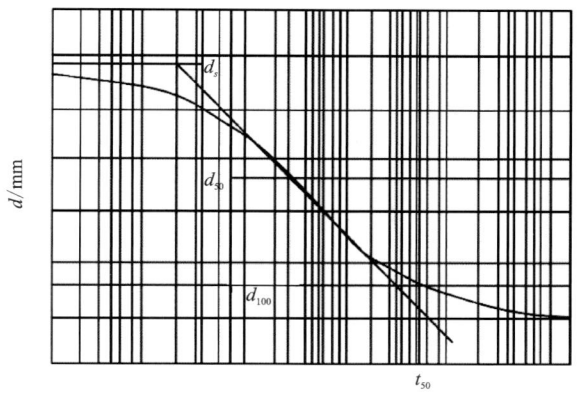

图 7-26 时间对数法求 t_{50}

$$C_V = \frac{0.197\overline{h}^2}{t_{50}} \tag{7-56}$$

式中：t_{50}——固结度达 50% 所需的时间（s）。

2. 应变控制连续加荷固结试验

(1) 试验方法适用于饱和的细粒土。

(2) 试验所用的主要仪器设备，应符合下列规定：

① 固结容器。由刚性底座（具有连接测孔隙水压力装置的通孔）、护环、环刀、上环、透水板、加压上盖和密封圈组成。底部可测孔隙水压力（图 7-27）。

a. 环刀。直径 61.8mm，高度 20mm，一端有刀刃，应具有一定刚度，内壁应保持较高的光洁度，宜涂一薄层硅脂或聚四氟乙烯。

b. 透水板。由氧化铝或不受腐蚀的金属材料制成。渗透系数应大于试样的渗透系数。试样上部透水板直径宜小于环刀内径 0.2~0.5mm，厚度 5mm。

② 轴向加压设备。应能反馈、伺服跟踪连续加荷。轴向测力计（负荷传感器，量程为 0~10kN）量测误差应小于、等于 1%。

③ 孔隙水压力量测设备。压力传感器，量程 0~1MPa，准确度应小于、等于 0.5%，其体积因数应小于 1.5×10^{-5} cm³/kPa。

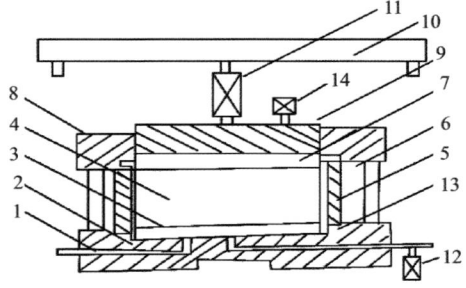

1.底座；2.排气孔；3.下透水板；4.试样；5.护环；6.环刀；7.上透水板；8.上盖；9.加压上盖；10.加荷梁；11.负荷传感器；12.孔压传感器；13.密封圈；14.位移传感器。

图 7-27 固结容器组装示意图

④ 变形量测设备。位移传感器，量程 0~10mm，准确度为全量程的 0.2%。

⑤ 采集系统和控制系统。压力和变形范围应满足试验要求。

(3) 固结容器、加压设备、量测系统和控制采集系统应定期率定。

(4)连续加荷固结试验应按下列步骤进行：

①试样制备应按《土工试验方法标准》(GB/T 50123—2019)第4.5条的步骤进行。从切下的余土中取代表性试样测定土粒相对密度和含水率，试样需要饱和时，应按《土工试验方法标准》(GB/T 50123—2019)第4.6.3条的步骤进行。

②将固结容器底部孔隙水压力阀门打开充纯水，排除底部及管路中滞留的气泡，将装有试样的环刀装入护环，依次将透水板、薄型滤纸、护环置于容器底座上，关孔隙水压力阀，在试样顶部放薄型滤纸、上透水板，套上上盖，用螺丝拧紧，使上盖、护环和底座密封，然后放上加压上盖，将整个容器移入轴向加荷设备正中，调平，装上位移传感器。对试样施加1kPa的预压力，使仪器上、下各部件接触，调整孔隙水压力传感器和位移传感器至零位或初始读数。

③选择适宜的应变速率，其标准是使试验时的任何时间内试样底部产生的孔隙水压力为同时施加轴向荷重的3%～20%，应变速率可按表7-8选择估算值。

表7-8 应变速率估算值

液限/%	应变速率 $e/(\% \cdot min^{-1})$	备注
0～40	0.04	
40～60	0.01	液限为下沉17mm时的含水率或碟式仪液限
60～80	0.004	
80～100	0.001	

④接通控制系统、采集系统和加压设备的电源，预热30min。待装样完毕，采集初始读数，在所选的应变速率下，对试样施加轴向压力，仪器按试验要求自动加压，定时采集数据或打印，数据采集时间间隔，在历时前10min每隔1min，随后1h内每隔5min；1h后每隔15min或30min采集一次轴向压力、孔隙水压力和变形值。

⑤连续加压至预期的压力。当轴向压力施加完毕后，在轴向压力不变的条件下，使孔隙水压力消散。

⑥要求测定回弹或卸荷特性时，试样在同样的应变速率下卸荷，卸荷时关闭孔隙水压力阀，按④的规定时间间隔记录轴向压力和变形值。

⑦试验结束，关电源，拆除仪器，取出试样，称试样质量，测定试验后试样的含水率。

(5)试样初始孔隙比应按前述标准固结试验章节相关公式计算。

(6)任意时刻时试样的孔隙比应按前述标准固结试验章节相关公式计算。

(7)任意时刻施加于试样的有效压力应按式(7-56)计算：

$$\sigma'_i = \sigma_i - \frac{2}{3}u_b \tag{7-56}$$

式中：σ'_i——任意时刻时施加于试样的有效压力(kPa)；

Σ_i——任意时刻时施加于试样的总压力(kPa)；

u_b——任意时刻试样底部的孔隙压力(kPa)

第 7 章 室内试验

(8) 某一压力范围内的压缩系数,应按式(7-57)计算:

$$\alpha_v = \frac{e_i - e_{i+1}}{\sigma'_{i+1} - \sigma'_i} \tag{7-57}$$

(9) 某一压力范围内的压缩指数,回弹指数应按式(7-58)计算:

$$C_c(C_s) = \frac{e_i - e_{i+1}}{\lg \sigma'_{i+1} - \lg \sigma'_i} \tag{7-58}$$

(10) 任意时刻试样的固结系数应按式(7-59)计算:

$$C_v = \frac{\Delta \sigma'}{\Delta t} \cdot \frac{H_i^2}{2u_b} \tag{7-59}$$

式中:$\Delta \sigma'$——Δt 时段内施加于试样的有效压力增量(kPa);

Δt——两次读数之间的历时(s);

H_i——试样在 t 时刻的高度(mm);

u_b——两次读数之间底部孔隙水压力的平均值(kPa)。

(11) 某一压力范围内试样的体积压缩系数,应按式(7-60)计算:

$$m_v = \frac{\Delta e}{\Delta \sigma'} \cdot \frac{1}{1 + e_0} \tag{7-60}$$

(12) 以孔隙比为纵坐标,有效压力为横坐标,在单对数坐标纸上,绘制孔隙比与有效压力关系曲线(图 7-28)。

(13) 以固结系数为纵坐标,有效压力为横坐标,绘制固结系数与有效压力关系曲线(图 7-29)。

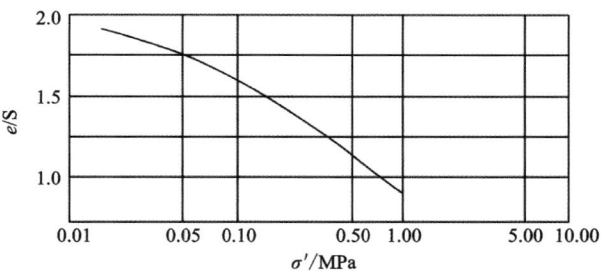

图 7-28 孔隙比与有效压力关系曲线

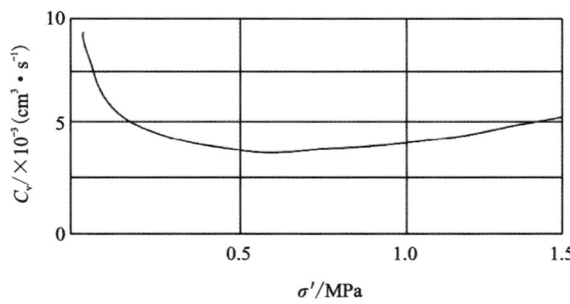

图 7-29 固结系数与有效压力的关系曲线

7.1.6 土的渗透固结试验

土的渗透固结试验是采用渗透固结仪先进行固结试验,固结试验完成后,在不卸载情况下对土样进行渗透试验,渗透试验完成后,本级试验结束,更换土样进行下一级压力的渗透固结试验,直至设计压力下的全部试验结束(张云冬等,2017)。

1. 试验设备及试验流程

渗透固结试验所用的主要设备是 3 个压力控制仪器(轴压、围压和反压),仪器整体见图 7-30,土样渗透固结压力控制室如图 7-31 所示,土样饱和放置在试验容器中后,通过软件对试验过程(仪器通过改变轴压、围压和反压的大小实现对试样先固结后渗透)进行控制并对相关的数据进行自动监测,最后通过数据处理得到试验成果。试验流程如下:

图 7-30 渗透固结试验所用仪器整体图

图 7-31 土样渗透固结压力控制室

(1)将取得的土样依据试验要求制作加工成多个试样。

(2)依次对试样进行各级压力下的固结试验,在固结试验完成后,进行对应压力下的渗透试验,待本级压力下的渗透固结试验完成后,将土样取出,更换土样进行下一级压力下的渗透固结试验(为减少误差,每级压力可做多个重复试验)。

(3)按照以上步骤进行每一级压力下的渗透固结试验,直至结束,具体详细的试验流程见图 7-32。

2. 数据处理及试验成果

根据渗透固结仪监测的每级压力下的稳定沉降量和每级压力对应的渗透稳定后的单位时间透水量,计算每级压力稳定后对应的孔隙比和渗透系数,具体如下。

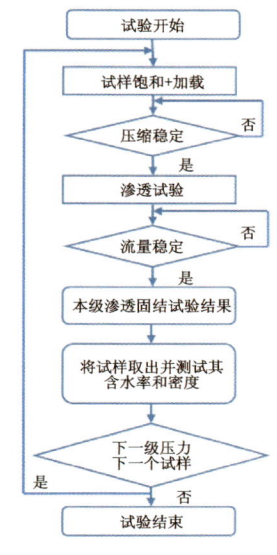

图 7-32 渗透固结试验流程

(1)孔隙比的计算。每级压力固结稳定后的孔隙比 e_i 可通过土样的初始孔隙比 e_0 与本级压力对应的沉降量进行计算,见式(7-61):

$$e_i = e_0 - \frac{1+e_0}{h_0}\Delta h_i \tag{7-61}$$

(2)渗透系数的计算。渗透系数可通过以下公式计算:

$$K = \frac{Q}{FI} = \frac{v}{I} \tag{7-62}$$

式中:K——渗透系数(cm/s 或 m/d);

Q——渗透通过的水量(cm^3/s 或 m^3/d);

F——通过水量的总横截面积(一般为试样面积)(cm^2 或 m^2/d);

I——水力梯度,渗透压力与渗透路径的比值。

渗透固结试验的成果为 e-P(孔隙比-压力)曲线(图 7-33),e-$\lg k$(孔隙比-渗透系数的对数)曲线(图 7-34)。

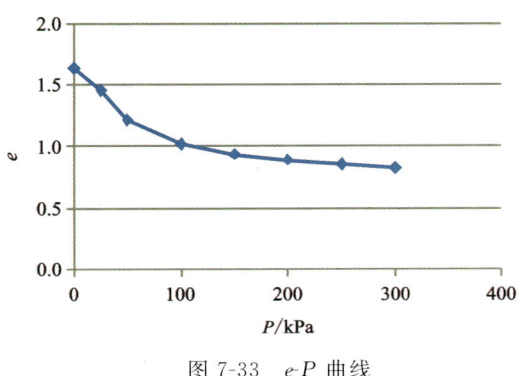

图 7-33 e-P 曲线

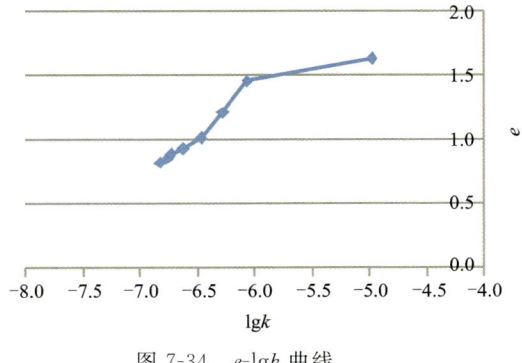

图 7-34 e-$\lg k$ 曲线

3. 试验成果的应用

(1)可根据 e-P 曲线计算地基在预计压力下的沉降量。

(2)根据 e-$\lg k$ 曲线估算地基沉降(固结)稳定后的透水性,根据一维有限应变理论计算地基的固结时间等。

(3)根据疏浚土的渗透固结试验结果估算疏浚土达到预期含水率时所需要的时间,或在预期时间内估算疏浚土的含水率。

7.1.7 土的微型十字板剪切试验

对于河湖底泥的疏浚性质评价,一个比较重要的指标是十字板剪切强度,但对于疏浚厚度一般不超过1m的环保疏浚工程而言,采用常规的原位十字板剪切试验因底泥强度较小、易扰动、勘察深度及污染土层分层厚度小等原因,剪切强度测试成果开展困难且误差大。而采用微型十字板则能在一定程度上解决快速测试、可室内做也可现场做的问题,提高了底泥剪切强度的试验效率和试验精度,微型十字板试验及板头见图7-35和图7-36。

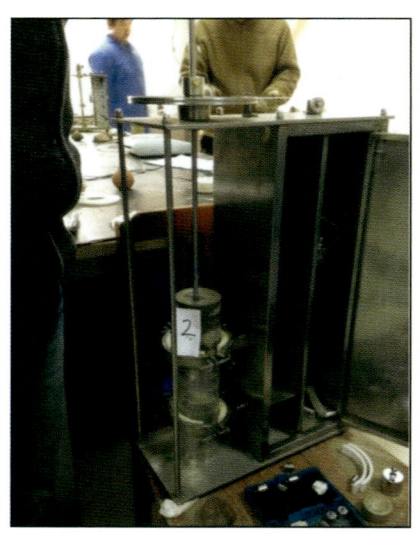
图7-35 微型十字板试验图

图7-36 微型十字板板头

十字板试验的采用一系列大小不同的砝码进行加载(图7-37和图7-38),根据砝码的加载量采用公式换算为剪切应力即可。剪切强度与荷载的换算公式如下:

$$C_u = 0.027 \times M \tag{7-63}$$

式中:C_u——剪切强度(kPa);

M——砝码的质量(g);

0.027——仪器的换算系数,按仪器规格采用即可。

微型十字板的板头较小,携带方便,极大地满足了环保疏浚污染底泥分层厚度小、强度低情况下试验数量、试验精度的要求,尤其是在现场无法进行剪切试验的情况下,室内十字板剪切试验结果为底泥的疏浚工程及评价提供了有力的技术支持。

图 7-37　样品固定　　　　　　　　图 7-38　砝码加载

7.2　化学试验

7.2.1　试验指标

污染物检测的试验项目一般可根据前期调查确定的可能的污染物种类确定，如无，也可以根据以下方法确定：

(1)常规项目。原则上为《土壤环境质量　农用地土壤污染风险管控标准(试行)》(GB 15618—2018)和《土壤环境质量　建设用地土壤污染风险管控标准(试行)》(GB 36600—2018)中所要求控制的污染物。

(2)特定项目。《土壤环境质量　农用地土壤污染风险管控标准(试行)》(GB 15618—2018)中未要求控制的污染物，但根据当地环境污染状况或初步调查结果，确认在土壤中积累较多、对环境危害较大、影响范围广、毒性较强的污染物，或者污染事故对土壤环境造成严重不良影响的物质。一般可根据河湖污染源、历史上发生的重大污染事件等分析确定。

(3)选择项目。一般包括新纳入的在土壤中积累较少的污染物、由于环境污染导致土壤性状发生改变的土壤性状指标及生态环境指标。

根据《河流湖泊环保疏浚工程技术指南》(金相灿等，2016)，底泥污染物的分析一般包括如下项目：

(1)营养盐。有机质、全氮(TN)、总磷(TP)、氨氮(NH_4^+-N)、总有机碳(TOC)、pH 值。

(2) 重金属。汞（Hg）、砷（As）、铅（Pb）、铜（Cu）、锌（Zn）、镍（Ni）、镉（Cd）、铬（Cr）、钒（V）、钼（Mo）、锑（Sb）、锰（Mn）。

(3) 有毒有害有机物。有机磷农药、有机氯农药、多氯联苯类（PCBs）、多环芳烃类（PAHs）等。

在底泥资源化利用方案论证的过程中，如制作绿化种植土、免烧砖、陶粒等，有时还要求进行以下指标的检测：

(1) 根据《绿化种植土壤》（CJ/T 340—2016），必测指标包括 pH、含盐量（g/kg）、有机质（mg/kg）、质地、土壤入渗率（mm/h），选测指标包括阳离子交换量、有机质、水解性氮、有效磷、速效钾、有效硫、有效镁、有效钙、有效铁、有效锰、有效铜、有效锌、有效钼、可溶性氯等。

(2) 对底泥的成分进行检测一般包括但不限于氧化钙、三氧化二铝、二氧化硅等。

7.2.2 营养盐含量试验

1. 全氮

试验原理：土壤中的全氮在硫代硫酸钠、浓硫酸、高氯酸和催化剂的作用下，经氧化还原反应全部转化为铵态氮。消解后的溶液碱化蒸馏出的氨被硼酸吸收，用标准盐酸溶液滴定，根据标准盐酸溶液的用量来计算土壤中全氮含量。

当前常用的试验方法具体可参考《土壤质量 全氮的测定 凯氏法》（HJ 717—2014）。

2. 总磷

试验原理：经氢氧化钠熔融，土壤样品中的含磷矿物及有机磷化合物全部转化为可溶性的正磷酸盐，在酸性条件下与钼锑抗显色剂反应生成磷钼蓝，在波长 700nm 处测量吸光度。在一定浓度范围内，样品中的总磷含量与吸光度值符合朗伯-比尔定律。

当前常用的试验方法具体可参考《土壤 总磷的测定 碱熔-钼锑抗分光光度法》（HJ 632—2011）。

3. 有机质含量

试验原理：在加热条件下，用过量的重铬酸钾-硫酸溶液氧化土壤有机碳，多余的重铬酸钾用硫酸亚铁标准溶液滴定，由消耗的重铬酸钾量按氧化校正系数计算出有机碳量，再乘以常数 1.724，即为土壤有机质含量。

测定方法具体可参考《土壤检测 第六部分：土壤有机质的测定》（NY/T 1121.6—2006）。

4. pH 值

方法原理：以水为浸提剂，水土比为 2.5∶1，将指示电极和参比电极（或 pH 复合电极）浸入土壤悬浊液时构成一原电池，在一定的温度下，其电动势与悬浊液的 pH 值有关，通过测定原电池的电动势即可得到土壤的 pH 值。

测定方法具体可参考《土壤 pH 值的测定 电位法》（HJ 962—2018）。

7.2.3 重金属含量试验

方法原理：土壤和沉积物样品用盐酸与硝酸混合溶液(王水)经电热板或微波消解仪消解后，用电感耦合等离子体质谱仪进行检测。根据元素的质谱图或特征离子进行定性分析，采用内标法进行定量分析。试样由载气带入雾化系统进行雾化后，目标元素以气溶胶形式进入等离子体的轴向通道，在高温和惰性气体中被充分蒸发、解离、原子化和电离，转化成带电荷的正离子，经离子采集系统进入质谱仪，质谱仪根据离子的质荷比进行分离并进行定性、定量分析。在一定浓度范围内，离子的质荷比所对应的响应值与其浓度成正比。

汞(Hg)、砷(As)、铅(Pb)、铜(Cu)、锌(Zn)、镍(Ni)、镉(Cd)、铬(Cr)、矾(V)、钼(Mo)、锑(Sb)、锰(Mn)12种金属在土壤和沉积物中的含量一般依据规范《土壤和沉积物 12种金属元素的测定 王水提取-电感耦合等离子体质谱法》(HJ 803—2016)测定。

7.2.4 有毒有害有机物含量试验

1. 有机氯农药

土壤或沉积物中的有机氯农药经提取、净化、浓缩、定容后，用具电子捕获检测器的气相色谱检测，根据保留时间进行定性分析，采用外标法进行定量分析。

测定方法具体可参考《土壤和沉积物 有机氯农药的测定 气相色谱法》(HJ 921—2017)。

2. 有机磷农药

方法原理：水、土样品中有机磷农药残留量采用有机溶剂提取，再经液-液分配和凝结净化步骤除去干扰物，用气相色谱氮磷检测器(nitrogen phosphorus detector, NPD)或火焰光度检测器(flame photometric detector, FPD)检测，根据色谱峰的保留时间进行定性分析，采用外标法进行定量分析。

测定方法具体可参考《水、土中有机磷农药测定的气相色谱法》(GB/T 14552—2003)。

3. 多环芳烃类(PAHs)

方法原理：土壤和沉积物样品中的多环芳烃用合适的萃取方法(索氏提取、加压流体萃取等)提取，根据样品基体干扰情况采取合适的净化方法(硅胶层析柱、硅胶或硅酸镁固相萃取柱等)对萃取液进行净化、浓缩、定容，用配备紫外/荧光检测器的高效液相色谱仪分离检测，以保留时间进行定性分析，采用外标法进行定量分析。

测定方法具体可参考《土壤和沉积物 多环芳烃的测定 高效液相色谱法》(HJ 784—2016)。

4. 多氯联苯(PCBs)

方法原理：土壤或沉积物中的多氯联苯(PCBs)经提取、净化、浓缩、定容后，用具电子捕获检测器的气相色谱检测,根据保留时间进行定性分析,采用外标法进行定量分析。

测定方法具体可参考《土壤和沉积物 多氯联苯的测定 气相色谱法》(HJ 922—2017)。

7.2.5 氮磷吸附解吸试验

输入湖泊水体的营养性污染物一部分会经过物理、化学和生物过程累积在沉积物中成为湖泊氮、磷内负荷的源(姜霞等,2011;朱锐等,2020)。同时,污染物在沉积物和间隙水之间进行着不间断的平衡交换,当上覆水体中氮、磷含量较低时,沉积物中的营养物质又会通过解吸重新释放到水相中,成为引起湖泊富营养化的内源。因此采用氮/磷吸附解吸试验模拟底泥中氮/磷与水体交换条件,深入研究沉积物中氮磷向水体释放的吸附/解吸平衡点浓度、吸附/解吸的影响因素,吸附等温线等特征对湖泊富营养化的研究、环保疏浚深度的确定等具有重要意义。

此试验一般在可行性研究阶段或可行性研究前期开展环保疏浚必要性专项研究阶段进行。采样孔间距为300~500m,小型湖泊采用特征性区域取样,以反映整个湖泊底泥特征,取总孔数的20%~30%,且不少于3组样做吸附解吸试验。根据现场岩土污染层厚度特点,每间隔0.02~0.10m厚度切割河湖底泥柱状样进行吸附解吸检测试验。

1. 底泥对污染物的吸附-解吸作用

底泥中的有机质、水成矿化物和黏土矿物是起吸附作用的主要组分。吸附作用大致分为表面吸附、离子交换吸附和专属吸附等。表面吸附是一种物理吸附,主要是通过静电力作用完成的,与矿物质颗粒等的比表面积大小有关;离子交换吸附属于物理化学吸附,在这个吸附过程中,每吸附一部分阳离子,同时也释放出等量的其他阳离子,其中离子的电价越高,半径越小,越易发生交换反应,它是一种可逆的反应,不受温度影响;专属吸附是一种化学吸附,该过程中除了化学键的作用外,还有加强的憎水键和范德华力或氢键在起作用,它不但可使表面电荷改变符号,而且可使离子化合物吸附在同号电荷的表面上。吸附-解吸是一个平衡过程,当吸附反应速率低于解吸反应速率时,整个反应就表现为解吸作用,这时底泥中的污染物就进入水体,造成污染,尤其是水体富营养化在外源污染得到有效控制时,底泥中的营养物质的释放已经成为其产生的主要原因,所以要对水体底泥污染物的吸附-解吸进行深入的研究。由于吸附-解吸的方式较多,机理复杂,所以底泥对污染物的吸附-解吸受到多种因素的影响(张亮,2013)。

2. 底泥对氮和磷的吸附-解吸机理

1)底泥对氮的吸附-解吸机理

底泥中氮的释放主要取决于底泥中氮化合物分解的程度,释放受到温度、pH值、溶解氧等的影响。温度的变化会直接或间接地影响到底泥中有机物的矿化速率、硝化及反硝化速率等,进而影响底泥-水界面氮的交换行为。温度升高可以增强微生物的活性和活动程度,促进有机氮的分解,使氮向水体的释放量增大;另外,上覆水氧气会被快速消耗,使贴近底泥释放层的水体中氧化层的深度减小,从而减缓消化作用,使得氨氮的释放速率加快。因此,温度升高会使底泥释放更多的氮。有研究表明,偏酸性和碱性条件下氮的释放量比中性条件下的大。pH值越低,H^+离子浓度越大,底泥胶体吸附的NH_4^+同H^+离子竞争吸附位置而被释放出来,并且随H^+浓度增大,NH_4^+最大释放量增大,水溶液中TN的浓度也相应增大。底泥中溶解氧量直接或间接地控制着硝化和反硝化的进行,而硝化和反硝化作用是影响底泥-水界面氮迁移和交换的主要过程,从而影响到不同形态氮的交换速率和通量。当溶解氧量充足时,水体中氨氮浓度下降而硝态氮浓度升高,总氮呈下降趋势;当溶解氧较低时,水体中氨氮浓度升高而硝态氮下降,总氮呈现升高趋势。

2)底泥对磷的吸附-解吸机理

底泥磷分为无机磷和有机磷。无机磷是内源磷的主要存在形态,主要包括铝磷、铁磷和钙磷,其中铁磷最不稳定,在还原条件下首先释放出来;有机磷只能在其他生物尤其是微生物的作用下矿化分解为易被植物吸收的可溶性磷,引起水体富营养化水平的增加,其释放与微生物的活性密切相关。通常情况下,底泥和水相互相交换磷酸盐,达到一个动力平衡状态,但随着底泥与水相间的环境条件改变,底泥对磷的释放或吸收达到一个新的平衡状态,控制磷迁移和释放的首要影响因子为底泥磷的化学形态,而影响底泥对磷的吸收与释放的环境因素较多,如温度、pH值、溶解氧和扰动等,其中pH值影响磷与Fe、Al、Ca等元素的结合状态,因而是影响底泥磷释放的重要因素。

3. 试验过程与数据处理

1)试验的步骤

(1)底泥样品采取。为防止水上钻进取样、卸样过程中可能产生交叉污染,对底泥采取现场分割取中间新鲜样品的处理方式,采取样品后,立即用聚乙烯封口袋密封,然后冷藏保存。经过自然风干后研磨,过孔径0.075mm筛后将筛下土壤样品保存到牛皮纸样品封口袋中备用。

(2)上覆地表水采样。采集底泥样品的同时,要对上覆地表水样品进行采集。采集水样时要依据相关采样标准进行。水样运到试验室后用$0.45\mu m$纤维滤膜过滤,每升过滤水中加入3mL氯仿,放冰箱冷藏保存。

(3)氨氮吸附-解吸试验设计。

①用NH_4Cl分别配置不同水质类别时氨氮浓度的模拟水(按《地表水环境质量标准》(GB 3838—2002)规定的地表水类别,以NH_4^+-N含量配比):0、0.15(Ⅰ类),0.2、0.5(Ⅱ类),1.0(Ⅲ类),1.5(Ⅳ类),2.0(Ⅴ类),4.0(劣Ⅴ类),8.0mg/L(劣Ⅴ类),同时采用底泥样品的上覆地表水进行试验。

②按水土比100∶1,称量过筛后风干底泥粉末0.5g(精确到0.01g),称量后的土样放置于摇振瓶中,加入不同浓度的氨氮溶液50mL。

③在25℃时,恒温振荡4h,离心(5000r/min,10min)。

④取上清液过$0.45\mu m$纤维滤膜,用贝塞管收集过滤液体,待检。

⑤检测方法采用纳氏试剂法测定氨氮浓度,以上处理设3个平行试样,相对误差应小于5%。

(4)磷吸附-解吸试验设计。

①用 KH_2PO_4 配制不同水质类别时磷的模拟水:0、0.01、0.02(Ⅰ类)、0.025、0.05、0.1(Ⅱ类)、0.2(Ⅲ类)、0.3(Ⅳ类)、0.4(Ⅴ类)、0.8mg/L(劣Ⅴ类),同时采用底泥样品上覆地表水进行试验地表水(现场)。

②按水土比100:1,称量风干底泥粉末状样品0.5g(精确到0.01g),称量后的土样放置于摇振瓶中,加入不同浓度的含磷溶液50mL。

③在25℃时,恒温振荡48h,离心(5000r/min,10min)。

④取上清液过0.45μm纤维滤膜后,用贝塞管收集过滤液体,待检。

⑤检测方法采用钼锑抗分光光度法测定可溶性无机磷浓度,以上处理设3个平行,相对误差小于5%。

2)试验数据处理

建立不同类别模拟水体的初始浓度与吸附解吸量的线性回归方程,根据方程找出零点平衡浓度(吸附解吸量$Q=0$),与疏浚后达标的水质类别(以 NH_4^+-N、P含量)比较,当某一深度底泥的零点平衡浓度大于目标水质类别时,底泥中污染物有向水体释放的风险,评价为会影响水质的污染土层,反之对水体中的污染物有吸附作用,评价为正常土层。吸附-解吸量计算公式:

$$Q=(C_0-C_e)\times V/W \tag{7-64}$$

式中:Q——吸附解吸量(mg/kg);

C_0——初始浓度(mg/L);

C_e——平衡浓度(mg/L);

V——加入样品中的溶液体积(50mL);

W——沉积物干重(kg)。

4. 试验成果的应用

根据氮磷吸附-解吸试验的成果,可进一步判断底泥中的污染物是否向水体释放,评判释放的量。同时,根据不同深度底泥的吸附-解吸试验成果判断疏浚的深度,为疏浚工程的设计提供依据。依据氮磷吸附解吸原理和试验成果确定环保疏浚深度的方法具体如下:

(1)根据《地表水环境质量标准》(GB 3838—2002)规定的水质类别,参照各类别水体 NH_4^+-N、P 两个指标含量界限配置Ⅰ类~劣Ⅴ类的模拟水体,让各类模拟水体与底泥充分相互作用后达到各自平衡浓度。各类模拟水体的初始浓度与两个指标的吸附解吸量呈现较明显的线性相关性,建立二者的线性回归方程,通过线性回归方程可以找出底泥既不吸附也不释放(吸附解吸量$Q=0$)的零点平衡浓度,将此浓度与疏浚后达标的水质中 NH_4^+-N、P浓度比较,当某一深度底泥的零点平衡浓度大于目标水质中 NH_4^+-N、P浓度时,底泥对水质有释放的风险,评价为影响水质的污染土层,反之对水体有吸附作用,评价为正常土层。

(2)结合环保疏浚后目标水质类别,不同深度底泥在该目标水质条件下的吸附解吸量为零的点作为临界深度(该深度以上底泥中的氮磷向水体释放,该深度以下底泥吸附水体中的氮磷),可把该深度以上底泥定为污染土层,即疏浚深度。

7.2.6 释放通量试验

1. 氮磷释放通量机理和影响因素

氮、磷营养盐在沉积物-水界面中进行着扩散、吸附/解吸、沉淀(矿化)-溶解和有机质的分解等行为。氮、磷营养盐在沉积物-水界面上交换的速率受到温度、溶解氧、沉积物中 pH、盐度、沉积物有机质、水体扰动等条件的影响。

(1)温度。温度主要通过影响物质的分配系数、吸附能力等来影响界面间的物质迁移,当温度升高时,沉积物对营养盐的吸附能力就会降低,从而增大营养盐的扩散通量。Morgan 和 Lohmann(2008)在研究时发现由于夏季温度较高,PCBs 从沉积物向水体的迁移能力明显高于冬季低温时。

(2)溶解氧。溶解氧的浓度影响着微生物的硝化-反硝化过程,从而影响不同形态氮之间的转化过程,决定无机氮主要以何种形态释放。Liang 等(2015)在实验时发现,NH_4^+-N、NO_3^--N 和 PO_4^{3-}-P 在贫氧环境下的交换通量要高于富氧条件下,随着溶解氧浓度的升高,氮磷的交换通量明显减小。

(3)沉积物中 pH。一般认为,pH 值通过促进或者抑制沉积物中氮循环菌的活动来影响氮的释放速率。在强酸环境中,氨化细菌和硝化细菌的活性都被抑制,不利于氮的释放。当 pH 值在 6~8 之间时,氨化细菌较为活跃,NH_4^+-N 释放明显。当值继续增大,微生物的活性又受到抑制,不利于氮的释放。张红等(2015)在试验中研究了不同 pH 值对底泥磷释放通量的影响,发现 pH 由 5.5 增加到 7.5 再增加到 9.5 时,磷的释放通量由 1.15mg·m^{-2}·d^{-1} 增加到 1.25mg·m^{-2}·d^{-1} 再增至 4.57mg·m^{-2}·d^{-1},可见释放通量随 pH 值的增大呈增加的趋势。

(4)盐度。在对海洋或入海口等生态系统进行研究时,发现水中盐度会对重金属及有机物界面间的迁移产生重要影响。一般来说,增加体系中的离子强度,沉积物中的有机质会发生团聚,疏水性有机物的解吸降低,使得吸附增加(Jacobsen et al.,1996)。

(5)沉积物中的有机质。有机质可以为沉积物中微生物提供碳源和电子供体。沉积物间隙水中的营养盐有一部分是在微生物作用下有机质分解而产生的。

(6)水体扰动。对于河流湖库等水生态系统来说,水体的扰动作用,如风浪、船运、生物扰动等都会引起沉积物再悬浮,从而改变物质在沉积物-上覆水界面间的迁移扩散(Pang et al.,2008;戴国华和刘新会,2011;李耀睿,2016)。胡开明等(2014)采用矩形水槽开展底泥再悬浮模拟试验,并结合太湖二维水量水质模型及其全年实测数据,建立了不同湖区底泥再悬浮通量与风速之间的定量关系。除外部环境因素影响外,沉积物组成也会对物质交换与分配产生重要影响。小粒径的沉积物具有更大的比表面积及离子交换活性,所以吸附能力也更强(Strom et al.,2011)。另有学者在研究中发现,粒径较大的石英矿颗粒因具有光滑的晶体表面,很难为菌类提供足够反应界面,所以导致体系中氧化硫含量降低(Guven and Akinci,2013)。

其他如底栖生物、微生物等也会对氮磷的释放产生影响,泥水界面间的释放实际中不同因素间的作用是错综复杂的,在此不做深入研究。

2. 沉积物氮磷释放通量试验方法

目前沉积物-水界面氮磷释放通量的测算方法主要有 4 种,不同方法各有其特点。

1)孔隙水浓度梯度估算法

沉积物营养盐释放量,如果只考虑沉积物中氮磷营养盐的扩散作用,可以通过测定沉积物间隙水和上覆水营养盐的浓度,再根据沉积物的孔隙度算出不同营养盐的扩散系数,最后利用第一定律计算出释放通量。估算出此条件下沉积物向上覆水释放氮磷的速率。具体实验步骤和计算方法如下:

(1)样品采集。使用虹吸法采集沉积物以上 10cm 处上覆水置于聚乙烯瓶中,后在 4℃ 的环境下保存带回实验室;沉积柱样品使用沉积物柱状采集器采集,后经冷冻后运移至实验室中进行切割分样,以 0.02～0.10m 为间隔划分污染层沉积物柱状样为若干层。

(2)沉积物含水率测定。沉积物含水率使用烘干称重法测定,具体实验步骤如下:

①称取 20g 沉积物鲜土样品置于称皿内。

②将称皿放入烘箱,在 105℃ 的温度环境下烘烤 12h 至水分完全蒸干。

③称取烘干后土样得到土样干重。

④使用土样干湿重之差计算得出沉积物含水率,计算公式如下:

$$q = \frac{S_w - S_d}{S_d} \tag{7-65}$$

式中:q——沉积物含水率;

S_w——沉积物土样湿重(g);

S_d——土样干重(g)。

(3)沉积物孔隙水提取。沉积物孔隙水使用离心法提取获得,具体步骤如下:

①称取 180 g 沉积物鲜土于聚乙烯塑料瓶中。

②将含有土样的聚乙烯瓶置于恒温离心机中,在 4℃ 环境温度、5000r/min 条件下离心 25min。

③使用虹吸法吸取离心后聚乙烯瓶中上清液。

④将提取上清液过滤(0.45μm 混合纤维滤膜),获得不同深度沉积物孔隙水。

(4)孔隙水与上覆水氮磷素测定。孔隙水及上覆水氮磷素测定参照河湖样品检测分析中水质指标分析相关内容开展(具体可参考本指南 7.3 节)。

(5)孔隙水扩散模型法释放速率计算方法。此方法仅探讨沉积物-水界面处氮磷元素交换过程,假定沉积物和上覆水之间的物质交换过程为平衡状态,可认为分子扩散是沉积物氨氮通过间隙水向上覆水迁移的主要方式,此时沉积物间隙水与上覆水间的分子扩散符合 Fick 定律分子扩散模型,其扩散速率可由 Fick 第一定律获得,采用式(7-66)计算。当扩散速率为正值时,氨氮或可溶解性磷由沉积物向上覆水扩散,当扩散速率为负值时,氨氮或可溶解性磷由上覆水向沉积物扩散。

第 7 章 室内试验

$$\begin{cases} F = \varphi D_s \dfrac{\partial c}{\partial x}\Big|_x = 0 \\ \varphi = \dfrac{S_w - S_d}{(S_w - S_d) + S_d/\rho} \end{cases} \tag{7-66}$$

式中：F——通过沉积物与上覆水界面的氨氮释放速率($mg \cdot m^{-2} \cdot d^{-1}$)；

φ——表层沉积物孔隙度(%)，用新鲜沉积物的相对含水率代替；

S_w——沉积物土样湿重(g)；

S_d——土样干重(g)；

ρ——土样平均密度与水密度的比值，通常取值 2.5；

$\dfrac{\partial c}{\partial x}\Big|_x = 0$——表层沉积物孔隙水与上覆水氨氮浓度梯度($10^{-3} mg/cm^4$)；

D_s——经孔隙度校正的有效分子扩散系数(cm^2/s)，可由以下经验公式计算得到：

$$\begin{cases} D_s = \varphi D_0 \quad (\varphi < 0.7) \\ D_s = \varphi^2 D_0 \quad (\varphi > 0.7) \end{cases} \tag{7-67}$$

式中：D_0——营养盐在无限稀释溶液中的理想扩散系数。对于 NH_4^+-N：D_0(水中溶解氧含量)$= 19.8 \times 10^{-6} cm^2/s$；SRP(可溶性活性磷)：$7.56 \times 10^{-6} cm^2/s$[TDP(总溶解态磷)：$6.8 \times 10^{-6} cm^2/s$，DIP(无机磷含量)：$7.0 \times 10^{-6} cm^2/s$]；COD(化学需氧量)：$6.7 \times 10^{-10} cm^2/s$。

这种方法最为简单，耗时和耗力最少，只需测定所需的指标就可以进行估算。但是这种计算方式忽略了外界环境条件的影响，得到的释放速率比实际情况偏低，沉积物进行分层切割时容易错过表层变化最显著的间隙水，而且沉积物中间隙水含量较少，难以准确提取并测定其中氮磷营养盐浓度。另外，此方法均采用的是离心法提取沉积物孔隙水。该法虽操作简单，但从现场采样至实验室离心获取孔隙水所需时间较长，且垂向分层中控制精度通常较低(约 2cm)，近表层的上覆水也难以采集，因此用该法不易获得沉积物-水界面上覆水和孔隙水的平滑过渡浓度梯度曲线，一定程度上影响了借助 Fick 定律对界面释放速率的计算结果。Peeper 法是近些年从国外新引入的一种孔隙水采集法，与传统离心法比较，该法虽然受平衡时间制约，但具有可批量取样且取样时间短、取样的精密度好、对环境敏感程度高，特别是可现场获取等优势。李宝等(2008)研究通过 Peeper 法来获取福保湾底泥间隙水，对界面浓度进行指数拟合，通过对指数方程求导，获取界面浓度梯度，结合静态释放试验，确定了滇池福保湾底泥氮磷释放速率，提高对内源释放估算的保证率。研究综合分析了在滇池福保湾这样一个生物扰动作用比较强烈的湖区，运用 Fick 扩散定律计算营养盐扩散通量将与实际有效扩散通量有较大差异。也就是说，能否成功运用 Fick 定律计算营养盐扩散通量，取决于研究湖泊或者湖区表层沉积物的稳定性。生物扰动越小，则 Fick 定律的适用性越强，反之则适用性越弱。这也是为何多数研究者将 Fick 定律应用在生物扰动相对较弱的深海沉积物计算营养盐通量的原因。因此该结果比较理想化，忽略了水体自然条件生物扰动、浪流搅动等影响，适宜表层流泥较少、受外界扰动较小的河湖或深海沉积物计算营养盐释放速率的估算。

2)上覆水营养盐质量平衡估算法

该方法是测定上覆水营养盐的总输入和总输出，利用物质平衡原理来估算营养盐释放通量,优点是可以直接得出一个大范围水域的释放量。但是由于营养盐在水体中的迁移变化规律很复杂,上覆水体营养盐传输的途径和量很难确定,因此该方法工作量大、准确度低。

3)实验室模拟培养法

实验室模拟培养法又名扰动模拟分析法,是最常用的方法之一,从现场采集未受干扰的沉积物,保持原样不受破坏,运到实验室进行培养,每隔固定的时间对上覆水中营养盐浓度进行测定,然后根据最终营养盐的变化量来确定沉积物-上覆水氮、磷释放通量。计算使用释放达到稳定时的氮磷浓度代入环保疏浚污染土单项污染指数[$PI = C_i/S_i$,其中 C_i 表示环保疏浚污染土污染指标实测值;S_i 表示土壤污染物质量计算所需的参比值(参比值可按评价目标选取,可取参比值、风险筛选值、一定置信水平的分位值等)]计算,估算出此条件下氮磷释放速率。具体试验步骤和方法如下:

(1)模拟装置设置。沉积物扰动模式装置分别设置"静止""扰动""大规模扰动"及"严重扰动"4种外界动力条件,分别对应电子恒速搅拌器的搅拌速度为 0r/min、100r/min、120r/min 及 160r/min。模拟季节环境时,模拟试验于恒温培养箱内进行设置相应季节温度。

(2)沉积物放入装置。将采集回的新鲜沉积物样品混合并加入沉积物扰动模式装置,沉积物混合放入装置后高度约为 10cm。

(3)超纯水加入。用塑料管贴管壁向装置内缓缓加入 1L 超纯水并标记水深,静置 12h 以减少超纯水在短时间内对营养盐释放速率的干扰。为了减少上覆水水质变化对试验产生影响,可将所有上覆水替换为超纯水。

(4)扰动试验。分别将装置放入恒温培养箱,在设置的搅拌速率下开始扰动试验。

(5)取样。每次通过下方取水口进行取样,取样量每次为 150mL,取完后加入相同体积的超纯水补充。取样时关闭搅拌器,防止低水位时过度搅拌。

(6)取样时间设定。在搅拌开始前(即 $t=0$h)进行第一次取样,记为初试状态浓度;补充超纯水静置 30min 后,开启搅拌器并开始计时;定时分别在 3h、6h、12h、24h、36h、48h、60h、72h、96h、108h、120h、132h、144h……采集上覆水样品(具体取样时间间隔可根据现场环境条件特点选择),采集次数可根据实际试验情况进行设置。

(7)样品测试。样品测试参照本章 7.3 节水质指标试验相关内容开展。

(8)实验室模拟培养释放速率计算方法。实验室模拟培养释放速率反映单位时间单位横截面积内底泥释放氮磷的量,在可行性研究阶段或可行性研究前期开展环保疏浚必要性专项研究阶段进行,采样孔间距为 300~500m,小型湖泊采用特征性区域取样,以反映整个湖泊底泥特征,取总孔数的 20%~30%,且不少于 3 组样做实验室模拟培养试验。将河湖底泥表层流状沉积物进行实验室模拟培养,检测释放速率或河湖底泥柱状样根据现场岩土污染层厚度特点,每间隔 0.02~0.10m 厚度切割取样进行实验室模拟培养试验检测沉积物营养盐释放情况。底泥氮磷释放速率采用式(7-68)计算。

$$R = \frac{[V(C_n - C_0 + \sum_{i=1}^{n} V_i(C_{i-1} - C_a)]}{A \times t} \tag{7-68}$$

式中:R——某物质释放速率($mg \cdot m^{-2} \cdot d^{-1}$ 或 $mg \cdot m^{-2} \cdot h^{-1}$);

V——沉积物中上覆水体积(L);

C_n 和 C_{i-1}——第 n 次和第 $i-1$ 次采集的样品营养盐浓度(mg/L);

C_0——上覆水初始营养盐浓度(mg/L);

V_i——采样体积(L);

C_a——添加水的营养盐浓度(mg/L);

A——搅拌设备中水与沉积柱的横截面积(m^2);

t——营养盐释放时间(d 或 h)。

若不考虑气体在界面的交换,计算所得结果为某营养盐的表观释放速率。尽管静态模拟不能真实反映湖泊的物理条件,如水平流、紊流等物理因素,但考虑到生物扰动等影响因素,在理论上比扩散定律的计算结果更接近于实际情况。通过原柱样静态模拟得到的扩散通量要大于扩散定律计算的结果。这种偏差反映了生物扰动等作用的强度。正如 Cermelj 等(1997)在 Adriatic 海湾利用扩散模型和原柱样模拟进行扩散通量的比较研究中发现,R(实验室模拟培养法估算释放速率)和 F(Fick)值的差异反映了沉积物,特别是表层沉积物中生物扰动和生物灌溉作用的强度,差异越大则说明生物扰动强度越大,且 R/F 值与扰动强度严格相关。如果采集的间隙水正好有生物灌溉作用存在,则上覆水会侵入到间隙水中造成营养盐浓度梯度的降低而导致分子扩散降低。因此,如果存在生物扰动及生物灌溉作用,则计算得到的 R/F 值会大大低于无扰动作用下的计算结果。同时,由于实验室内可控程度高,操作不复杂,应用越来越广泛。但是,实验室培养法无法准确模拟自然条件下上覆水体颗粒物的沉积作用和表层沉积物再悬浮到上覆水体的情况,其实验结果可能比现场法结果低。扰动模拟分析法对培养装置和取样频率没有固定的要求,对于不同学者,进行培养的上覆水和沉积物的量、上覆水的初始浓度、培养的总时间和取样的间隔有所不同。

4)现场法

现场法就是在研究区域内围起一定面积的水体和沉积物进行围格试验。用搅拌器保证试验区内水体均匀,通过特定的采样口进行采样,测定分析水体中营养盐随时间的变化情况,从而计算出沉积物-水界面营养盐交换通量。现场法试验条件与实际情况最为接近,所得结果与实际也最为接近。但是现场法的工作强度、难度、技术要求、试验费用都较高,影响了其应用范围。现场法目前在发达国家应用比较广泛,但应用于我国各海区及海湾河口地带还有一定的难度。

3. 试验成果的应用

释放通量试验一般应用于可行性研究阶段或可行性研究前期开展环保疏浚必要性专项研究阶段,试验成果可为河湖底泥是否是水体的内污染源、污染底泥深度、范围等的确定等提供决策依据。

以上测定氮磷营养盐释放通量的几种方法各有其适用性和限制性,可以利用两种方法相互佐证,估算出来的释放值才较为科学。

7.3 水质分析试验

开展环保疏浚工程对水质检测的指标一般包括水温、溶解氧、pH、总氮、总磷和氨氮等,具体项目和检测方法见表 7-9,必要情况下可检测重金属、有毒有害有机物的含量等,为水质的分析和处理提供依据。

表 7-9 水质分析指标表

类型	类别	测定项目	测定方法	测定依据
上覆水	物理性状	水温	温度计法或颠倒温度计测定法	《水质 水温的测定 温度计或颠倒温度计测定法》(GB 13195—91)
		溶解氧(dissolved oxgen,DO)	便携式溶解氧仪法	《水和废水监测分析方法》(第四版)
		pH	便携式 pH 计法	《水和废水监测分析方法》(第四版)
		透明度	塞式盘法	《水和废水监测分析方法》(第四版)
		氧化还原电位(oxidation-reduction potential,ORP)	铂电极法	《水和废水监测分析方法》(第四版)
		叶绿素 a(Chla)	分光光度法	《水和废水监测分析方法》(第四版)
	营养成分	TN	碱性过硫酸钾消解紫外分光光度法	《水质 总氮的测定 碱性过硫酸钾消解紫外分光 光度法》(HJ 636—2012)
		TP	钼酸铵分光光度法	《水质 总磷的测定 钼酸铵分光光度法》(GB 11893—89)
		氨氮(NH_4^+-N)	纳氏试剂分光光度法	《水质 氨氮的测定 纳氏试剂分光光度法》(HJ 535—2009)
		总有机碳(TOC)	非分散红外吸收法	《水质 总有机碳的测定 燃烧氧化—非色散红外吸收法》(HJ 501—2009)

第 8 章 底泥污染分析评价

8.1 分析评价内容及流程

根据污染底泥勘察取样、室内试验分析成果,采用合适的污染分析评价方法对底泥的污染程度进行评价,主要步骤如下(图 8-1):

(1)根据项目前期调查结果、勘察阶段的污染物检测结果,结合土壤质量指标(参比值等)对污染物进行识别,污染物超标的进行下步工作,污染物不超标的则直接排除。

(2)对底泥中已识别并确定为超标的各种污染物含量进行统计分析,确定底泥中污染物含量的平均值、标准值等统计指标。

(3)根据底泥污染物的种类、特征及评价的目的,确定底泥中污染物的参比值,选择适用的污染评价方法,如内梅罗污染指数法、地积累指数法、有机污染指数法等,采用一种或多种进行评价。

(4)结合各种方法的评价标准,对评价结果的科学性、合理性进行分析,得出评价结论。

(5)根据评价结果对底泥进行分级分类,并给出包括但不限于疏浚范围、疏浚深度等方面的环保疏浚建议。

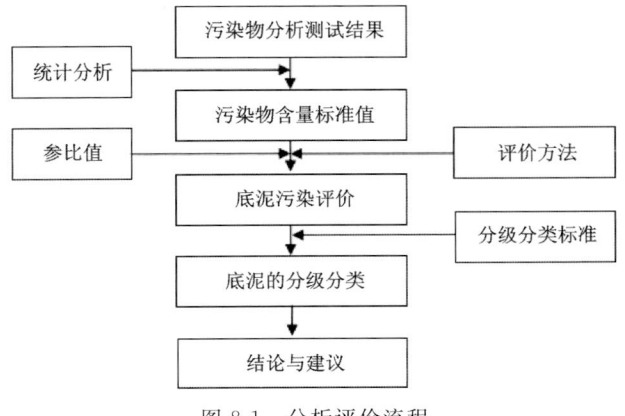

图 8-1 分析评价流程

8.2 污染评价参比值的选取及计算

底泥污染分析的首要工作即确定污染评价的标准,该标准即是污染分析评价的参比值或相对值。下面简要介绍在环保疏浚岩土工程勘察中当前几个常用的土壤质量标准(参比值)。

8.2.1 《土壤环境质量 农用地土壤污染风险管控标准(试行)》(GB 15618—2018)

1. 农用地土壤污染风险筛选值

农用地土壤污染风险筛选值是指农用地土壤中污染物含量等于或者低于该值的,对农产品质量安全、农作物生长或土壤生态环境的风险低,一般情况下可以忽略;超过该值的,对农产品质量安全、农作物生长或土壤生态环境可能存在风险,应当加强土壤环境监测和农产品协同监测,原则上应当采取安全利用措施。根据元素的不同,它具体又分为基本项目和其他项目。

1)基本项目

农用地土壤污染风险筛选值的基本项目为必测项目,包括镉、汞、砷、铅、铜、镍、锌,具体见表8-1。

表8-1 农用地土壤污染风险筛选值基本项目

序号	污染项目		风险筛选值/(mg·kg^{-1})			
			pH≤5	5.5<pH≤6.5	6.5<pH≤7.5	pH>7.5
1	镉	水田	0.3	0.4	0.6	0.8
		其他	0.3	0.3	0.3	0.6
2	汞	水田	0.5	0.5	0.6	1.0
		其他	1.3	1.8	2.4	3.4
3	砷	水田	30	30	25	20
		其他	40	40	30	25
4	铅	水田	80	100	140	240
		其他	70	90	120	170
5	铬	水田	250	250	300	350
		其他	150	150	200	250
6	铜	水田	150	150	200	200
		其他	50	50	100	100
7	镍		60	70	100	190
8	锌		200	200	250	300

注:(1)重金属和类金属砷均按元素总量计量;(2)对于水旱轮作,采用其中较严格的风险筛选值。

2) 其他项目

农用地土壤污染风险筛选值的其他项目为选测项目,包括六六六、滴滴涕(DDT)和苯并[a]芘,风险筛选值见表 8-2。

表 8-2 农用地土壤污染风险筛选值其他项目

序号	污染物项目	风险筛选值/(mg·kg^{-1})
1	六六六总量①	0.10
2	滴滴涕总量②	0.10
3	苯并[a]芘	0.55

注:①六六六总量为 α-六六六、β-六六六、γ-六六六、δ-六六六四种异构体的含量总和。
②滴滴涕总量为 P,P′-滴滴伊、P,P′-滴滴滴、O,P′-滴滴涕、P,P′-滴滴涕 4 种衍生物的含量总和。

其他未列项目由地方环境保护主管部门根据本地区土壤污染特点和环境管理需求进行选择。

2. 农用地土壤污染风险管制值

农用地土壤污染风险管制值指农用地土壤中污染物含量超过该值时,食用农产品不符合质量安全标准等农用地土壤污染风险高,原则上应当采取严格管控措施。

农用地土壤污染风险管控制项目包括镉、汞、砷、铅、铬,风险管制值见表 8-3。

表 8-3 农用地土壤污染风险管制值

序号	污染物项目	风险管制值/(mg·kg^{-1})			
		pH≤5	5.5<pH≤6.5	6.5<pH≤7.5	pH>7.5
1	镉	1.5	2.0	3.0	4.0
2	汞	2	2.5	4.0	6.0
3	砷	200	150	120	100
4	铅	400	500	700	1000
5	铬	800	850	1000	1300

3. 农用地土壤污染风险筛选值和管制值的使用

(1)当土壤中污染物含量等于或者低于表 8-1 和表 8-2 规定的风险筛选值时,农用地土壤污染风险低,一般情况下可以忽略;高于表 8-1 和表 8-2 规定的风险筛选值时,可能存在农用地土壤污染风险,应加强土壤环境监测和农产品协同监测。

(2)当土壤中镉、汞、铅、铬的含量高于表 8-1 规定的风险筛选值和等于或者低于表 8-3 规定的风险管制值时,可能存在食用农产品不符合质量安全标准等土壤污染风险,原则上应当采取农艺调控、替代种植等安全利用措施。

(3) 当土壤中镉、汞、砷、铅、铬的含量高于表8-3规定的风险管制值时,食用农产品不符合质量安全标准等农用地土壤风险高,且难以通过安全利用措施降低食用农产品不符合质量安全标准等农用地土壤污染风险,原则上应当采取禁止种植食用农产品、退耕还林等严格管控措施。

(4) 土壤环境质量类别划分应以本标准为基础,结合食用农产品协同监测结果,依据相关技术规定进行划定。

8.2.2 《土壤环境质量 建设用地土壤污染风险管控标准(试行)》(GB 36600—2018)

1. 建设用地土壤污染风险筛选值和管制值

建设用地土壤污染风险筛选值指在特定土地利用方式下,建设用地土壤中污染物含量等于或者低于该值的,对人体健康的风险可以忽略;超过该值的,对人体健康可能存在风险,应当开展进一步的详细调查和风险评估,确定具体污染范围和风险水平。

建设用地土壤污染风险管制值指在特定土地利用方式下,建设用地土壤中污染物含量超过该值的,对人体健康通常存在不可接受的风险,应当采取风险管控或修复措施。

保护人体健康的建设用地土壤污染风险筛选值和管制值见表8-4和表8-5,其中表8-4为基本项目,表8-5为其他项目(本标准考虑的暴露途径主要包括经口摄入土壤、皮肤接触土壤、吸入土壤颗粒、吸入室外空气中来自表层土壤的气态污染物、吸入室外空气中来自下层土壤的气态污染物、吸入室内空气中来自下层土壤的气态污染物)。

表8-4 建设用地土壤污染风险筛选值和管制值基本项目　　　　单位:mg/kg

序号	污染物项目		CAS编号	筛选值		管制值	
				第一类用地	第二类用地	第一类用地	第二类用地
1	重金属和无机物	砷	7440-38-2	20①	60①	120	140
2		镉	7440-43-9	20	65	47	172
3		铬(六价)	18540-29-9	3	5.7	30	78
4		铜	7440-50-8	2000	18 000	8000	36 000
5		铅	7439-92-1	400	800	800	2500
6		汞	7439-97-6	8	38	33	82
7		镍	7440-02-0	150	900	600	2000

续表 8-4

序号	污染物项目		CAS 编号	筛选值		管制值	
				第一类用地	第二类用地	第一类用地	第二类用地
8	挥发性有机物	四氯化碳	56-23-5	0.9	2.8	9	36
9		氯仿	67-66-3	0.3	0.9	5	10
10		氯甲烷	74-87-3	12	37	21	120
11		1,1-二氯乙烷	75-34-3	3	9	20	100
12		1,2-二氯乙烷	107-06-2	0.52	5	6	21
13		1,1-二氯乙烯	75-35-4	12	66	40	200
14		顺-1,2-二氯乙烯	156-59-2	66	596	200	2000
15		反-1,2-二氯乙烯	156-60-5	10	54	31	163
16		二氯甲烷	1975-9-2	94	616	300	2000
17		1,2-二氯丙烷	78-87-5	1	5	5	47
18		1,1,1,2-四氯乙烷	630-20-6	2.6	10	26	100
19		1,1,2,2-四氯乙烷	79-34-5	1.6	6.8	14	50
20		四氯乙烯	127-18-4	11	53	34	183
21		1,1,1-三氯乙烷	71-55-6	701	840	840	840
22		1,1,2-三氯乙烷	79-00-5	0.6	2.8	5	15
23		三氯乙烯	79-01-6	0.7	2.8	7	20
24		1,2,3-三氯丙烷	96-18-4	0.05	0.5	0.5	5
25		氯乙烯	75-01-4	0.12	0.43	1.2	4.3
26		苯	71-43-2	1	4	10	40
27		氯苯	108-90-7	68	270	200	1000
28		1,2-二氯苯	95-50-1	560	560	560	560
29		1,4-二氯苯	106-46-7	5.6	20	56	200
30		乙苯	100-41-4	7.2	28	72	280
31		苯乙烯	100-42-5	1290	1290	1290	1290
32		甲苯	108-88-3	1200	1200	1200	1200
33		间二甲苯+对二甲苯	108-38-3 106-42-3	163	570	500	570
34		邻二甲苯	95-47-6	222	640	640	640

续表 8-4

序号	污染物项目		CAS 编号	筛选值		管制值	
				第一类用地	第二类用地	第一类用地	第二类用地
35	半挥发性有机物	硝基苯	98-95-3	34	76	190	760
36		苯胺	62-53-3	92	260	211	663
37		2-氯酚	95-57-8	250	2256	500	4500
38		苯并[a]蒽	56-55-3	5.5	15	55	151
39		苯并[a]芘	50-32-8	0.55	1.5	5.5	15
40		苯并[b]荧蒽	205-99-2	5.5	15	55	151
41		苯并[k]荧蒽	207-08-9	55	151	550	1500
42		䓛	218-01-9	490	1293	4900	12 900
43		二苯并[a,h]蒽	53-70-3	0.55	1.5	5.5	15
44		茚并[1,2,3-cd]芘	193-39-5	5.5	15	55	151
45		萘	91-20-3	25	70	255	700

注：①具体地块土壤中污染物检测含量超过筛选值，但等于或者低于土壤环境背景值水平的，不纳入污染地块管理。土壤环境背景值见表 8-6。

表 8-5 建设用地土壤污染风险筛选值和管制值其他项目 单位：mg/kg

序号	污染物项目		CAS 编号	筛选值		管制值	
				第一类用地	第二类用地	第一类用地	第二类用地
1	重金属和无机物	锑	7440-36-0	20	180	40	360
2		铍	7440-41-7	15	29	98	290
3		钴	7440-48-4	20①	70①	190	350
4		甲基汞	22967-92-6	5	45	10	120
5		钒	7440-62-2	165①	752	330	1500
6		氰化物	57-12-5	22	135	44	270
7	挥发性有机物	一溴二氯甲烷	75-27-4	0.29	1.2	2.9	12
8		溴仿	75-25-2	32	103	320	1030
9		二溴氯甲烷	124-48-1	9.3	33	93	330
10		1,2-二溴乙烷	106-93-4	0.07	0.24	0.7	2.4

续表 8-5

序号	污染物项目		CAS编号	筛选值		管制值	
				第一类用地	第二类用地	第一类用地	第二类用地
11	半挥发性有机物	六氯环戊二烯	77-47-4	1.1	5.2	2.3	10
12		2,4-二硝基甲苯	121-14-2	1.8	5.2	18	52
13		2,4-二氯酚	120-83-2	117	843	234	1690
14		2,4,6-三氯酚	88-06-2	39	137	78	560
15		2,4-二硝基酚	51-28-5	78	562	156	1130
16		五氯酚	87-86-5	1.1	2.7	12	27
17		邻苯二甲酸二(2-乙基乙基)酯	117-81-7	42	121	420	1210
18		邻苯二甲酸丁基苄酯	85-68-7	312	900	3120	9000
19		邻苯二甲酸二正辛酯	117-84-0	390	2812	800	5700
20		3,3'-二氯联苯胺	91-94-1	1.3	3.6	13	36
21	有机农药类	阿特拉津	1912-24-9	2.6	7.4	26	74
22		氯丹[②]	12789-03-6	2	6.2	20	62
23		P,P'-滴滴滴	72-54-8	2.5	7.1	25	71
24		P,P'-滴滴伊	72-55-9	2	7	20	70
25		滴滴涕[③]	50-29-3	2	6.7	21	67
26		敌敌畏	62-73-7	1.8	5	18	50
27		乐果	60-51-5	86	619	170	1240
28		硫丹[④]	115-29-7	234	1687	470	3400
29		七氯	76-44-8	0.13	0.37	1.3	3.7
30		α-六六六	319-84-6	0.09	0.3	0.9	3
31		β-六六六	319-85-7	0.32	0.92	3.2	9.2
32		γ-六六六	58-89-9		1.9	6.2	19
33		六氯苯	118-74-1	0.33	1	3.3	10
34		灭蚁灵	2385-85-5	0.03	0.09	0.3	0.9

续表 8-5

序号	污染物项目		CAS 编号	筛选值		管制值	
				第一类用地	第二类用地	第一类用地	第二类用地
34	多氯联苯、多溴联苯和二噁英类	多氯联苯(总量)⑤	—	0.14	0.38	1.4	3.8
36		3,3′,4,4′,5-五氯联苯(PCB126)	57465-28-8	4×10^{-5}	1×10^{-4}	4×10^{-4}	1×10^{-3}
37		3,3′,4,4′,5,5′-六氯联苯(PCB169)	32774-16-6	1×10^{-4}	4×10^{-4}	1×10^{-3}	4×10^{-3}
38		二噁英类(总毒性当量)	—	1×10^{-5}	4×10^{-5}	1×10^{-4}	4×10^{-4}
39		多溴联苯(总量)	—	0.02	0.06	0.2	0.6
40	石油烃类	石油烃(C_{10}—C_{40})	—	826	4500	5000	9000

注:①具体地块土壤中污染物检测含量超过筛选值,但等于或者低于土壤环境背景值水平的,不纳入污染地块管理。土壤环境背景值见表 8-6。②氯丹为 α-氯丹、γ-氯丹两种物质含量总和。③滴滴涕为 O,P-滴滴涕、P,P-滴滴涕两种物质含量总和。④硫丹为 α-硫丹、β-硫丹两种物质含量总和。⑤多氯联苯(总量)为 PCB77、PCB81、PCB105、PCB114、PCB118、PCB123、PCB126、PCB156、PCB157、PCB167、PCB169、PCB189 十二种物质含量总和。

表 8-6 各主要类型土壤中砷的背景值

土壤类型	砷的背景值/(mg·kg^{-1})
绵土、篓土、黑垆土、黑土、白浆土、黑钙土、潮土、绿洲土、砖红壤、褐土、灰褐土、暗棕壤、棕色针叶林土、灰色森林土、棕钙土、灰钙土、灰漠土、灰棕漠土、棕漠土、草甸土、磷质石灰土、紫色土、风沙土、碱土	20
水稻土、红壤、黄壤、黄棕壤、棕壤、栗钙土、沼泽土、盐土、黑毡土、草毡土、巴嘎土、莎嘎土、高山漠土、寒漠土	40
赤红壤、燥红土、石灰(岩)土	60

续表 8-6

各主要类型土壤中钴的背景值	
土壤类型	钴的背景值/(mg·kg^{-1})
白浆土、潮土、赤红壤、风沙土、高山漠土、寒漠土、黑垆土、黑土、灰钙土、灰色森林土、碱土、栗钙土、磷质石灰土、绵土、篓土、莎嘎土、盐土、棕钙土	20
暗棕壤、草毡土、巴嘎土、草甸土、褐土、黑钙土、黑毡土、红壤、黄壤、黄棕壤、灰褐土、灰漠土、灰棕漠土、绿洲土、水稻土、燥红土、沼泽土、紫色土、棕漠土、棕色针叶林土、棕壤	40
砖红壤、石灰(岩)土	70
各主要类型土壤中钒的背景值	
土壤类型	钒的背景值/(mg·kg^{-1})
磷质石灰土	10
风沙土、灰钙土、灰漠土、棕漠土、篓土、黑垆土、灰色森林土、高山漠土、棕钙土、灰棕漠土、棕色针叶林土、栗钙土、灰褐土、沼泽土	100
莎嘎土、黑土、绵土、白浆土、黑钙土、草甸土、草毡土、盐土、潮土、暗棕壤、褐土、巴嘎土、黑毡土、水稻土、紫色土、黄棕壤、棕壤、寒漠土、碱土、赤红壤、燥红土	200
红壤、黄壤、砖红壤、石灰(岩)土	300

2. 建设用地土壤污染风险筛选值和管制值的使用

(1)建设用地规划用途为第一类用地的,适用表 8-4 和表 8-5 中第一类用地的筛选值和管制值;规划用途为第二类用地的,适用表 8-4 和表 8-5 中第二类用地的筛选值和管制值;规划用途不明确的,适用表 8-4 和表 8-5 中第一类用地的筛选值和管制值。

(2)建设用地土壤中污染物含量等于或者低于风险筛选值的,建设用地土壤污染风险一般情况下可以忽略。

(3)通过初步调查确定建设用地土壤中污染物含量高于风险筛选值的,应当依据《建设用地土壤污染状况调查技术导则》(HJ 25.1—2019)、《建设用地土壤污染风险管控和修复监测技术导则》(HJ 25.2—2019)等标准及相关技术要求开展详细调查。

(4)通过详细调查确定建设用地土壤中污染物含量等于或者低于风险管制值的,应当依据《建设用地土壤污染风险评估技术导则》(HJ 25.3—2019)等标准及相关技术要求开展风险评估,确定风险水平,判断是否需要采取风险管控或修复措施。

(5)通过详细调查确定建设用地土壤中污染物含量高于风险管制值的,对人体健康通常存在不可接受风险,应当采取风险管控或修复措施。

(6)建设用地若需采取修复措施,其修复目标应当依据《建设用地土壤污染风险评估技术导则》(HJ 25.3—2019)、《建设用地土壤修复技术导则》(HJ 25.4—2019)等标准及相关技术要求确定,且应当低于风险管制值。

(7)表8-4和表8-5中未列入的污染物项目,可依据《建设用地土壤污染风险评估技术导则》(HJ 25.3—2019)等标准及相关技术要求开展风险评估,推导特征污染物的土壤污染风险筛选值。

8.2.3 《场地土壤环境风险评价筛选值》(DB11/T 811—2011)(北京市地方标准)

1. 筛选值的分类

该标准根据土地不同的利用类型,对土壤环境风险的筛选值进行了更详细的划分,具体如表8-7所示。

表8-7 污染场地土壤筛选值　　　　　　　　　　　　　　　　单位:mg/kg

序号		污染物	住宅用地	公园与绿地	工业/商服用地
1	无机污染物	砷	20	20	20
2		铍	4	4	8
3		镉	8	9	150
4		铬	250	800	2500
5		铬(六价)	30	30	500
6		铜	600	700	10 000
7		铅	400	400	1200
8		汞	10	10	14
9		镍	50	80	300
10		锌	3500	5000	10 000
11		锡	3500	7000	10 000
12		氰化物	300	350	6000
13		氟化物	650	650	2000
14		石棉	7000	10 000	10 000

续表 8-7

序号	污染物		住宅用地	公园与绿地	工业/商服用地
15	挥发性有机污染物	二氯甲烷	12	21	18
16		苯	0.64	0.64	1.4
17		甲苯	850	1200	3300
18		乙苯	450	890	860
19		氯仿	0.22	0.22	0.5
20		溴仿	62	62	220
21		氯苯	41	93	64
22		四氯化碳	2	2.4	5.4
23		1,1-二氯乙烷	140	360	200
24		1,2-二氯乙烷	3.1	3.7	9.1
25		1,1,1-三氯乙烷	580	1300	980
26		1,1,2-三氯乙烷	0.5	0.5	15
27		1,1,2,2-四氯乙烷	1.6	6.8	6.8
28		三氯乙烯	7.5	9.5	9.2
29		四氯乙烯	4.6	6.7	12
30		二溴乙烯	0.19	0.23	1.4
31		苯乙烯	1200	2200	2700
32		二甲苯(总)	74	190	100
33		氯乙烯	0.25	0.3	1.7
34		氯甲烷	12	12	25
35		1,2-二氯乙烯(顺式)	43	150	390
36		1,2-二氯乙烯(反式)	150	240	360
37		1,1-二氯乙烯	43	100	61
38		1,2-二氯丙烷	5	5	50
39		1,2,3-三氯丙烷	0.05	0.07	0.5
40		二溴氯甲烷	5	6	50
41		一溴二氯甲烷	6	8	70

续表 8-7

序号		污染物	住宅用地	公园与绿地	工业/商服用地
42	半挥发性有机污染物	六氯苯	0.2	0.3	1
43		苯胺	4	10	4
44		硝基苯	7	9	35
45		苯酚	80	200	90
46		2,4-二硝基甲苯	0.6	0.7	1
47		邻苯二甲酸二丁酯	750	1800	800
48		邻苯二甲酸二辛酯	13	25	30
49		邻苯二甲酸正辛酯	500	700	9000
50		萘	50	60	400
51		菲	5	6	40
52		蒽	50	60	400
53		荧蒽	50	60	400
54		芘	50	60	400
55		䓛	50	60	400
56		芴	50	60	400
57		苯并[b]荧蒽	0.5	0.6	4
58		苯并[k]荧蒽	5	6	40
59		苯并[a]芘	0.2	0.2	0.4
60		茚并[1,2,3-cd]芘	0.2	0.6	4
61		苯并[g,h,i]苝	5	6	40
62		苯并[a]蒽	0.5	0.6	4
63		二苯并[a,h]蒽	0.05	0.06	0.4
64		2-氯酚	80	90	350
65		2,4-二氯酚	40	50	400
66		2,4-二硝基酚	25	35	450
67		2-硝基酚	20	30	20
68		4-硝基酚	4	9	4
69		五氯酚	3	4	10
70		2,4,5-三氯酚	600	1600	700
71		2,4,6-三氯酚	35	40	50
72		4-甲酚	60	80	80

续表 8-7

序号		污染物	住宅用地	公园与绿地	工业/商服用地
73	农药/多氯联苯及其他	多氯联苯	0.2	0.2	1
74		二噁英类(PCDDs/PCDFs)	0.000 002	0.000 003	0.000 02
75		六六六 α	0.2	0.2	0.3
76		六六六 β	0.2	0.2	0.7
77		六六六 δ	2	2	3
78		林丹(六六六 γ)	0.3	0.4	3
79		滴滴涕(包括 O,P'-滴滴涕,P,P'-滴滴涕)	1	1	11
80		P,P'-DDE	1	1	11
81		P,P'-DDD	2	2	15
82		狄氏剂	0.02	0.03	0.2
83		艾氏剂	0.02	0.03	0.2
84		异狄氏剂	4	5	11
85		敌敌畏	1	1	9
86		乐果	2	3	35
87		总石油烃(脂肪族):<C16	230	6000	620
88		总石油烃(脂肪族):>C16	10 000	10 000	10 000

2. 筛选值的使用规则

(1)在确定了开发场地土地利用类型的情况下,当土壤污染物检测值低于筛选值时,该场地不进行风险评价即可直接用于该土地利用类型的再开发利用;当监测值超过筛选值时,应进行风险评价。

(2)当筛选值应用于除表 8-7 中的其他城市土地利用类型时,可根据具体的暴露情景选用与表 8-7 中暴露情景相近的土地利用类型筛选值。

8.2.4 海洋沉积物质量分类与指标

1.《海洋沉积物质量》(GB 18668—2002)

(1)按照海域的不同使用功能和环境保护目标,海洋沉积物质量分为 3 类。

第一类:适用于海洋渔业水域、海洋自然保护区、珍稀与濒危生物自然保护区、海洋养殖区、海水浴场、人体直接接触沉积物的海上运动或娱乐区与人类食用直接有关的工业用水区。

第二类:适用于一般工业用水、滨海风景旅游区。

第三类:适用于海洋港口水域、特殊用途的海洋开发作业区。

（2）海洋沉积物分类指标。海洋沉积物质量标准见表 8-8。

表 8-8 海洋沉积物质量标准

序号	项目	指标		
		第一类	第二类	第三类
1	废弃物及其他	海底无工业、生活废弃物，无大型植物碎屑和动物尸体等		海底无明显工业、生活废弃物，无明显大型植物碎屑和动物尸体等
2	色、丑、结构	沉积物无异色、异臭，自然结构		
3	大肠菌群/(个·g^{-1}湿重)	≤200①		
4	粪大肠菌群/(个·g^{-1}湿重)	≤400②		
5	病原体	供人生食的贝类增养殖底质不得含有病原体		
6	汞/$\times 10^{-6}$	≤0.2	≤0.5	≤1.0
7	镉/$\times 10^{-6}$	≤0.5	≤1.5	≤5.0
8	铅/$\times 10^{-6}$	≤60.0	≤130.0	≤250.0
9	锌/$\times 10^{-6}$	≤150.0	≤350.0	≤600.0
10	铜/$\times 10^{-6}$	≤35.0	≤100.0	≤200.0
11	铬/$\times 10^{-6}$	≤80.0	≤150.0	≤270.0
12	砷/$\times 10^{-6}$	≤20.0	≤65.0	≤93.0
13	有机碳/$\times 10^{-2}$	≤2.0	≤3.0	≤4.0
14	硫化物/$\times 10^{-6}$	≤300.0	≤500.0	≤600.0
15	石油类/$\times 10^{-6}$	≤500.0	≤1 000.0	≤1 500.0
16	六六六/$\times 10^{-6}$	≤0.5	≤1.0	≤1.5
17	滴滴涕/$\times 10^{-6}$	≤0.02	≤0.05	≤0.10
18	多氯联苯/$\times 10^{-6}$	≤0.02	≤0.20	≤0.60

注：①除大肠菌群、粪大肠菌群、病原体外，其余数值测定项目（序号6~18）均以干重计。
②对供人生食的贝类增氧殖底质，大肠菌群（个/g 湿重）要求≤14。
③对供人生食的贝类增养殖底质，粪大肠菌群（个/g 湿重）要求≤3。

8.2.5 中国土壤元素背景值

土壤元素的背景值(朱月珍,1992)分为两类,一类是自然背景值,另一类是表观背景值。自然背景值是指在土壤自然成土过程中形成的物质含量,仅仅来自天然源(母质),而表观背景值是指在某一特定的时间点上,一个地区或区域范围内一类土壤物质的特征浓度,即来自天然源,亦可能包括非天然的面源物质。

在河湖底泥污染分析评价时采用的背景值往往指后者。当采用背景值作为参比值时,需要对当地的土壤背景元素进行统计分析,但土壤元素的背景值往往不是一个固定的值,而是一个分布范围(胡开明等,2014)。《土壤环境监测技术规范》(HJ T 166—2004)采用区域土壤环境背景值(X)95%置信度的范围($X±2s$)来进行评价,具体如下:若土壤某元素监测值$X_1 < X-2s$,则该元素缺乏或属于低背景土壤;若土壤某元素监测值$X_1 ± 2s$,则该元素含量正常;若土壤某元素监测值$X_1 > X+2s$,则土壤已受该元素污染,或属于高背景土壤。

因为污染分析评价的参比值是一个具体的值,而土壤元素的背景值是一个区间,无法直接用于底泥(土壤)的污染评价。针对该问题,张云冬等(2022)提出采用元素背景值累计概率95%对应的值为参比值进行污染分析评价,取得了良好的应用效果,该方法具体可参考本指南9.6节的相关介绍。

8.3 环保疏浚底泥污染评价方法

当前用于土壤污染评价的方法比较多,有内梅罗污染指数法、地积累指数法、污染负荷指数法、评价毒害指数商值等数十种方法,每种方法适用于不同类型的污染评价(王学松等,2006;张思锋等,2010;梅明等,2016;龙佳等,2018),详述如下。

8.3.1 内梅罗污染指数法

内梅罗污染指数是一种兼顾极值的多因子环境质量指数,是当前国内外常用的进行综合污染指数计算方法。该法先求出各因子的分指数(超标倍数),然后求出各单项指数的平均值,最后根据平均单项指数与最大单项指数计算综合污染指数:

$$PN = \{[(PI_{均}^2) + (PI_{最大}^2)]/2\}^{1/2} \tag{8-1}$$

式中:PN——内梅罗污染指数;

$PI_{均}$——平均单项污染指数;

$PI_{最大}$——最大单项污染指数。

环保疏浚污染土单项污染指数(PI)按式(8-2)计算。

$$PI = C_i/S_i \tag{8-2}$$

式中:C_i——环保疏浚污染土污染指标实测值;

S_i——土壤污染物质量标准值,可取当地背景值,如果没有背景值,可取底泥正常层的代表值。

根据内梅罗污染指数(PN)划分环保疏浚污染土污染程度等级,详见表8-9。

表 8-9　环保疏浚污染土污染程度等级划分

等级	内梅罗污染指数(PN)	污染程度等级
1	PN≤0.7	清洁(安全)
2	0.7<PN≤1.0	尚清洁(警戒限)
3	1.0<PN≤2.0	轻度污染
4	2.0<PN≤3.0	中度污染
5	PN>3.0	重污染

从式(8-1)和式(8-2)可以看出,内梅罗污染指数一定程度上突出了单项污染指数最大的污染物对环境质量的影响和作用,在评价时可能会人为地夸大或缩小一些因子的影响作用,使其对环境质量评价的灵敏性不够高,因此该计算结果有时难以区分土壤环境污染程度的差别。

8.3.2　潜在生态危害指数法

潜在生态危害指数法是由瑞典科学家 Hakanson 根据重金属性质及环境行为特点从沉积学角度提出来的,对土壤或沉积物中的重金属污染进行评价的方法。该法不仅考虑了土壤重金属含量,而且综合考虑了多元素协同作用、毒性水平、污染浓度以及环境对重金属污染敏感性等因素,因此在环境风险评价中得到了广泛的应用,具体计算过程如下。

1. 单一污染物污染程度计算

单一污染物污染程度计算如下:

$$C_f^i = C_D^i / C_R^i \tag{8-3}$$

式中:C_f^i——某一金属的污染参数;

C_D^i——沉积物中重金属的实测含量;

C_R^i——计算所需的参比值(参比值可取当地背景值,如果没有,可取底泥正常层代表值)。

2. 多种污染物污染程度计算

多种沉积物污染程度(C_d)是多种污染物的污染参数(C_f^i)之和,计算公式为

$$C_d = \sum_{i=1}^{n} C_f^i \tag{8-4}$$

式中:C_d——多种重金属的污染参数;

n——重金属种类数。

3. 潜在生态危害系数计算

单一污染物潜在生态危害系数计算公式为

$$E_r^i = T_r^i \times C_f^i \tag{8-5}$$

式中：E_r^i——某一重金属潜在生态危害系数；

T_r^i——单个重金属的毒性响应系数（见表 8-10）。

表 8-10 重金属毒性响应系数（T_r^i）

元素	Hg	Cd	As	Pb、Cu、Ni、Co	Zn、Ti、Mn	Cr、V
毒性响应系数	40	30	10	5	1	2

（4）多种重金属潜在生态危害指数计算公式为

$$RI = \sum_{i=1}^{n} E_r^i \tag{8-6}$$

式中：RI——多种重金属潜在生态危害指数；

E_r^i——某一重金属潜在生态危害系数。

5. 生态危害程度等级划分

根据生态风险指数划分生态危害程度等级，详见表 8-11。

表 8-11 生态危害程度等级划分

单一污染物污染系数 C_f^i		多种污染物污染系数 C_d		单一污染物潜在生态危害系数 E_r^i		潜在生态危害指数 RI	
阈值区间	污染程度	阈值区间	污染程度	阈值区间	分级	阈值区间	程度分级
$C_f^i<0.7$	清洁	$C_d<3$	清洁	$E_r^i<40$	轻微	RI<150	轻微
$0.7 \leqslant C_f^i<1$	轻度污染	$3 \leqslant C_d<4$	轻度污染	$40 \leqslant E_r^i<80$	中等	$150 \leqslant RI<300$	中等
$1 \leqslant C_f^i<3$	中度污染	$4 \leqslant C_d<8$	中度污染	$80 \leqslant E_r^i<160$	强	$300 \leqslant RI<600$	强
$3 \leqslant C_f^i<6$	高度污染	$8 \leqslant C_d<16$	高度污染	$160 \leqslant E_r^i<320$	很强	$600 \leqslant RI<1200$	很强
$C_f^i \geqslant 6$	严重污染	$C_d \geqslant 16$	严重污染	$E_r^i \geqslant 320$	极强	$RI \geqslant 1200$	极强

8.3.3 地积累指数法

地积累指数通常称为 Muller 指数,是 20 世纪 60 年代晚期由德国科学家 Muller 提出并在欧洲发展起来用于研究沉积物及其他物质中重金属污染程度的定量指标。地积累指数不仅考虑了自然地质过程造成的背景值影响,而且充分注意了人为活动对重金属污染的影响。因此,该指数不仅反映了重金属分布的自然变化特征,而且可以判别人为活动对环境的影响,是区分人为活动影响的重要参数。地积累指数的表达式为

$$I_{\text{geo}} = \log_2(C_n / K \times B_n) \tag{8-7}$$

式中:C_n——样品中元素 n 的浓度;

B_n——背景浓度;

K——修正指数,通常用来表征沉积特征、岩石地质及其他影响,可取 1.5。

Forstner 等将地质累计指数分为 7 级,具体见表 8-12。

表 8-12 地质累计指数分级

I_{geo} 分级	污染程度
$I_{\text{geo}} < 0$	0 级,无污染
$0 \leqslant I_{\text{geo}} < 1$	1 级,无污染到中度污染
$1 \leqslant I_{\text{geo}} < 2$	2 级,中度污染
$2 \leqslant I_{\text{geo}} < 3$	3 级,中污染到强污染
$3 \leqslant I_{\text{geo}} < 4$	4 级,强污染
$4 \leqslant I_{\text{geo}} < 5$	5 级,强污染到极强污染
$I_{\text{geo}} \geqslant 5$	6 级,极强污染

8.3.4 富集因子法

富集因子是分析表生环境中污染物来源和污染程度的有效手段,富集因子(EF)是 Zoller 等(1974)为了研究南极上空大气颗粒物中的化学元素是源于地壳还是海洋而首次提出来的。它选择满足一定条件的元素作为参比元素(一般选择表生过程中地球化学性质稳定的元素),然后将样品中元素的浓度与基线中元素的浓度进行对比,以此来判断表生环境介质中元素的人为污染状况(范成新等,2020)。计算公式为

$$\text{EF} = \frac{(C_n / C_{\text{ref}})_{\text{sample}}}{(B_n / B_{\text{ref}})_{\text{backround}}} \tag{8-8}$$

式中:C_n——待测元素在所测环境中的浓度;

C_{ref}——参比元素在所测环境中的浓度;

B_n——待测元素在背景环境中的浓度;

B_{ref}——参比元素在背景环境中的浓度。

劳茨等提出:若 EF 小于 10,则认为该元素相对于地壳或土壤没有富集;若其值大到 $10 \sim 10^4$,则可认为该元素富集,它不仅有地壳或土壤的贡献,而且可能与人类的各种活动有关,这时要结合污染源的调查,进一步计算某种可能的污染源;如果所求得的 EF 值接近 1,则说明该元素的主要来源是相应的污染源,该法可半定量估计污染源的贡献。

8.3.5 污染负荷指数法

Tomlinson 等提出了污染负荷指数(pollution load index,PLI)法,对重金属污染进行评价。该指数由评价区域所包含的多种金属成分共同构成,能直观地反映出多种重金属对环境污染的贡献以及它们在时间、空间上的变化趋势。

1. 某一点的 PLI 值求法

首先根据底泥中重金属的实测浓度和该重金属的背景值求出最高污染系数(CF),然后据此求出污染负荷指数 PLI,具体计算公式为

$$\begin{cases} \mathrm{CF}_i = \dfrac{C_i}{C_{0i}} \\ \mathrm{PLI} = \sqrt[n]{\mathrm{CF}_1 \times \mathrm{CF}_2 \times \mathrm{CF}_3 \times \cdots \times \mathrm{CF}_n} \end{cases} \tag{8-9}$$

式中:PLI——某点的污染负荷指数;
n——参加评价的重金属种类数;
CF_i——重金属 i 的最高污染系数;
C_i——沉积物中重金属 i 的实测值;
C_{0i}——重金属 i 的背景值。

2. 某一带或某一流域的 PLI 值求法

某一带或某一流域的 PLI 计算公式为

$$\mathrm{PLI}_{(\mathrm{zone/area})} = \sqrt[n]{\mathrm{PLI}_1 \times \mathrm{PLI}_2 \times \mathrm{PLI}_3 \times \cdots \times \mathrm{PLI}_n} \tag{8-10}$$

式中:$\mathrm{PLI}_{(\mathrm{zone/area})}$——某一污染带或某一流域的污染负荷指数;
n——该污染带所包含的采样点数目或该流域所包含污染带的数目。

污染负荷指数法一般分为 4 个等级,见表 8-13。

表 8-13 污染负荷指数等级划分

PLI 值	<1	1~<2	2~<3	≥3
污染等级	0	Ⅰ	Ⅱ	Ⅲ
污染程度	无污染	中等污染	强污染	极强污染

采用全球页岩平均值作为沉积物中重金属元素背景值,见表 8-14。

表 8-14　重金属元素背景值(全球页岩平均值,据 Fostner et al.,1987)　　　单位:mg/kg

元素	Co	Cr	Cu	Mn	Pb	V	Zn
背景值	19	90	45	850	20	130	95

8.3.6　有机污染指数法

有机污染指数主要用于评价受氮磷等有机物污染的底泥,对受重金属、有毒有害有机物等造成的污染则不适用,计算公式为

$$\begin{cases} 有机质(OM) = 有机碳(TOC) \times 1.724 \\ OI = OC \times ON \\ ON = TN \times 0.95 \\ OC = \dfrac{OM}{1.724} \end{cases} \quad (8\text{-}11)$$

式中:OI——有机污染指数;

　　　OC——有机碳(%);

　　　ON——有机氮(%);

　　　TN——总氮(%);

　　　OM——有机质(%)。

计算完成后,按表 8-15 进行评价。

表 8-15　有机污染指数法评价表

有机污染指数	污染等级	污染程度
<0.05	Ⅰ	清洁
0.05~<0.2	Ⅱ	较清洁
0.2~<0.5	Ⅲ	尚清洁
≥0.5	Ⅳ	有机污染

8.3.7　平均毒害指数商值法

1. 可能毒害浓度选择

该法采用基于共识的可能毒害浓度为依据对 3 类有毒有害有机物进行分级评价。多环芳烃类有机物的可能毒害浓度为 $22\,800\mu g \cdot kg^{-1}$,多氯联苯类有机物的可能毒害浓度为 $676\mu g \cdot kg^{-1}$,有机氯农药类有机物的可能毒害浓度为 $572\mu g \cdot kg^{-1}$。

2. 计算方法

平均毒害指数商值反映了有毒有害有机物对底栖生物的生物毒害作用,对特定底泥样

品,采用式(8-12)进行计算:

$$\begin{cases} Q_T = \dfrac{\sum\limits_{i=1}^{n} Q_i}{n} \\ Q_i = \dfrac{C_i}{P_i} \end{cases} \tag{8-12}$$

式中:Q_T——平均毒害指数商值,无量纲;
Q_i——第i种污染物的毒害指数商值,无量纲;
C_i——第i种污染物的实测浓度($\mu g/kg$);
P_i——第i种污染物的可能毒害浓度($\mu g/kg$);
n——疏浚土样品中包含的污染物种类数(种)。

3. 评价标准

计算得到生物毒害指数后,可根据表 8-16 评定生物毒害程度的等级。

表 8-16 生物毒害程度分级

生物毒害指数	生物毒害程度等级
$Q_T < 0.10$	轻微
$0.10 \leqslant Q_T < 0.50$	中等
$0.50 \leqslant Q_T < 1.00$	强
$1.00 \leqslant Q_T < 5.00$	很强
$Q_T \geqslant 5.00$	极强

8.3.8 综合污染指数法

综合污染指数(comprehensive pollution index,CPI)包含了土壤元素背景值、土壤元素标准尺度因素和价态效应综合影响。计算公式为

$$\text{CPI} = X \times (1+\text{RPE}) + Y \times \text{DDMB} \div (Z \times \text{DDSB}) \tag{8-13}$$

式中:CPI——综合污染指数;
X、Y——测量值超过标准值和背景值的数目;
RPE——相对污染当量;
DDMB——土壤测定浓度偏离背景值的程度;
DDSB——土壤标准偏离背景值的程度;
Z——用作标准元素的数目。

主要有下列计算过程:
(1) 计算相对污染当量(RPE):

$$\text{RPE} = \sum_{i=1}^{N} \left(\dfrac{c_i}{c_{is}} \right)^{\frac{1}{n}} / N \tag{8-14}$$

式中：N——测定元素的数目；

C_i——测定元素 i 的浓度

C_{is}——测定元素 i 的土壤标准值；

n——测定元素 i 的氧化数。

对于变价元素，应考虑价态与毒性的关系。在不同价态共存并同时用于评价时，应在计算中注意高低毒性价态的相互转换，以体现由价态不同所构成的风险差异性。

（2）计算元素测定浓度偏离背景值的程度（DDMB）：

$$\text{DDMB} = \sum_{i=1}^{N} \left(\frac{c_i}{c_{iB}}\right)^{\frac{1}{n}} / N \tag{8-15}$$

式中：C_{iB}——测定元素 i 的背景值。

（3）计算土壤标准偏离背景值的程度（DDSB）：

$$\text{DDSB} = \sum_{i=1}^{N} \left(\frac{c_{is}}{c_{iB}}\right)^{\frac{1}{n}} / Z \tag{8-16}$$

式中：Z——用于评价元素的个数。

（4）污染评价。计算完成后，根据 CPI 值评价土壤环境指标体系，见表 8-17。

表 8-17 CPI 污染分级表

X	Y	CPI	评价
0	0	0	背景状态
0	≥1	0＜CPI＜1	未污染状态，数值大小表示偏离背景值相对程度
≥1	≥1	≥1	污染状态，数值越大表示污染程度相对越严重

（5）污染表征：

$$_N T_{\text{CPI}}^{X}(a,b,c\cdots) \tag{8-17}$$

式中：X——超过土壤标准的元素数目；

$a,b,c\cdots$——超标污染元素的名称；

N——测定元素的数目；

CPI——综合污染指数。

8.3.9 环境风险指数法

环境风险采用 Rapant 等提出的环境风险指数进行表征。计算公式为

$$\begin{cases} I_{\text{ER}i} = \left(\dfrac{C_{Ai}}{C_{Ri}}\right) - 1 \\ I_{\text{ER}} = \sum_{i=1}^{n} I_{\text{ER}i} \end{cases} \tag{8-18}$$

式中：$I_{\text{ER}i}$——超过临界限量的第 i 种元素的环境风险指数；

C_{Ai}——第 i 种元素的分析（实测）含量；

C_{Ri}——第 i 种元素的临界限量;

I_{ER}——待测样品的环境风险指数。需说明的是,当 $C_{Ai}<C_{Ri}$ 时,则定义 I_{ERi} 的值为 0。

Rapant 等同时给出了相应的环境风险的划分标准,用以定量地测度重金属污染土壤或沉积物样品的环境风险程度大小,具体分级标准见表 8-18。

表 8-18 环境风险指数的分级

分级	环境风险指数	环境风险程度
1	0	无环境风险
2	0~1	低环境风险
3	1~3	中等环境风险
4	3~5	高环境风险
5	>5	极高环境风险

8.3.10 水体底泥重金属质量基准法 SQC

水体底泥重金属质量基准是为保护水生态系统而对水体底泥中特定重金属污染物所限定的临界含量。目前,国际上已提出 10 余种底泥基准的建立方法,其中由美国国家环保局(U.S. Environmental Protection Agency,USEPA)提出的平衡分配法相对简单,易于定量化和模型化而被广泛采用,其修正后的计算公式为:

$$\begin{cases} \text{SQC} = K_P \text{WQC} + [M]_R + [M]_{AVS} \\ K_P = \dfrac{C_S}{C_{IW}} \end{cases} \quad (8\text{-}19)$$

式中:K_P——重金属在底泥-水相之间的分配系数;

WQC——水质基准;

$[M]_R$——底泥中重金属的残渣态含量;

$[M]_{AVS}$——底泥中与酸可挥发性硫化物(AVS)相结合的重金属含量;

C_S、C_{IW}——底泥和孔隙水中重金属浓度。

其他还有一些底泥污染评价方法如底泥富集系数(SEF)法、次生相富集系数法等,读者可根据需要查阅相关文献,此处不再赘述。

8.4 环保疏浚污染底泥的分类分级

当前环保疏浚污染底泥的分级分类方面,还没有统一的国家或行业标准,仅有中国疏浚行业协会发布的团体标准《内河湖库环保疏浚污染土分类分级标准》(T/CHINA 203.3—2021),以下对该标准污染土的分类分级进行简要介绍。

8.4.1 环保疏浚污染土的分类

依据污染物类型和影响途径,环保疏浚污染土分为营养盐污染土、重金属污染土、有毒有

害有机物污染土、复合污染土,具体如下:

(1)营养盐污染土是指氮、磷营养盐和有机质含量超过参比值,6个月无法被天然水生态系统消纳的污染底泥。

(2)重金属污染土是指重金属含量超过参比值,以致对水生生物、人类健康构成潜在威胁的污染底泥。

(3)有毒有害有机物污染土是指有机氯农药、多氯联苯、多环芳烃等持久性有机污染物含量超过参比值,以致对水生生物、人类健康构成潜在威胁的污染底泥。

(4)复合污染土是指同时受到营养盐、重金属、有毒有害有机物中两类或两类以上污染物污染的污染底泥。

8.4.2 环保疏浚污染土的分级

1. 分级规定

环保疏浚污染土等级由环保疏浚污染土的污染程度、潜在生态风险程度和生物毒害程度综合决定。其中污染程度评价采用内梅罗污染指数法、潜在生态风险程度评价采用潜在生态风险评价指数法,生物毒害程度评价采用生物毒害指数法。

营养盐污染土的等级按环保疏浚污染土的污染程度确定。

重金属污染土的等级按环保疏浚污染土的污染程度和潜在生态风险程度综合确定。

有毒有害有机物污染土的等级按环保疏浚污染土的生物毒害程度确定。

复合污染土的等级按环保疏浚污染土的污染程度、潜在生态风险程度或生物毒害程度取其重。

2. 等级划分

依据环保疏浚污染土的污染程度、潜在生态风险程度和生物毒害程度,将环保疏浚污染土的污染等级划分为 5 级。

营养盐污染土的等级划分应按照表 8-19 执行。

表 8-19 营养盐污染土等级划分

污染程度	清洁	尚清洁	轻度污染	中度污染	重度污染
等级	Ⅰ	Ⅱ	Ⅲ	Ⅳ	Ⅴ

重金属污染土的等级划分应按照表 8-20 执行。

表 8-20 重金属污染土等级划分

污染程度	潜在生态风险程度				
	轻微	中等	强	很强	极强
清洁	Ⅰ	Ⅱ	Ⅲ	Ⅳ	Ⅴ

续表 8-20

污染程度	潜在生态风险程度				
	轻微	中等	强	很强	极强
尚清洁	Ⅱ	Ⅲ	Ⅳ	Ⅴ	Ⅴ
轻度污染	Ⅲ	Ⅳ	Ⅴ	Ⅴ	Ⅴ
中度污染	Ⅳ	Ⅴ	Ⅴ	Ⅴ	Ⅴ
重度污染	Ⅴ	Ⅴ	Ⅴ	Ⅴ	Ⅴ

有毒有害有机物污染土的等级划分应按照表 8-21 执行。

表 8-21 有毒有害有机物污染土等级划分

生物毒害程度	轻微	中等	强	很强	极强
等级	Ⅰ	Ⅱ	Ⅲ	Ⅳ	Ⅴ

复合污染土应分别进行污染程度、潜在生态风险程度和生物毒害程度评价,取评价结果的最高等级为复合污染土污染等级。

8.4.3 环保疏浚污染土的分级处置

针对不同的环保疏浚污染土等级,可采取相应的环保疏浚措施,具体见表 8-22。

表 8-22 不同等级疏浚污染土的环保疏浚措施

污染	环保措施
Ⅰ	天然状态,无需采取任何工程措施
Ⅱ	底泥受到轻度污染,处于可自我修复状态,无需采取生态环保工程措施
Ⅲ	底泥受到中等程度污染,处于无法自我修复状态,可采取环保疏浚以外的其他生态环保措施
Ⅳ	底泥受到重度污染,处于污染自我修复状态,宜选取环保疏浚在内的生态环保的工程措施
Ⅴ	底泥受到严重污染,处于无法自我修复状态,应采取消除污染源的综合生态环保工程措施

8.5　底泥疏浚深度的确定

环保疏浚工程中的疏浚深度是环保疏浚研究中的关键参数之一。疏浚深度确定的合适与否直接关系到环保疏浚的效果好坏及工程费用的高低,被认为是环保疏浚研究的焦点所在,但关于环保疏浚深度,国外尚未有合适的方法可以借鉴,多是理念性或定性的,主要关注的是生物种群的保护和重污染部分的去除,可操作性较低。一般而言,底泥中污染物含量随深度的加大而逐渐降低,如果疏浚深度过小,底泥释放和生态风险并未实质性消除,疏浚效果难以得到保证和长效维持；而疏浚深度过大，则不仅会使疏浚成本增加，还可能对湖底部生态系统造成破坏，增加后期生态修复的难度。目前国内外关于环保疏浚深度的研究，相关成果主要来自我国，多年的研究和工程实践已形成十几种方法（范成新等，2020），具体介绍如下。

8.5.1 视觉分层法

该法主要根据底泥的颜色、气味、土壤质地、塑性状态等对柱状底泥进行污染性质分层。该法一般将底泥分为3层，分别为污染层A、过渡层B和正常层C。A层颜色为黑色至深黑色，上部呈稀浆状，下部呈流塑状，有机质含量高，有臭味；B层颜色一般为灰黑色，呈软塑—塑性状态，一般含有少量有机质，有异味；C层颜色与当地未被污染土质相同，一般无臭味（实际分层效果见图8-2）。在实际应用中，也可以分为4层或5层，如将污染层A层的上部细分为浮泥层或氧化层，或将过渡层再细分为上、下两层，以及将正常层称为健康层。该法虽简单快速，但由于主要依赖于人的视觉、嗅觉和触觉，主观性介入过强，而颜色和流塑态与底泥污染性的关系尚未见科学性定论，因此对层的性质和分界位置的判断难免产生误差甚至失误。

图8-2 视觉分层法的分层效果

8.5.2 拐点法

该法又称折点法，它是依据目标污染物含量随深度的变化曲线中出现明显的拐点（或转折点，即污染物浓度突然降低的点），将处于该点位置以上的泥层厚度确定为底泥疏浚深度。某项目典型的拐点曲线见图8-3和图8-4，从表层的含量高向下快速降低到正常含量。

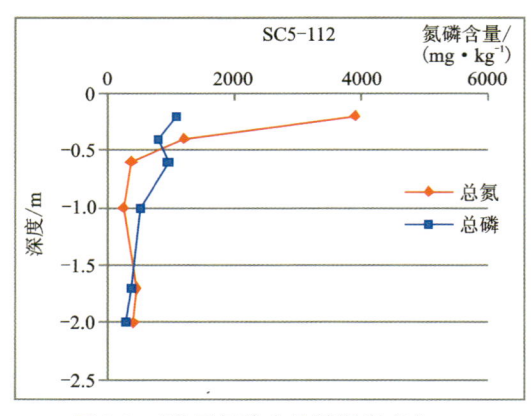

图8-3 SC区氮磷含量随深度变化

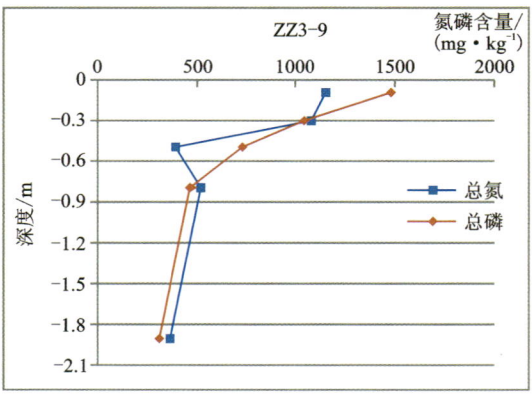

图8-4 ZZ区氮磷含量随深度变化

该法在工程中的应用较多,吴永红等(2005)曾用拐点法判断滇池两湖湾底泥氮、磷垂向分布,认为24~39cm处为其适合的环保疏浚深度。拐点法是我国20世纪90年代后大多数疏浚湖泊界定污染底泥疏浚深度时较常采用的方法。姜霞等(2012)等根据太湖竺山湾底泥中重金属总量及生物可利用形态的垂向分布特点,用拐点法推算出底泥环保疏浚深度为0.39m。宋倩文(2013)分析了梅梁湾柱状底泥总磷的垂向变化曲线,找到拐点处的总磷含量为582mg/kg,据此确定梅梁湾的疏浚深度为17cm。赵海涛等(2012)、梅晓庆和王帅(2019)提出的含量分析法实际上也是依据含量在垂向上的变化特征确定疏浚深度,与拐点法原理基本上一致。拐点法的优点是简单直观、易于掌握,但实际应用中,由于沉积物的空间异质性,不同的目标污染物、不同的采样点的拐点位置往往有很大不同,垂向曲线上拐点位置有的可多达3个以上,甚至没有明显拐点,为疏浚深度的确定带来困难和一定的随意性。

8.5.3 背景值法

背景值法是以极少或未受人类活动影响的深层底泥中目标污染物含量作为背景值,将底泥中污染物含量高于背景值的判定为受到污染,进而根据污染物在底泥中的竖向分布特征确定环保疏浚深度。

底泥中污染物的背景值可通过与底泥垂向分析结合的断面沉积地球化学、研究区历史资料大数据分析等方法获得,根据羊向东和陈旭(2012)的研究,具有高磷地质本底的巢湖流域由于1500—1580年间耕地面积的快速增加,巢湖底泥含量出现明显上升,对应底泥深度小于62cm的上层底泥则认为已受近代污染,大于62cm的则可认为是磷的背景值。一般认为,环境污染大约起始于工业革命开始的19世纪末,我国则主要开始于20世纪50年代。但是,很少有湖泊或湖区能通过获得高覆盖深层底泥调查数据来获取背景值,实际对柱状泥样高精度分层及对目标污染物分析后,以背景值含量以上判断为污染层所确定的数据深度一般都会出现正误差。

8.5.4 标准偏差倍数法

标准偏差倍数法是对湖泊底泥样品中的目标污染物的含量进行统计分析,求出其平均值和标准偏差,然后根据随机误差理论,确定极限误差下的置信度水平,计算出置信曲线。根据目标污染物含量的均值及其标准偏差变动范围($Av+n\delta$),人为划分底泥污染等级,其中n为自然数,对于正态分布,认为偏离3δ的可能性已经很小,($Av-3\delta,Av+3\delta$)之内的数量占总数的绝大多数。因此,在一般湖泊中,n取值为3~4,而对污染较重湖泊则取1~3。该法需要足够多的采样点目标污染物含量信息,而且理论上每个样点的分层数甚至层位都要具有一致性,另外,n的取值主观成分较明显,缺乏不同标准偏差与污染的对应关系,依据并不十分充分。

8.5.5 生态风险指数法

生态风险指数法又称潜在生态风险指数法和临界风险法。瑞典科学家Hakanson(1980)将在相对比较稳定的页岩中不同重金属含量作为湖泊底泥背景值,根据不同重金属的生物毒性作用存在差异,通过各污染因子的计算及其值的累加,计算出生态风险指数RI,评价底泥的生态危害程度(无生态危害,RI<150;轻度生态危害,150≤RI<300;中度危害,300≤RI<600;强度危害,RI≥600)。生态风险指数法主要依据 Hakanson 的生态风险评估方法和生态危害程度等级,将具有生态强度危害(RI≥600)的层确定为污染层,该层下部所处位置至上部底泥,即至泥水界面的距离,确定为疏浚深度。

在 15 个国家 863 项目中(在我国 863 项目中),根据太湖五里湖环保疏浚示范区 15 个柱状样点中重金属含量,按照生态风险指数将底泥划分为背景层(无生态危害)、无污染的正常层位(生态轻度危害)、污染过渡层(生态中度危害)和污染层(生态强度危害)4 层,确定示范区疏浚深度为 20～150cm。Ding 等(2015)应用潜在生态风险指数评价了浙江平湖 10 条河道的重金属 RI,给出了临界风险阈值水平,建议的疏浚深度为 35～100cm。该法的优点是用常规化学分析替代了底泥的生物危害实验,使疏浚深度的确定融入了生态的理念,不足之处是对于受非重金属污染如营养性污染的湖泊仅能作为参考。

8.5.6 分层释放法

分层释放法主要是通过分析底泥污染物包括氮磷的释放与水体中的相应污染物含量的关系,并根据底泥中不同深度的污染物释放情况,划分相应的释放风险等级,确定底泥疏浚深度(范成新和张路,2008)。

2003 年中国科学院南京地理和湖泊研究所通过对太湖五里湖底泥进行释放模拟,将 5～25℃下释放速率(R)超过重污染释放风险[PO_4^{3-}-P 为 1.07～3.65mg/(m^2·d);NH_4^+-N 为 49.7～90.5mg/(m^2·d)]的模拟释放层以上的泥层确定为疏浚深度,结果应用于"重污染水体环保疏浚与生态重建技术"的示范研究中,确定五里湖底泥环保疏浚深度为 0.2～0.7m,大大减少了原方案疏浚总量。刘德启(2005)对五里湖和梅梁湖交界区也进行了以确定疏浚深度的底泥释放试验,该研究以 3 个不同水土比值模拟底泥氮磷释放,发现水土比值为 3∶1 时的氮磷释放量最低,从而给出合理疏浚深度为 25cm。周小宁等(2007)在分层释放法和拐点法基础上,考虑了疏浚后新形成的表层沉积物磷的"净释放量"(即表征磷释放的潜在可交换性磷与表征吸附的最大吸附量之差),分析了太湖梅梁湾底泥潜在的可交换性磷随深度的变化,推算出其环保疏浚深度为 25cm。龚春生(2007)分析南京玄武湖东南湖的分层底泥氮磷含量,模拟释放获得了氮磷底泥-水交界面的交换通量,认为湖边和湖心底泥合理的数据深度应分别为 25cm 和 15cm。何伟等(2013)按 10cm 间隔分层,模拟了淀山湖底泥在不同季节和不同数据深度下 NH_4^+-N、PO_4^{3-}-P 和溶解态有机碳的释放速率,据此推荐的疏浚深度为 10～20cm。分层释放法还可应用于河道疏浚深度的确定。邢雅囡等(2006)对采集深度为 20cm 的苏州市河道底泥进行 5cm 分层氮磷释放研究,发现因频繁疏浚该河道底泥仅需要疏浚 5～15cm 即可控制内源释放改善水质。

8.5.7 吸附解吸法

吸附解吸法又称吸附平衡法(王雯雯,2013)(方法可参考本指南 7.2.5 节)。该法对拟疏浚区底泥以合适的泥水比例和外加氮磷进行吸附解吸平衡试验,找出氮磷吸附解吸平衡浓度大于上覆水中相应氮磷浓度的底泥层,确定氮磷释放风险大的泥层作为疏浚层次,相应的底泥厚度为环保疏浚深度。

王雯雯(2013)应用该法,确定太湖竺山湾环保疏浚示范工程 A、B 两区的底泥环保疏浚深度分别为 0.4～0.7m。马永刚等(2020)在试验水体的污染物浓度条件下对该法作了改进,将底泥与按 1 类～劣 5 类别配置含氮磷的模拟水体进行吸附解析试验,当达到各自平衡浓度时,将初始浓度与吸附-解吸量建立线性回归方程,为疏浚深度确定提供更精细的依据。《河流湖泊环保疏浚工程技术指南》采用该法确定高氮、磷污染底泥环保疏浚深度,具体步骤如下:

(1)对各分层底泥中 TN 含量、TP 含量进行测定,了解 TP、TN 含量随底泥深度的垂直变化特征,重点考虑 TN、TP 含量较高的底泥层。

(2)进行氮、磷吸附-解吸试验,了解各分层底泥氮、磷释放风险大小,找出氮、磷吸附-解吸平衡浓度大于上覆水中相应氮、磷浓度的底泥层。

(3)确定 TN、TP 含量高、且释放氮磷风险大的底泥层作为疏浚层,相应的底泥厚度作为疏浚深度。

8.5.8 综合法

在环保疏浚深度确定的实际过程中,为更加合理地确定疏浚深度,除拐点法外,很少仅采用一种方法确定疏浚深度,往往是 2 种甚至是多达 4 种方法综合,涉及较多的方法是视觉分层法、拐点法、生态风险指数法、分层释放法和吸附解吸法,根据多种方法的分析结果综合确定污染底泥的数据深度。

为了对富营养化、重金属、持久性有机污染物等多种重污染的底泥进行有效控制,Liu 等(2015)对巢湖汇流湖湾开展了以营养物(TN 和 TP)、重金属(重点是 Cd 和 Hg)和持久性有机污染物(16 种 PAHs)控制为主的多目标底泥疏浚深度的确定,对划分的 4 块区域推荐的合理疏浚深度为 15～25cm。张鑫等(2020)提出用基于疏浚深度主要位于污染过渡层内这样的基本判断,应用沉积学法(视觉法)、背景值法、拐点法和分层释放速率法给出疏浚深度,获得在过渡层中需疏浚去除的百分比(综合系数 K 值),以此计算出环保疏浚深度。对于特殊的湖泊污染现象——湖泛黑臭的控制,以关键的致黑组分为主要控制参数,也将获得较好的疏浚深度。例如《河流湖泊环保疏浚工程技术指南》采用视觉分层法和生态风险指数法确定重金属污染底泥的环保疏浚深度,具体步骤如下:

(1)对污染底泥进行视觉分层。

(2)根据重金属潜在生态风险指数,确定不同层次的底泥释放风险和重金属污染底泥所处层次,从而确定重金属污染底泥疏浚深度。

8.6 底泥疏浚范围的确定

8.6.1 控制指标的选择

环保疏浚范围的确定以工程区底泥勘察分析的结果为基础,利用底泥污染物的分类标准对底泥的污染状况进行全面评估,同时从经济可行性以及安全性的角度进一步确定环保疏浚范围。在选择疏浚范围确定的控制指标时,应重点考虑以下因素:

(1)底泥污染特征。反映底泥污染特征、对工程区水质及富营养化有重大影响的指标是决定疏浚范围和疏浚先后的主要因素。

(2)代表性和可操作性。控制指标必须能够有效地表达底泥的基本特征信息,同时应有较多的实际调查和监测资料作为基础。

(3)功能性和安全性。环保疏浚应确保湖泊功能的实现,确保湖泊的功能不受到伤害。优先考虑重点功能区域,包括污染淤积严重区域、重要城市的供水水源地取水口、重点风景旅游区、现状和规划调水入湖区、对湖泊生态系统影响大的湖区、鱼类繁殖场、水生植物基因库区、污染淤积严重的入湖河口及有特殊需要必须疏浚的地区。

8.6.2 控制指标的取值

1. 底泥营养盐含量

工程区水体达到相应地表水质量标准或水体功能区划所要求水质时底泥中氮磷含量。不同湖泊河流高氮磷污染底泥环保疏浚控制值根据实际有所不同。例如,太湖高氮、磷污染底泥环保疏浚范围控制值为 TN 含量≥1627mg/kg、TP 含量≥625mg/kg(《河流湖泊环保疏浚工程技术指南》)。《城市河湖环保清淤及底泥处理处置技术规程》(广东地方标准)则规定,对于有氮磷背景值的区域采用中度污染等级所对应的氮磷指标为底泥营养盐的清淤控制值,对于无氮磷背景值的区域总氮 TN 的控制值为 1000mg/kg≤TN≤2000mg/kg;总磷 TP 的控制值为 420mg/kg≤TP≤640mg/kg。

2. 底泥重金属生态风险

工程区重金属污染底泥的疏浚控制值为重金属潜在生态风险指数 RI≥300。该项取值在《湖泊河流环保疏浚工程技术指南》和《城市河湖环保清淤及底泥处理处置技术规程》是一致的。

3. 有机污染指数

工程区有机污染底泥的数据控制值宜为有机指数 OI≥0.2。

4. 底泥厚度

《湖泊河流环保疏浚工程技术指南》要求根据工程区底泥分布特征和疏浚工程的施工技术条件确定,例如,太湖环保疏浚底泥厚度建议值为≥10cm。《城市河湖环保清淤及底泥处理处置技术规程》则要求环保清淤深度应考虑水利清淤的需求,宜在行洪要求计算河底或湖底高程的基础上,再结合污染底泥层确定河底或湖底高程,且环保清淤断面底高程不宜高于过渡层顶高程;环保清淤厚度宜小于污染层和过渡层的总厚度。

5. 工程性安全指标

清淤范围应根据相关法律法规和管理规定的要求,与水利工程措施、水源地取水口、养殖区保持一定的安全距离。例如,太湖环保疏浚的工程性安全指标为与太湖、太湖大堤等水利工程措施、养殖区的安全距离为200m,与水源地取水口的安全距离为500m。

8.6.3 疏浚范围确定的步骤

运用疏浚控制指标对工程区进行评判,同时结合水质、水利功能区划,可采取以下步骤确定疏浚范围。

(1) 在数据数量和质量达到要求的基础上,对工程区底泥中TN含量进行空间插值分析,确定TN含量大于等于高氮、磷污染底泥疏浚氮控制值的区域。

(2) 在数据数量和质量达到要求的基础上,对工程区底泥中TP含量进行空间插值分析,确定TP含量大于高氮、磷污染底泥疏浚磷控制值的区域。

(3) 对工程区底泥中重金属生态风险指数进行分析,确定重金属生态风险指数$\geqslant 300$的区域。

(4) 对工程区底泥中有机指数进行分析,确定有机指数$OI \geqslant 0.2$的区域。

(5) 对使用TN含量、TP含量、重金属生态风险指数、有机指数所控制区域进行叠加,控制指标为TN含量、TP含量、重金属生态风险指数、有机指数等所控制区域的并集。

(6) 采用空间插值分析,去除底泥厚度<10cm的区域。

(7) 根据安全性控制指标,去除水利工程设施、取水口以及重要渔业养殖场周围的安全规划保护区域。

经过上述步骤得到的区域即为工程区域污染底泥环保疏浚范围。

第 9 章 环保疏浚岩土工程分析评价和成果报告编写

9.1 概　述

由于岩土体的非均匀性和各向异性，岩土空间各点的物理力学性质在同一岩土层虽不完全相同，但总体上在一定的范围变化，相应地由土工及化学试验得到的岩土参数、污染物含量等参数是存在一定差异的，而不同的岩土层物理力学参数差异性更大。因此，反映岩土层物理力学性质指标的统计应按工程地质单元和层位进行，薄夹层或透镜体等是否参与统计应慎重考虑。所谓的工程地质单元是指在工程地质数据的统计工作中具有相似的地质条件或在某方面有相似的地质特征，而将其作为一个统计的单元体，在该单元体内的各岩土层物理力学性质指标或其他参数是相同的，但又不完全一致，而是在一定范围内变化。一般情况下，同一工程地质单元具有以下共同特征：

（1）具有同一地质年代、成因类型，并处于同一构造部位和同一地貌单元的岩土层。

（2）具有基本相同的岩土性质特征，包括矿物成分、结构构造、风化程度、物理力学性能和工程性能。

（3）影响岩土体工程地质性质的因素基本相似。

进行统计的物理力学指标一般包括岩土的天然密度、天然含水量，粉土和黏性土的液限、塑限和塑性指数，黏性土的液性指数，砂土的相对密实度，以及力学指标如标准贯入试验击数、十字板剪切强度等，底泥中的污染物应根据确定的种类分别进行统计。各指标的统计应提供最大值、最小值、平均值、标准差、变异系数和统计数量。当统计样本的数量小于 6 个时，统计标准差和变异系数的意义不大，可不进行统计，只提供指标的范围值。

9.2 岩土参数的分析和选定

9.2.1 统计方法

岩土的物理力学指标应采用数理统计的方法进行整理、分析。由于岩土的不均匀性，同一地质单元内的特定岩土层测试数据是离散的，但符合一定的分布规律，因而岩土指标的统计应按地质单元分层统计。为方便参数的应用，常采用统计特征值。统计特征值中一类是反映

数据分布的集中情况或中心趋势的,常被用来作为某批数据的典型代表,常用平均值计算公式为

$$\varphi_m = \frac{\sum_{i=1}^{n} \varphi_i}{n} \tag{9-1}$$

式中:φ_m——岩土参数的平均值;
　　n——统计样本数。

统计特征值中另一类用来反映数据分布的离散程度,常用标准差和变异系数来表示,计算公式为

$$\begin{cases} \sigma_f = \sqrt{\dfrac{1}{n-1}\left[\sum_{i=1}^{n}\varphi_i^2 - \dfrac{\left(\sum_{i=1}^{n}\varphi_i\right)^2}{n}\right]} \\ \delta = \dfrac{\sigma_f}{\varphi_m} \end{cases} \tag{9-2}$$

式中:φ_m——岩土参数的平均值;
　　σ_f——岩土参数的标准差;
　　δ——岩土参数的变异系数;
　　n——统计样本数。

岩土参数的标准差可以作为参数离散型的尺度,但由于标准差是有量纲的,不能直接用于不同参数离散型的比较。为了评价岩土参数的变异特点,引入了变异系数的概念。变异系数是无量纲系数,使用上比较方便,在国际上是一个通用指标,各指标的变异系数见表9-1,国内研究成果的变异系数见表9-2。

表9-1　IngIes建议的变异系数

岩土参数	范围值	建议标准值
内摩擦角 φ(砂土)	0.05~0.15	0.10
内摩擦角 φ(黏性土)	0.12~0.56	
黏聚力 c(不排水)	0.20~0.50	0.30
压缩系数 a_{1-2}	0.18~0.73	0.30
固结系数 C_v	0.25~1.00	0.50
弹性模量 E	0.02~0.42	0.30
液限 w_P	0.02~0.48	0.10
塑限 w_L	0.09~0.29	0.10
标准贯入击数 N/击	0.27~0.85	0.30
无侧限抗压强度 q_u	0.06~1.00	0.40
孔隙比 e	0.13~0.42	0.25
重度 r	0.01~0.10	0.30
黏粒含量 ρ_c	0.09~0.70	0.25

表 9-2　国内研究成果的变异系数

地区	土类	重度 γ	压缩模量 E_s	内摩擦角 φ	黏聚力 c
上海	淤泥质黏土	0.017~0.020	0.044~0.213	0.206~0.308	0.049~0.089
	淤泥质亚黏土	0.019~0.023	0.166~0.173	0.197~0.424	0.162~0.245
	暗绿色亚黏土	0.015~0.031		0.097~0.268	0.333~0.645
江苏	黏土	0.005~0.033	0.177~0.257	0.164~0.370	0.156~0.290
	亚黏土	0.014~0.030	0.122~0.300	0.100~0.360	0.160~0.550
安徽	黏土	0.020~0.034	0.170~0.500	0.140~0.168	0.280~0.300
河南	亚黏土	0.015~0.018	0.166~0.469	—	—
	粉土	0.017~0.044	0.209~0.417	—	—

注：表中亚黏土现称为粉质黏土。

在正确划分地质单元和标准试验方法的条件下，变异系数反映了岩土固有变异性特征，例如土的重度的变异系数一般小于 0.05，而渗透系数的变异系数一般不小于 0.4，这表明土的重度指标离散型较低，而渗透系数即使是同一岩土层也往往有较大的差别。

需要说明的是，变异系数是用来定量地评价岩土参数的变异特性，与指标是否合格没有直接的关系，不能认为变异系数大，就是勘察试验中存在问题，变异系数仅仅说明了指标的离散性。

9.2.2　数据的取舍

对于未经取舍的岩土层数据，在初步统计分析的基础上，应分析误差出现的原因，同时进一步剔除粗差数据，舍弃粗差的数据后重新进行统计，剔除粗差常用的方法是正负三倍标准差法，将离差大于 $\pm 3\sigma_f$ 的数据舍弃，反复几次后使统计结果满足规范要求。

对主要参数宜绘制参数沿深度变化的曲线，以便分析参数在垂直和水平方向的变异规律，正确掌握这些参数的变异特征。按照参数变化的特点，参数分为相关型和非相关型两种类型。

对于相关型参数，应结合岩土参数和深度的经验关系，按式(9-3)确定剩余标准差，并用剩余标准差计算相关型参数的变异系数：

$$\begin{cases} \sigma_r = \sigma_f \sqrt{1-r^2} \\ \delta = \dfrac{\sigma_r}{\varphi_m} \end{cases} \quad (9\text{-}3)$$

式中：σ_r——剩余标准差；

r——剩余系数，对非相关型 $r=0$。

9.2.3　指标的选用

岩土指标应根据工程特点和地质条件选用，并首先按下列内容评价其可靠性和适应性。

(1)取样的方法、质量、数量和代表性对试验结果的影响。
(2)采用的测试方法、取值标准的适宜性和测试结果的离散性。
(3)测试指标的相关性,室内试验指标与原位测试和当地经验值的分析比较。
(4)测试方法与计算模型的协调性。

岩土工程参数的标准值可采用式(9-4)计算:

$$\begin{cases} \varphi_k = \gamma_s \varphi_m \\ \gamma_s = 1 \pm \left\{ \dfrac{1.704}{\sqrt{n}} + \dfrac{4.678}{n^2} \right\} \delta \end{cases} \quad (9\text{-}4)$$

式中:φ_k ——参数标准值;
γ_s ——统计修正系数,可按岩土工程的类型和重要性、参数的变异性和统计数据的个数,根据经验选用。

在岩土工程勘察报告中,应按下列不同情况提供岩土参数值:
(1)一般情况下,应提供岩土参数的平均值、标准差、变异系数、数据分布范围和数据的数量。
(2)承载能力极限状态计算所需要的岩土参数标准值,应按前述公式计算;当设计规范另有专门规定的标准值取值方法时,可按有关规范执行。

9.3 岩土工程的分析评价

9.3.1 基本要求

岩土工程的分析评价应在资料收集、工程地质测绘、勘探、原位测试、室内试验的基础上,结合环保疏浚工程的特点和要求进行,分析评价应符合下列要求:
(1)充分了解工程结构的类型、特点、荷载情况和变形控制要求。
(2)掌握场地的地质背景,考虑岩土材料的非均质性、各向异性和随时间的变化,评估岩土参数的不确定性,确定其最佳估值。
(3)充分考虑当地经验和类似工程的经验。
(4)对于理论依据不足、实践经验不多的岩土工程问题,可通过现场模型试验或足尺试验取得实测数据进行分析评价。
(5)必要时可建议通过施工监测调整设计和施工方案。
(6)岩土工程的分析评价应在定性分析的基础上进行定量分析。岩土体的变形、强度和稳定性应定量分析;场地适宜性、场地地质条件的稳定性等,可仅作定性分析。
(7)岩土工程评价应分析岸坡与边坡稳定、疏浚排泥、脱水场地建设、尾水排放等可能引起的环境地质问题,提出预测和防治建议。

各阶段岩土工程评价应符合下列规定:
(1)预可行性研究阶段或工程可行性研究阶段应着重说明场地的工程地质特征,底泥污染物的来源、种类及分布范围及特征,分析判断开展环保疏浚工程的主要有利和不利因素,并重点分析底泥脱水场地的整体稳定性、评价场地建设的适宜性，以及底泥处理及资源化利用的建议。

（2）初步设计阶段应根据工程建设的具体要求，综合分析所取得的各项地质资料，阐明场地工程地质条件，分别评价各区域的地质特征及其建设的适宜性，对场地稳定性等作出评价，对底泥污染物的来源、种类及纵横向分布特征、分布范围进行更细致的分析，为工程的初步设计方案提出建议和相应的参数。

（3）施工图设计阶段应分别阐明拟实施环保疏浚工程各区域的工程地质条件，详细说明岩土层的分布规律、污染物的纵横向分布规律、污染程度等，深入分析评价环保疏浚所需的岩土技术参数，对脱水场地建设及底泥资源化利用提出合理化建议。预测项目期间可能发生的岩土工程问题，并提出监控和预防措施的建议。

（4）施工阶段的勘察应针对所需查明的岩土问题提供勘察资料并做出分析、评价和建议。

9.3.2　计算的要求

（1）按承载能力极限状态计算，可用于评价岩土地基承载力和边坡、挡墙、地基稳定性等问题，可根据有关设计规范规定，用分项系数或总安全系数方法进行计算，有经验时也可用隐含安全系数的抗力容许值进行计算。

（2）按正常使用极限状态要求进行验算控制，可用于评价岩土体的变形、动力反应、透水性和涌水量。

（3）岩土工程的分析评价应根据岩土工程勘察等级区别进行。对丙级岩土工程勘察，可根据临近工程经验，结合触探和钻探取样试验资料进行；对乙级岩土工程勘察，应在详细勘探、测试的基础上结合临近工程经验进行，并提供岩土的强度和变形指标；对甲级岩土工程勘察，除按乙级要求进行外，尚宜提供载荷试验资料，必要时应对其中的复杂问题进行专门研究，并结合监测对评价结论进行检验。

（4）任务需要时，可根据工程原型或足尺试验岩土体性状的量测结果，用反分析的方法反求岩土参数，验证设计计算，查验工程效果或事故原因。

9.4　底泥污染的分析评价

9.4.1　基本要求

由于底泥污染物的来源有些是自然的，而有些是人为的，因此底泥中某些污染物的分布具有明显的分区特征，不同的区域可能存在较大的区别。因此底泥的污染分析评价应在资料收集、污染检测数据初步分析评判的基础上，分区、分层进行评价。具体步骤如下：

（1）首先对底泥的污染检测数据进行初步的分析，确定主要污染物的种类，初步绘制污染物分布等值线图，为底泥的水平向分区评价提供依据。

（2）综合底泥现场初步分层着色层、过渡色层、本底色层，结合室内环境化学的分析结果和污染程度的分析评价结果划分，将河湖底泥划分为污染层（A层）、过渡层（B层）及正常层

(C层),可根据其各层污染类型、污染程度、疏浚土工程特性等进一步细分为亚层。

(3)在底泥分区、分层的基础上,对污染物检测数据进行统计分析,剔除异常数据,得到最大值、最小值、平均值、大值平均值、标准差、变异系数等参数。

(4)根据项目实施的目的及相关规范的要求,确定底泥污染评价的参比值(或筛选值)等评价基准。尤其是总氮(TN)、总磷(TP)等没有全国或地区统一基准的指标,确定基准值时更应严谨、科学合理。

(5)因底泥的污染评价方法有些是通用的,有些是比较有针对性的,因此应根据污染物类型、项目实施的目的等科学合理地选择内梅罗污染指数法、潜在生态危害指数法、有机污染指数法等或多种方法综合运用,确保评价结果的合理性和有效性。

9.4.2 评价的要求

(1)根据底泥污染物的含量(合理确定参与计算的代表值)、参比值及污染评价方法,确定计算结果,划分底泥的污染等级,结合相关规范给出合理的建议和意见。评价计算时应多采用几种方法综合考虑,以防有失偏颇,确保评价结果科学合理。

(2)分析评价应分区分层进行,对不同的分区和层位应分别进行评价,多种污染物不适合一起进行评价的,也应分别进行评价,最终根据评价结果分别给出合理的建议或综合建议。

(3)分区分层地分析评价结果,应辅以污染物的水平分布图、污染底泥厚度分布图等用于计算污染底泥的工程量、污染物的总含量等,为项目经济环境效益的计算提供依据。

9.5 勘察报告的编写

9.5.1 基本要求

(1)勘察报告的外业资料整理应满足下列要求:

①随勘察工作的开展及时编绘、检查、校核外业勘察的工程地质调查与测绘、钻探、原位测试、现场土工试验等原始记录和图纸,及时拍摄岩芯及场地典型照片。

②勘察过程中,随时绘制地质剖面草图,及时分析地质情况,编写勘察报告草稿。

③及时将采取的土工及污染物检测样品按要求包装并送往实验室。

(2)岩土工程勘察报告的编写应满足下列要求:

①根据任务要求、勘察阶段、工程特点和地质条件等具体情况编写。

②对所依据的原始资料进行整理、检查、分析,确认无误。

③文字简练、资料完整、真实准确、图表清晰、结论有据、建议合理、便于使用、突出重点、针对性强。

(3)岩土工程勘察报告应对岩土利用、整治和改造的方案进行分析论证,提出建议;对工程施工和使用期间可能发生的岩土工程问题进行预测,提出监控和预防措施的建议。

(4)岩土工程勘察报告应由文字说明部分和所附图表、附件(专题报告)组成,文字部分应包括下列内容:

①拟建工程概况。
②勘察目的、任务要求和依据的技术标准。
③勘察方法和勘察工作布置。
④场地地形、地貌、地质构造。
⑤岩土层分布、性质及其均匀性。
⑥岩土参数的统计、分析和选用。
⑦场地地下水情况。
⑧水和土对建筑材料的腐蚀性。
⑨场地地震效应的分析和评价。
⑩不良地质作用和特殊性岩土的描述和评价。
⑪底泥污染程度、污染深度、疏浚范围等的分析评价,以及疏浚土等级及管道输送适宜性的评价。
⑫场地稳定性和适宜性评价。
⑬岩土工程分析和评价。
⑭对工程设计和施工的建议。
⑮监控及预防措施的建议。

图表部分应包括下列内容:
①勘探点平面图或工程地质平面图。
②勘探点成果数据表。
③钻孔柱状图或综合地质柱状图。
④工程地质剖面图,污染底泥分布的平面图及剖面图。
⑤原位测试成果图表。
⑥室内试验成果图表。
⑦岩土层特征指标综合统计表,底泥污染计算评价表。
⑧污染物分布平面图、污染底泥等厚线图等。
⑨其他图表、附件、照片或视频等。

根据工程需要可提交下列专题报告:
①岩土工程测试报告。
②岩土工程检验或监测报告。
③岩土工程事故调查或分析报告。
④岩土利用、整治或改造方案报告。
⑤专门岩土工程问题的技术咨询报告。

(5)勘察报告的文字、术语、代号、符号、数字、计量单位、标点,均应符合国家有关标准的规定。

9.5.2 文字报告的要求

1. 可行性研究阶段

(1)可行性研究阶段勘察报告的文字部分,一般情况下应包括下列内容:
① 勘察的任务、目的和要求。
② 工程概况。
③ 勘察方法和勘察工作的完成情况。
④ 区域地质、地震概况。
⑤ 场地地质、岩土和水文地质条件。
⑥ 不良地质作用和地质灾害。
⑦ 场地稳定和适宜性的评价。
⑧ 底泥污染物的来源及分布情况,污染程度及风险评价等。

(2)在叙述勘察任务、目的和要求时,应以勘察任务书或勘察合同为依据,并应写明委托单位名称和勘察阶段。

(3)在叙述区域地质、地震概况时,应简要阐明场地的区域地貌、地层、构造和地震背景,明确是否有发震断裂或全新活动断裂,明确场地地震的基本烈度。

(4)在阐述场区地质、岩土和水文地质条件时,应详细描述场地的地层、构造、岩土性质、地下水类型、水位等。当场地内有特殊性岩土(污染底泥)和不良的水文地质条件时,应有针对性的深入论证。

(5)当场区或场区附近有不良地质作用时,应详细阐述和论证不良地质作用的种类、分布和发展阶段、发展趋势和对工程的影响,提出避让或防治方案。

(6)可行性研究阶段的勘察报告,应对场地的稳定性和适宜性作出明确评价。当场地有几个比选方案时,应对各方案的优缺点进行比较,提出最佳方案的建议。

(7)可行性研究阶段的勘察报告,应对勘察范围内的底泥污染物的来源、底泥污染程度和生态风险进行评价,底泥污染物的纵横向分布范围进行分析,对底泥的疏浚及处理处置提出合理的建议。

(8)当分为初步可行性研究阶段和可行性研究阶段时,该两阶段勘察报告的内容应按任务书或合同的规定执行。

2. 初步勘察阶段

(1)初步勘察阶段的勘察报告,应在可行性研究阶段勘察报告的基础上进一步阐述、论证和评价。如未做过可行性研究勘察,则初步勘察报告应首先符合可行性研究勘察的要求。

(2)初步勘察阶段的文字报告,一般情况下应包括下列内容:
① 勘察任务、目的和要求。
② 工程概况。
③ 勘察方法和勘察工作量。

④场区地形、地貌、地质构造和环境地质条件。
⑤场地各层岩土的性质。
⑥场区地下水情况。
⑦岩土参数的分析和选用。
⑧场地稳定性和适宜性的评价。
⑨岩土工程的分析和评价。
⑩底泥疏浚和处理处置方面的建议。

(3)在叙述勘察方法及勘察工作量时,应包括下列内容:
①工程地质测绘或调查的范围、面积、比例尺,测绘或调查的方法。
②钻探、井探、槽探的数量、深度、方法及总延米数,控制孔、取样孔的布置,干钻或泥浆钻探。
③原位测试的种类、数量、方法、技术要求。
④取土样的间距、所用的取土器和取土方法、土样等级、取水样位置,土样和水样的数量。
⑤岩土室内试验和水质分析的项目和技术要求。

(4)在叙述场区地形、地貌和地质构造时应包括下列内容:
①场地地面标高、坡度和倾斜方向。
②场区地貌单元、微地貌形态、切割及自然边坡稳定情况。
③不良地质作用的种类、分布、发展阶段、发展趋势及对工程的影响。
④基岩的产状、基岩面的起伏、断层的性质、证据、活动性,是否为发震断裂或全新活动断裂、地震基本烈度。

(5)在描述各层岩土的性质时,其内容应符合现行《岩土工程勘察规范(2009年版)》(GB 50021—2001)和《水运工程岩土勘察规范》(JTS 133—2013)的有关规定。

(6)在叙述场地地下水情况时,应阐明地下水的类型、水位、季节变化和年变化、补给、径流的排泄条件;当有多层地下水且可能对工程产生影响时,应阐明各层水位或水头是否存在越流补给,并评价其对工程的影响。

(7)初步勘察阶段的勘察报告应划分岩土单元,按岩土单元统计分析岩土的主要参数,给出平均值、标准差和变异系数,给出承载力和强度指标的标准值。

(8)岩土参数的统计、分析和选用按相关规范的要求执行。

(9)岩土工程的分析评价应按现行《岩土工程勘察规范(2009年版)》(GB 50021—2001)、《水运工程岩土勘察规范》(JTS 133—2013)、《内河湖库污染土分级分类标准》(T/CHIDA 203.3—2021)等有关规范规定执行。当面积较大且岩土条件不同时,应分区分析评价。

3. 详细勘察阶段的文字报告

(1)详细勘察阶段的勘察报告应有明确的针对性。对不同污染来源、不同污染物种类、不同沉积条件等不同河湖区域应分区分块进行勘察,对脱水场地、余水处理区等区域应按设计要求开展勘察工作。不分阶段的一次勘察,应按详细勘察阶段的要求执行。

(2)详细勘察阶段的文字报告,一般情况下应包括下列内容:

①勘察任务、目的和要求。
②拟建工程概况。
③勘察方法和勘察工作布置。
④场地地形、地貌。
⑤场地各层岩土的性质。
⑥场地地下水情况。
⑦岩土参数的统计、分析和选用。
⑧岩土工程的分析和评价。
⑨工程施工和使用期间可能发生的岩土工程问题的预测和监控及预防措施的建议。

(3) 在叙述工程概况时,应写明工程名称、拟开展工程的基本情况(包括拟治理河湖的范围)、主要存在的问题、工程的目标、勘察工作开展的重点等。

(4) 详细勘察报告书应满足施工图设计要求,为疏浚工程的设计、脱水场地建设、底泥的处理处置等提供详细的岩土工程资料。报告书论证深度应较初勘报告详细和深化,应注意加强下面几个方面的内容:

①在全面分析场地的地形、地貌与环境地质条件的基础上,阐明影响工程开展的各种稳定性及不良地质作用和地质灾害的分布及发育情况,评价其对工程的影响。场地地震效应的分析与评价应符合相关的抗震设计规范的有关规定。
②对地基岩土层的空间分布规律、均匀性、强度和变形性状与工程有关的主要地层特性进行定性和定量评价。
③对污染底泥的纵横向分布范围,污染程度及生态风险等进行全面的评价,为环保疏浚工程的设计提供详细精准的依据。
④阐明地下水的类型、埋藏条件、水位、渗流条件及有关水文地质参数,评价地下水对工程的不良影响及腐蚀性。
⑤对脱水场地的选址及地基基础方案进行分析论证,对可能采用的方案进行比选和优化。

(5) 详细勘察报告中所附图件应体现勘察工作的主要内容,全面反映地层结构与性质、污染底泥分布等的变化,紧密结合工程特点及岩土工程性质。主要图件应包括下列几种:

①工程平面位置及勘探点平面布置图。
②工程地质钻孔柱状图。
③工程地质剖面图。
④污染物分布平面图、污染层等厚线图、污染层底板等高线图等。
⑤关键地层层面等高线和等厚线图。
⑥各种原位测试及室内试验成果图表。

9.5.3　图表编制的要求

在绘制图表时,图例样式、图表上线条的粗细、线条的样式、字体大小、字型及单位的选择等应符合有关的规范和标准。

1. 平面图

1）拟建工程位置图

拟建工程位置图可作为报告书的附件，当图幅较小时，也可作为文字报告的插图或附在建筑物与勘探点平面位置图的角部，当工程位置图与勘探点平面位置图已能明确拟建工程的位置时，可省去该图。

拟建工程位置图应符合下列要求：

(1) 拟建工程应以醒目的图例表示。
(2) 城市中的拟建工程应标出邻近街道和知名地物名称。
(3) 不在城市中的拟建工程应标出邻近村镇、山岭、水系及其他重要地物的名称。
(4) 规模较大较重要的拟建工程宜标出经纬度或大地坐标。

拟建工程位置图的比例尺，可根据具体情况选定。

2）工程范围与勘探点平面位置图

一般应包括如下内容：

(1) 拟开展工程及相关设施及构筑物的轮廓线，不同的分区名称及编号。
(2) 勘探点的位置、类型和编号。
(3) 剖面线的位置和编号。
(4) 原位测试点的位置和编号。
(5) 已有的其他重要地物。
(6) 方向标，必要的文字说明。

比例尺应根据工程规模和勘察阶段确定，宜采用 1:500，也可采用 1:200 或 1:1000、1:2000、1:5000。勘探点和原位测试点均应标明地面标高，无地下水等水位线图时，应标明地下水稳定水位深度或标高。可行性研究阶段及初勘阶段，尚未确定拟建建筑平面位置时，可不绘制拟建建筑物或勘察范围的轮廓线，并将图名改为勘探点平面布置图（图 9-1）。

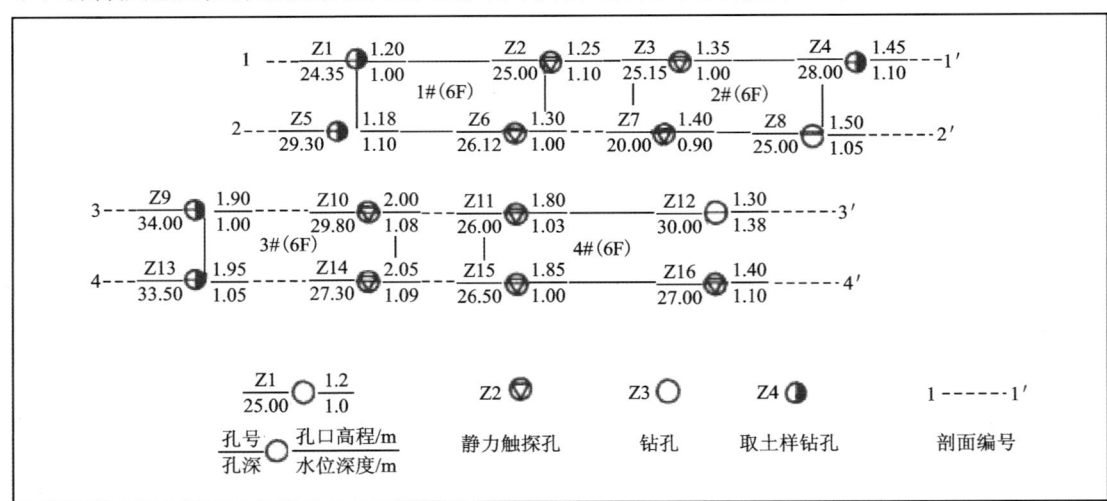

图 9-1 勘探点平面布置图

3）地下水等水位线图

当工程需要时可绘制该图。图中应包括以下主要内容：

（1）水文地质观测点位置，标注点号、测点高程和地下水位深度及高程。

（2）拟建建筑物的轮廓线、编号和层数。

（3）等水位线。

存在地表水体（河、湖、塘、沟）时应标注水位高程，水系范围较大时应多处标注水位高程。在图的空隙处绘制图例并说明地下水和地表水位的观测日期。

4）污染物分布等值线图

应绘制河湖治理区域内各种污染物的分布等值线图。等值线图应包括以下主要内容：

（1）治理区域外轮廓线，钻孔位置。

（2）带污染物含量的等值线，必要时带不同颜色的填充。

（3）方便识图的各种图例。

呈现的结果可以使图件使用人员轻松、明确、快速地明白不同污染物在治理区域的分布情况，见图 9-2。

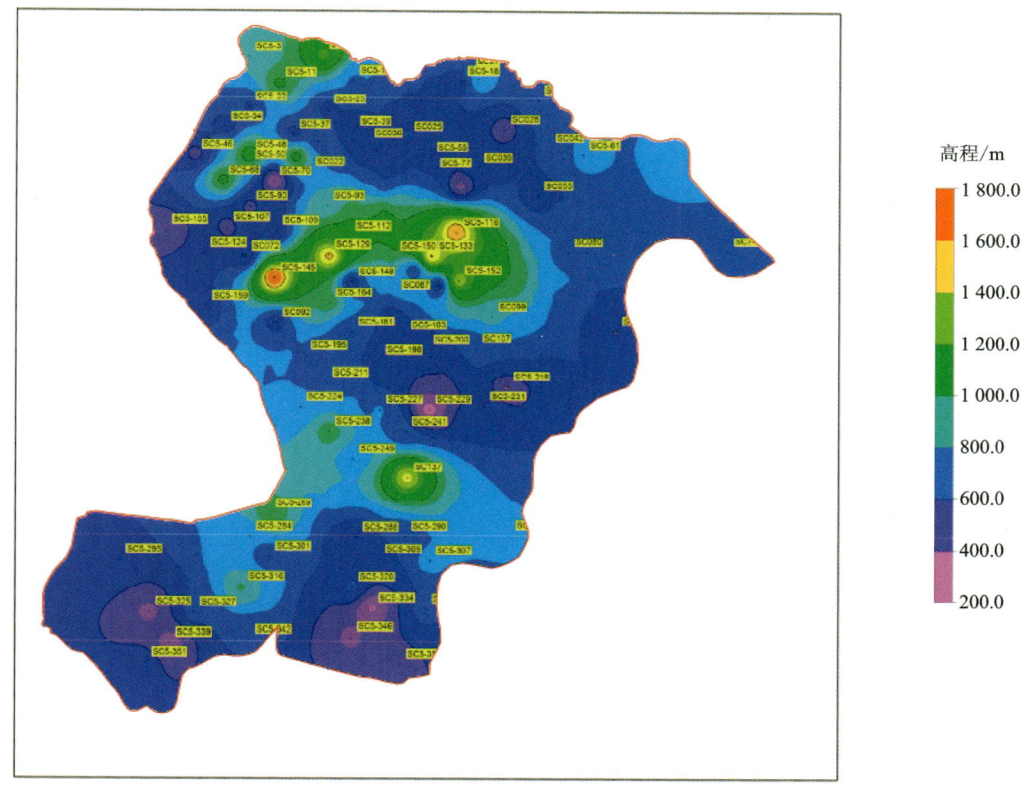

图 9-2　污染物分布等值线图

5）污染（底泥）层底板等高线图

为使设计人员对各分区的污染层厚度、底板标高有清晰的认识，并可方便地确定不同分

区的疏浚深度,应绘制污染层底板等高线图(图 9-3)。等值线图内容应包括:

(1)治理区域外轮廓线,钻孔及取样点位置。

(2)带标高的底板等值线。

(3)方便识图的各种图例。

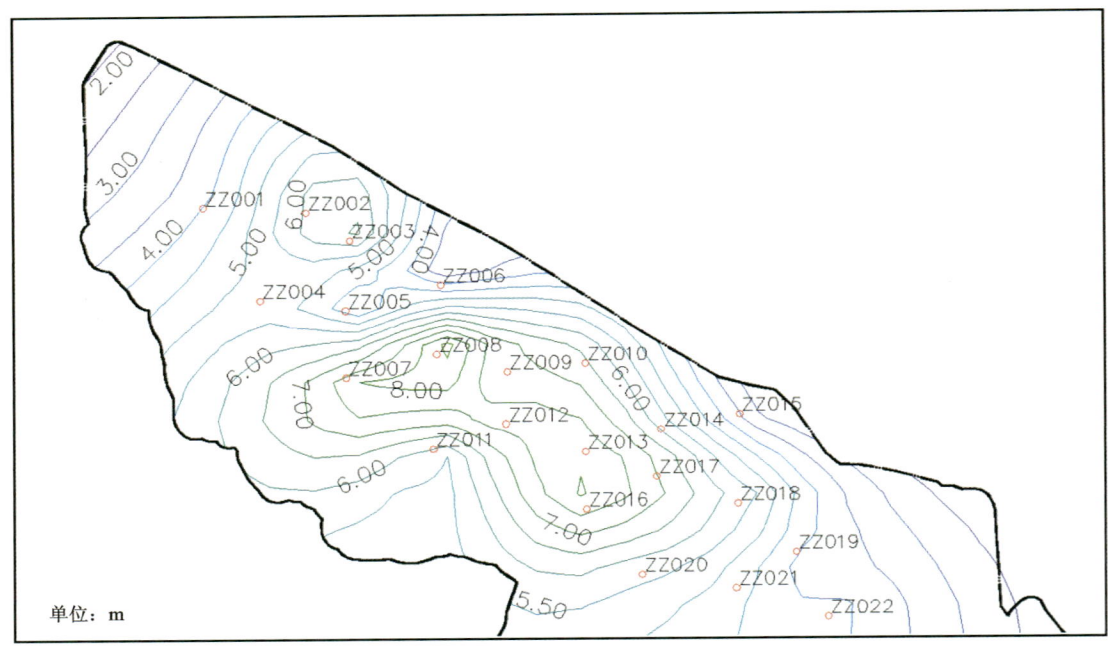

图 9-3　污染层底板等值线图

6)工程综合地质剖面图

工程综合地质剖面图如图 9-4 所示。

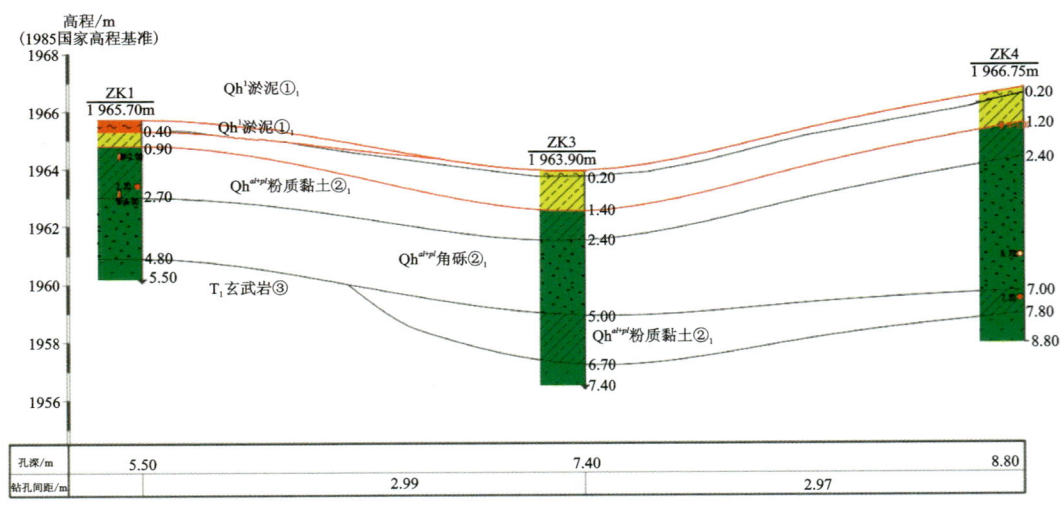

图 9-4　工程地质综合剖面图

红色代表污染层;黄色代表过渡层;绿色代表正常层

剖面图主要包括以下内容：

(1) 勘探孔在剖面上的位置、编号、地面标高、勘探深度、勘探孔间距，剖面方向。

(2) 岩土图例符号、岩土分层编号、分层界线、接触关系界线、地层产状（一般图例可集中放在一张图纸，不在每张图纸放置图例）。

(3) 断层等地质构造的位置、产状及性质。

(4) 深洞、土洞、塌陷、滑坡、地裂缝、古河道、埋藏的湖浜、古井、防空洞、孤石及其他埋藏物。

(5) 地下水稳定水位。

(6) 取样位置。

(7) 静力触探、动力触探曲线或标志。

(8) 标准贯入、波速等原位测试的位置及测试结果。

(9) 不同颜色标注的污染分层结果，及污染分层剖面。

(10) 标尺，根据情况可位于左边或两边都有。

分层编号的顺序从上到下由小到大，除夹层和透镜体外，下层编号不应小于上层编号。需要时可标明地层年代和成因的代号。比例尺应根据地质条件、勘探孔的疏密、深度等具体情况确定。水平比例尺宜采用 1：500，也可采用 1：200 或 1：1000；垂直比例尺宜采用 1：100，也可采用 1：50 或 1：200。水平与垂直之比值不宜大于 1/10。

绘制剖面图上的岩层倾角时，应将真倾角换算成视倾角，并考虑水平比例尺与垂直比例尺的不同，准确绘制。上覆土层较厚、岩层倾角不能确定时，可不表示倾角。除按实际钻孔（探井）绘制剖面图外，需要时也可用插值法绘制推测的剖面图。

7) 钻孔柱状图

钻孔柱状图由表头和主体两部分组成（图 9-5）。

表头部分包括了工程编号、工程名称、钻孔编号、孔口标高、钻孔直径、钻孔深度、勘探日期、制图人和检查人。

主体部分包括地层编号、地质年代和成因、层底深度、层底标高、层厚、柱状图（图例与剖面图同）、取样及原位测试位置、岩土描述、地下水位、测试成果、岩芯采取率或 RQD、附注等。

岩土的描述包括以下内容：

(1) 岩石应描述名称、风化程度、颜色、矿物成分（结晶岩）、结构与构造、裂隙宽度、间距和充填情况、工程岩体质量等级及其他特征。

(2) 碎石土应描述名称、颜色、浑圆度、一般和最大粒径、均匀性、含有物、密实度、湿度、母岩名称、风化程度及其他特征。

(3) 砂土和粉土应描述名称、颜色、均匀性、含有物、密实度、湿度及其他特征。

(4) 黏性土应描述名称、颜色、均匀性、含有物、状态及其他特征。对于特殊性岩土，尚应描述的内容还有湿陷性土的孔隙特征，残积土的结构特征，有机土的臭味、有机物含量和分解情况，人工填土的成分，盐渍土的含盐量及盐成分，膨胀土的裂隙特征，污染底泥的分层及描述等，以及其他应描述的特殊性质。

在测试成果栏中，当进行标准贯入或动力触探试验、波速测试、点荷载试验、压水试验及

钻孔柱状图

第1页共1页

工程名称	大石头水库内源治理与清淤工程				
工程编号	2022-YT/KC09-2281		钻孔编号	ZK1	
孔口高程/m	1 965.70	坐标/m	X=25.39	开工日期	2022年7月14日	初见水位/m	
钻孔深度/m	5.50		Y=103.02	竣工日期	2022年7月14日	稳定水位/m	

地层时代	地层编号	层底深度/m	层底高程/m	层厚/m	岩层剖面比例尺1:100	地层名称及其特征	标贯击数/击 20 40 60 80	RQD/% 20 40 60 80	岩芯采取率/% 20 40 60 80
Qh^l	①₁	0.40	1 965.30	0.40		淤泥：灰黑色—黑色，流塑状态，含大量有机质，有腥臭味，偶见碎石			
Qh^{al+pl}	②₁	2.70	1 963.00	2.30		粉质黏土：褐黄色，以软塑为主，局部可塑状态，干强度及韧性高，切面光滑，土质较均匀，偶见小碎石	=2.0 1.05~1.35 =4.0 2.35~2.65		
	②₂	4.80	1 960.90	2.10		角砾：杂色，饱和，松散—稍密，成分以灰岩、玄武岩为主，填充物以粉黏为主局部有细砂，碎石直径一般为2~20mm，最大粒径大于30mm			
T^l	③	5.50	1 960.20	0.70		玄武岩：强风化，以青灰色为主，杏仁构造，主要矿物组成为斜长石、辉石、橄榄石，岩芯较为破碎			

图 9-5 钻孔地质柱状图

其他原位测试时，应标明实测值。

当钻孔较深且某层很厚时，可将该层断开画出，但应标明实际尺寸。

2. 测试及分析评价图表

1) 室内试验图表

（1）土工试验成果表主要包括下列内容：孔及土样编号、取样深度、土的名称、颗粒级配百分数、天然含水量、天然密度、饱和度、天然孔隙比、液限、塑限、液性指数、塑性指数、压缩系数、压缩模量、黏聚力、内摩擦角。工程需要时可增加最小孔隙比、最大孔隙比、相对密实度、不均匀系数、曲率系数，当进行了高压固结试验、渗透性试验、固结系数试验、湿陷性试验、膨胀性试验及其他特殊性项目试验时，应在表中增加有关特性指标，而当工程未测得某些指标时，可将冗余的栏目删去。

各栏目的指标均应标明指标名称、符号、计量单位。界限含水量应注明测定方法，压缩系数及压缩模量应注明压力段范围，抗剪强度指标应注明三轴或直剪，注明不排水剪、固结不排水剪或排水剪。

（2）室内试验成果还有颗粒分析成果图表、固结试验成果图表、高压固结试验成果图表、剪切试验成果图表、地下水质分析报告等，工程需要时应进行试验。

（3）底泥污染物检测图表主要包括下列内容：钻孔及取样编号，取样深度，总氮、总磷、氨氮、pH、铜、锌等8项重金属、有机质含量等。

2）原位测试图表

原位测试的图表包括平板荷载试验成果图表、静力触探成果图表、动力触探成果图表、现场十字板剪切试验成果图表、跨孔法或单孔法波速测试成果图表、钻孔抽水试验成果图表以及单桩静荷载试验成果图表等，可按工程需要选用。

在室内土工试验和现场原位测试数据的基础上，对地基土的物理力学指标进行统计和分析，将统计和分析成果列于下面表格中：

（1）地基土物理力学指标数理统计成果表。主要包括层序，岩土名称，岩土的常规物理力学及原位测试项目的最大值、最小值、平均值、标准值、变异系数及统计频数。

（2）地基土物理力学指标设计参数表。主要包括层序，岩土名称，岩土的常规物理力学、原位测试指标及建议采用的各项设计参数值。该表反映了场地地基土的物理力学性质并提供了设计参数。

（3）底泥污染程度分析评价图表。一般首先分区、分块、分层对底泥各类型检测污染物进行统计分析，统计分析完成后采用内梅罗污染指数法、有机污染指数法等对不同区域的底泥进行污染程度、生态风险等方面的评价，具体见表9-3～表9-5。

表9-3 污染物含量统计分析（营养盐及重金属）

层号	统计指标	总氮/(mg·kg^{-1})	总磷/(mg·kg^{-1})	砷/(mg·kg^{-1})	锌/(mg·kg^{-1})	汞/(mg·kg^{-1})	铬/(mg·kg^{-1})	铜/(mg·kg^{-1})	铅/(mg·kg^{-1})	镉/(mg·kg^{-1})	镍/(mg·kg^{-1})
污染层	N	235	252	297	297	289	297	297	297	293	245
	Max	3 630.00	1 450.4	29.74	155.72	0.10	119.00	94.96	43.90	0.39	70.00
	Min	860.00	301.00	0.18	40.70	0.01	26.00	10.00	5.79	0.02	15.00
	Avg	1 457.11	523.54	8.37	76.44	0.04	71.87	29.75	23.46	0.14	31.89
	C_v	0.29	0.25	0.28	0.23	0.29	0.22	0.30	0.24	0.26	0.22
过渡层	N	124	126	132	132	127	132	132	132	132	132
	Max	1340	709	17.5	101	0.089	110	46	36.2	0.24	48
	Min	360	203	3.32	40.5	0.009	29	12	10.4	0.008	20
	Avg	695.24	396.60	8.39	67.13	0.04	66.90	25.08	22.33	0.11	29.73
	C_v	0.28	0.31	0.24	0.20	0.21	0.25	0.21	0.25	0.24	0.20
正常层	N	78	64	79	79	78	79	79	79	78	79
	Max	590	479	16	133	0.079	115	43	31.5	0.28	49
	Min	130	56	3.26	36.2	0.009	36	9	12.2	0.05	17
	Avg	323.33	311.48	9.00	66.22	0.04	63.61	24.09	21.50	0.11	29.56
	C_v	0.21	0.26	0.25	0.23	0.22	0.24	0.29	0.22	0.23	0.22

注：N. 统计个数；Max. 最大值；Min. 最小值；Avg. 平均值；C_v. 变异系数。下同。

表 9-4　底泥内梅罗污染指数计算评价表　　　　　　　单位:mg/kg

层号	统计指标	总氮	总磷	砷	锌	汞	铬	铜	铅	镉	镍
污染层	Avg	1 457.11	523.54	8.37	76.44	0.04	71.87	29.75	23.46	0.14	31.89
	S_i	600	700	20	300	1	350	100	240	0.8	190
	PI	2.43	0.75	0.42	0.25	0.04	0.21	0.30	0.10	0.18	0.17
	$PI_{均}$	159									
	$PI_{最大}$	2.43									
	PN	2.05									
	污染等级	中度污染									
过渡层	Avg	695.24	396.60	8.39	67.13	0.04	66.90	25.08	22.33	0.11	29.73
	S_i	600	700	20	300	1	350	100	240	0.8	190
	PI	1.16	0.57	0.42	0.22	0.04	0.19	0.25	0.09	0.14	0.16
	$PI_{均}$	0.86									
	$PI_{最大}$	1.16									
	PN	1.02									
	污染等级	轻度污染									
正常层	Avg	323.33	311.48	9.00	66.22	0.04	63.61	24.09	21.50	0.11	29.56
	S_i	600	700	20	300	1	350	100	240	0.8	190
	PI	0.54	0.44	0.45	0.22	0.04	0.18	0.24	0.09	0.14	0.16
	$PI_{均}$	0.49									
	$PI_{最大}$	0.54									
	PN	0.52									
	污染等级	清洁									

第 9 章 环保疏浚岩土工程分析评价和成果报告编写

表 9-5 底泥重金属潜在生态风险指数及生态风险程度评价表　　　　单位:mg/kg

层号	统计指标	砷	锌	汞	铬	铜	铅	镉	镍
污染层	平均值	8.37	76.44	0.04	71.87	29.75	23.46	0.14	31.89
	T_f^i	10	1	40	2	5	5	30	5
	C_n^i	15	100	0.15	90	35	35	0.2	40
	C_f^i	0.56	0.76	0.26	0.80	0.85	0.67	0.71	0.80
	E_f^i	5.58	0.76	10.50	1.60	4.25	3.35	21.30	3.99
	风险程度	低风险	低风险	低风险	低风险	低风险	低风险	低风险	低风险
	RI	\multicolumn{8}{c}{51.33}
	生态风险程度	\multicolumn{8}{c}{低风险}
过渡层	Avg	8.39	67.13	0.04	66.90	25.08	22.33	0.11	29.73
	T_f^i	10	1	40	2	5	5	30	5
	C_n^i	15	100	0.15	90	35	35	0.2	40
	C_f^i	0.56	0.67	0.25	0.74	0.72	0.64	0.55	0.74
	E_f^i	5.59	0.67	10.10	1.49	3.58	3.19	16.49	3.72
	风险程度	低风险	低风险	低风险	低风险	低风险	低风险	低风险	低风险
	RI	\multicolumn{8}{c}{44.82}
	生态风险程度	\multicolumn{8}{c}{低风险}
正常层	Avg	9.00	66.22	0.04	63.61	24.09	21.50	0.11	29.56
	T_f^i	10	1	40	2	5	5	30	5
	C_n^i	15	100	0.15	90	35	35	0.2	40
	C_f^i	0.60	0.66	0.24	0.71	0.69	0.61	0.55	0.74
	E_f^i	6.00	0.66	9.78	1.41	3.44	3.07	16.60	3.69
	风险程度	低风险	低风险	低风险	低风险	低风险	低风险	低风险	低风险
	RI	\multicolumn{8}{c}{44.66}
	生态风险程度	\multicolumn{8}{c}{低风险}

9.6 勘察报告实例

9.6.1 项目概况

白洋淀主体位于河北省保定市安新县内,素有"华北明珠"的美誉,是华北地区重要的沼泽湿地。但由于缺乏有效的监管,旅游垃圾、生活废水及工业垃圾等的随意排放,围水养鱼、改苇田及荷花淀为稻田等,导致白洋淀区及周边入淀河流整体生态环境呈现出快速恶化的趋势。

本次工程主要对白洋淀藻苲淀淀区的主要污染物质种类、含量、分布、污染底泥厚度、浅部地层土质及底泥物理力学性质等进行了初步的勘察。

9.6.2 勘察目的和任务

(1)查明藻苲淀范围内土层分布规律、主要土层的物理力学指标,并评价各主要土层的清淤疏浚土工程特性等级。

(2)查明勘察范围内底泥污染物的种类、含量、水平及垂向分布特征、污染底泥的厚度等关键参数。

(3)评价污染土层的污染程度、污染物水平及垂向分布特征,为生态清淤设计提供依据和设计参数。

9.6.3 工作依据及规范标准

(1)《雄安新区"两淀四河一库"生态清淤与污染治理项目勘察测量工程任务委托书》(2018 年 7 月 22 日)。

(2)《湖泊河流环保疏浚工程技术指南》。

(3)《绿化种植土壤》(CJ/T 340—2016)。

(4)河北省环保厅印发的《场地土壤风险筛选值》(征求意见稿)。

(5)《土壤环境监测技术规范》(HJ/T 166—2004)。

(6)《土壤环境质量 建设用地土壤污染风险管控标准(试行)》(GB 36600—2018)。

(7)《土壤环境质量 农用地土壤污染风险管控标准(试行)》(GB 15618—2018)。

(8)《岩土工程勘察规范(2009 年版)》(GB 50021—2001)。

(9)《水利水电工程地质勘察规范(2022 年版)》(GB 50487—2008)。

(10)《建筑抗震设计规范(附条文说明)(2016 年版)》(GB 50011—2010)。

(11)《土工试验方法标准》(GB/T 50123—2019)。

(12)《农用污泥污染物控制标准》(GB 4284—2018)。

(13)《疏浚与吹填工程设计规范》(JTS 181—5—2012)。

(14)《水运工程岩土勘察规范》(JTS 133—2013)。

(15)《水运工程测量规范》(JTS 131—2012)。

(16)《水运工程质量检验标准》(JTS 257—2008)。
(17)《建筑工程地质勘探与取样技术规程》(JGJ/T 87—2012)。
(18)《生态环境状况评价技术规范》(HJ 192—2015)。
(19)《城镇污水处理厂污泥处置+制砖用泥质》(GB 25031—2010)。
(20)其他有关钻探取样、土工试验及污染物分析的标准及规范。

9.6.4 勘察工作布置

1. 勘探点定位和坐标系统

本工程勘探点平面定位采用手持RTK测量定位,坐标系统采用2000国家大地坐标系,高程采用1956年黄海高程系。

2. 工作量布置

藻苲淀按照水面分布情况(勘察开始时水位高程约6.5m,采用85高程系)进行分区,针对不同分区考虑不同布孔间距,详见表9-6。

表9-6 藻苲淀布孔间距表

分区编号	水面情况	布孔间距/m	备注
1	陆地	500×500	旱地
2	水面	400×400	水面
3	陆地	500×500	旱地

根据以上情况,研究区共分为3个勘察分区。勘探点平面按网格布置,目前现状水域布孔间距为400m×400m,现状旱地区域布孔间距为500m×500m。如荷塘、鱼塘内无勘察点位时,需在荷塘、鱼塘内加布勘察钻孔,且不少于一个控制技术孔。当退耕还淀区疏挖(陆上土方开挖)可能影响堤岸安全时,勘察范围应适当扩大。

3. 钻孔技术要求

藻苲淀勘探孔类型分为控制性技术钻孔、一般性技术钻孔和鉴别孔,各主要钻孔类型及占比如下:

(1)控制性钻孔。判别勘察区域工程影响深度范围内地层分布、物理力学指标及污染层厚度,需采化学试样、土工试样,原位标准贯入试验,占比约为30%。

(2)一般性钻孔。判别污染土层厚度、划分土层并确定其物理力学指标,根据现场实际情况酌情采取化学试样、土工试样,占比约为30%。

(3)鉴别孔。判别污染土层厚度,划分地层,不采取土样,占比约为40%。

4. 取样及原位测试技术要求

（1）土工取样。取样间距为 1.5m/个，遇地层变化大的钻孔，适当增加取样数量。

（2）化学取样。化学取样采取分层取样，污染层每 20cm 采样一件，且不少于 3 件，过渡层取样不少于 2 件，正常层取样不少于 1 件。

（3）原位测试。标准贯入试验间距为 1.5m/次，遇地层变化需增加试验次数。

5. 完成工作量

藻苲淀实际完成工作量参见表 9-7。

表 9-7　工作量一览表

勘探区域		勘探点/个	进尺/m	样品数/件		原位测试/次
				土工	化学	
藻苲淀	鉴别孔	118	463.9			
	一般技术孔	119	448.1	374		11
	控制技术孔	66	388.3	304	501	32
	利用孔	26	124.5	50		66
合计		329	1 424.8	728	501	109

9.6.5　岩土工程条件及评价

1. 地理位置

白洋淀地处京津腹地海河流域，位于北纬 38°43′—39°02′、东经 115°38′—116°07′，淀区总面积约 360km²，是河北省最大的淡水湖泊（浅湖为淀），主体位于保定市安新县境内，素有"华北明珠"的美誉。淀区由藻苲淀、烧车淀、马棚淀、石猴淀、泛鱼淀、金龙淀等 100 多个大小不等的淀子组成，淀区地形复杂，壕沟纵横交错。白洋淀整体属于平原、洼淀地貌，是太行山东麓永定河冲积扇与潴沱河冲积扇相夹持形成的低洼地带。淀区地形总体起伏较小，地势较平坦。

本项目的勘察场地主要是藻苲淀淀区。

2. 自然气象

白洋淀属东部季风区暖温带半干旱地区，大陆性气候特点显著。四季分明，春季干燥多风，夏季炎热多雨，秋季天高气爽，冬季寒冷少雪。多年平均气温 12.1℃，其中 1 月平均气温 −4.3℃；7 月平均气温 26.4℃。冬季盛行西北风，夏季盛行东南风，年平均风速为 1.8m/s。

该区域降水较集中,主要在6—8月,年平均降水量约552.7mm。全年无霜期203d。

3. 岩土分层及评价

结合区域地质资料,经现场勘察揭露,勘探深度范围内自上而下依次为:第四系全新统人工填土层(Qh^{ml})、第四系全新统冲洪积层(Qh^{al+pl})和第四系全新统冲湖积层(Qh^{al+l})。勘探深度范围内自上而下各主要土层按岩性分为①-1素填土、①-2耕土、②-1粉质黏土、②-2粉土、③-1淤泥、③-2淤泥质粉质黏土、③-3粉质黏土、③-4粉土、③-5粉砂、④-1粉质黏土、④-2粉土、④-3粉砂、⑤-1粉质黏土、⑤-2粉土、⑤-3粉砂。各土层情况描述如下:

①-1素填土(Qh^{ml})。以褐色、黄褐色为主,土质较松散,含水率较低,土体呈非饱和状,手捏不易碎,无明显异味,上部含较多植物根茎,局部可见少量生活垃圾。该层在部分钻孔内有揭露,揭露厚度在0.30~2.80m之间,平均厚度1.15m,层底高程5.61~8.84m,平均底高程7.14m。

①-2耕土(Qh^{ml})。黄褐色,呈可塑状,成分以粉质黏土为主,切面光滑,干强度及韧性中等,上部含较多植物根系。该层在大多数陆域钻孔内有揭露,揭露厚度在0.20~0.60m之间,平均厚度0.36m,层底高程4.26~9.59m,平均底高程6.46m。

②-1粉质黏土(Qh^{al+pl})。灰褐色—灰黄色,土体呈软塑—可塑状,切面光滑、稍有光泽,韧性中等,干强度较高,无摇振反应。该层在陆域大多数钻孔内均有揭露,部分未揭穿,揭露厚度在0.30~3.3m之间,平均厚度为1.25m,层底高程在3.10~6.53之间,平均底高程为4.93m。

②-2粉土(Qh^{al+pl})。灰褐色—灰黄色,稍密,稍湿,土质较均匀,局部含黏粒较多,切面粗糙,无光泽,摇振反应强,干强度低。揭露厚度在0.70~2.9m之间,平均厚度为1.47m,层底高程在3.53~7.77m之间,平均底高程为5.30m。

③-1淤泥(Qh^{al+l})。灰黑色,呈流塑状,含大量植物根系、腐殖质,有浓臭味。该层在ZZ2-250钻孔内有揭露,揭露厚度为0.30m,层底高程为4.85m。

③-2淤泥质粉质黏土(Qh^{al+l})。灰黑色、褐色,以流泥、淤泥为主,呈流塑状,局部见大量植物残骸,含大量腐殖质,有明显的腥臭味。该层在水域钻孔中有揭露,揭露厚度在0.20~1.30m之间,平均厚度为0.55m,层底高程在2.52~6.80m之间,平均底高程为4.77m。

③-3粉质黏土(Qh^{al+l})。黄褐色—灰黑色,呈可塑状,土质较均匀,切面较光滑,稍有光泽,韧性中等,干强度中等,偶见贝壳。该层在绝大多数钻孔均有揭露,是场地内重要的标志层。揭露厚度在0.30~4.20m之间,平均厚度为1.59m,层底高程在0.14~6.85m之间,平均底高程为4.03m。

③-4粉土(Qh^{al+l})。黄褐色—灰黑色,中密,稍湿,土质较均匀,局部含黏粒较多,切面粗糙,无光泽,摇振反应强,干强度低,偶见贝壳。该层在部分钻孔内有揭露,部分未揭穿,揭露厚度在0.40~2.10m之间,平均厚度为1.12m,层底高程在1.55~6.53m之间,平均底高程为4.02m。

③-5粉砂(Qh^{al+l})。灰褐色,稍密,饱和,主要成分为石英和长石,砂质较均匀。该层在ZZ2-134、ZZ3-54钻孔内有揭露,揭露厚度在0.30~0.80m之间,平均厚度为0.55m,层底高

程在 4.10～5.65m 之间,平均底高程为 4.88m。

④-1 粉质黏土(Qh^{al+l})。灰黄色,呈可塑状,切面较光滑,稍有光泽,韧性中等,干强度中等,土质总体较均匀,局部夹粉土薄层或与粉土互层,局部粉粒含量高,相变为⑤-2 粉土,局部含姜石。该层在场地内几乎所有钻孔均有揭露,部分未揭穿,揭露厚度在 0.50～3.60m 之间,平均厚度为 1.52m,层底高程在 0.66～5.25m 之间,平均底高程为 2.82m。

④-2 粉土(Qh^{al+l})。灰黄色,中密,湿,土质较均匀,局部含黏粒较多,切面粗糙,无光泽,摇振反应强,干强度低,局部含姜石。该层在场地内部分钻孔内有揭露,部分未揭穿,揭露厚度在 0.40～3.70m 之间,平均厚度为 1.43m,层底高程在－0.23～5.17m 之间,平均底高程为 2.77m。

④-3 粉砂(Qh^{al+l})。褐黄色—灰黄色,密实,饱和,主要成分为石英和长石,砂质较均匀。该层在场地内少量钻孔内有揭露,大多数未揭穿,揭露厚度在 0.50～2.50m 之间,平均厚度为 1.17m,层底高程在－0.98～4.24m 之间,平均底高程为 2.19m。

⑤-1 粉质黏土(Qh^{al+l})。灰色—灰褐色,呈可塑状,切面较光滑,稍有光泽,韧性中等,干强度中等,土质均匀性较差,夹粉土薄层,局部有机质含量较高。该层钻孔均未穿透。

⑤-2 粉土(Qh^{al+l})。灰色,密实,湿,土质较均匀,局部含黏粒较多,切面粗糙,无光泽,摇振反应强,干强度低,局部含姜石。该层在钻孔 ZZ2-77、ZZ091、ZZ092、ZZ2-104、ZZ2-125 有揭露,在钻孔 ZZ092、ZZ2-104、ZZ2-125 未揭穿,揭露厚度在 1.20～2.80m 之间,平均厚度为 2.0m,层底高程在－0.16～0.52m 之间,平均底高程为 0.18m。

⑤-3 粉砂(Qh^{al+l})。灰褐色,密实,饱和,主要成分为石英和长石,砂质较均匀。该层在钻孔 ZZ2-091 有揭露,未揭穿。

9.6.6 岩土物理力学指标及疏浚工程特性评价

根据室内土工试验成果,对各土层物理力学指标进行数理统计,各岩土层疏浚工程特性及分级、管道输送适宜性分析详见表 9-8。

表 9-8 疏浚岩土工程特性及分级、管道输送适宜性一览表

地质分层	天然重度/(kN·m^{-3})	液性指数	工程分级	状态	管道输送的适宜性
①-1 素填土	18.1	0.64	3	中等	碎化后较好
①-2 耕土		0.84	3	中等	很好
②-1 粉质黏土	18.4	0.82	3	中等	碎化后较好
②-2 粉土	18.1	0.86	3	中等	很好
③-2 淤泥质粉质黏土	17.6	1.31	2	软	很好
③-3 粉质黏土	18.6	0.8	3	中等	碎化后较好
③-4 粉土	19.4	0.83	4	硬	很好
③-5 粉砂			7	中密	很好
④-1 粉质黏土	19.8	0.52	5	坚硬	碎化后较好

续表9-8

地质分层	天然重度/(kN·m^{-3})	液性指数	工程分级	状态	管道输送的适宜性
④-2粉土	19.9	0.72	5	坚硬	很好
④-3粉砂			7	中密	很好
⑤-1粉质黏土	20.1	0.5	5	坚硬	碎化后较好
⑤-2粉土	20.4	0.46	5	坚硬	很好

9.6.7 水的腐蚀性评价

根据2017年8月《白洋淀综合清淤工程及河口湿地工程污染底泥普查报告》中的9组淀区水样,依据《岩土工程勘察规范(2009年版)》(GB 50021—2001)中腐蚀性评价类别、判别方法及标准,本场地环境水在长期浸水条件下,各取样点水的腐蚀性评价见表9-9。

表9-9 水腐蚀性评价表

取样点编号	腐蚀性评价类型		
	按环境类型水和土对混凝土结构的腐蚀性评价	按地层渗透性水和土对混凝土结构的腐蚀性评价	水对钢筋混凝土结构中钢筋的腐蚀性评价
BX061	弱	微	微
BX065	弱	微	微
FY114	微	微	微
FY150	微	微	微
FY154	微	微	微
LH083	微	微	微
SC018	微	微	微
DQ045	微	微	微
ZZ049	微	微	微

9.6.8 底泥成分分析

对藻苲淀底泥的二氧化硅、三氧化二铝、氧化钙含量进行分析,结果表明二氧化硅含量平均为58.26%,三氧化二铝平均含量为14.43%,氧化钙平均含量为4.15%,具体结果见表9-10。

表 9-10 底泥分析成果表

样号或指标	含量/%		
	二氧化硅	三氧化二铝	氧化钙
N			
最大值	64.35	15.75	5.54
最小值	56.03	12.56	3.34
平均值	58.26	14.43	4.15
试验结果			
ZZ1-145	60.94	14.34	3.52
ZZ2-106	56.67	15.00	3.34
ZZ1-188	56.03	13.59	5.54
ZZ2-96	56.89	15.75	3.54
ZZ2-199	54.68	15.37	5.42
ZZ2-83	64.35	12.56	3.57

9.6.9 地震

根据《中国地震动参数区划图》(GB 18306—2015)、《建筑抗震设计规范(2016年版)》(GB 50011—2010),本场地抗震设防烈度为7度,设计基本地震加速度值为0.10g。

9.6.10 底泥污染分析评价

1. 污染分析指标

针对白洋淀及入湖河口清淤工程底泥污染现状与污染源的性质特点,确定对工程区底泥进行污染分析测定的主要指标如下:

(1)营养盐。TN(总氮)、TP(总磷)、氨氮。

(2)重金属。Cd(镉)、Zn(锌)、Cu(铜)、Pb(铅)、Cr(铬)、As(砷)、Hg(汞)、Ni(镍)。

(3)有毒有害有机物。多环芳烃、PCBs多氯联苯、2,4-二甲基苯酚、苯并[a]芘、敌敌畏、马拉硫磷、甲基对硫磷、α-六六六、β-六六六、δ-六六六、γ-六六六、P,P'-DDD、O,P'-DDT、P,P'-滴滴伊、P,P'-滴滴涕、1,2,3,5-氯苯等。

(4)其他。pH值、有机质。

2. 污染评价方法

本指南采用内梅罗污染指数法和底泥重金属潜在生态风险评价法两种方法对污染底泥进行评价,以确定底泥的污染程度及污染层厚度。

1) 内梅罗污染指数评价方法

内梅罗污染指数反映了各污染物对土壤的作用，同时突出了高浓度污染物对土壤环境质量的影响，可按内梅罗污染指数划定污染等级。内梅罗指数土壤污染评价标准见表8-9。污染指数计算公式见式(8-1)、式(8-2)。

2) 重金属潜在生态风险评价方法

为评价工程疏浚区内底泥中各种重金属的潜在生态风险水平，利用潜在生态风险指数评价方法对底泥中重金属的含量进行潜在生态风险评价。计算其潜在生态风险系数(E_f^i)及潜在生态风险指数(RI)。

(1) 单一重金属污染系数 C_f^i。

$$C_f^i = C^i \div C_n^i \tag{9-5}$$

式中：C_f^i——单一重金属的污染系数；

C^i——单一底泥重金属浓度实测值；

C_n^i——单一重金属的背景参比值或标准。

(2) 单一重金属的潜在生态风险系数 E_f^i。

$$E_f^i = T_f^i \times C_f^i \tag{9-6}$$

式中：T_f^i——单一重金属的毒性响应系数，反映重金属的毒性水平及水体对重金属污染的敏感程度，各种重金属的 T_f^i 值见表9-11。

表 9-11　各种重金属的 T_f^i 值

重金属	Cd	Zn	Cu	Pb	Cr	As	Hg
T_f^i	30	1	5	5	2	10	40

(3) 重金属潜在生态风险指数 RI。

$$RI = \sum_{n=1}^{n} E_f^i$$

(4) 评价指标。生态风险系数和生态风险指数评价见表9-12。

表 9-12　生态风险系数和生态风险指数评价表

评价元素	单一重金属潜在生态风险系数(E_f^i)	潜在生态风险指数(RI)	潜在生态风险程度
Cd、Zn、Cu、Pd、Cr、As、Hg	$E_f^i < 40$	RI<150	低风险
	$40 \leqslant E_f^i < 80$	$150 \leqslant RI < 300$	中风险
	$80 \leqslant E_f^i < 160$	$300 \leqslant RI < 600$	较高风险
	$160 \leqslant E_f^i < 320$	$RI \geqslant 600$	很高风险
	$E_f^i \geqslant 320$	$RI \geqslant 1200$	极强风险

3. 质量标准值的选定

1)营养盐筛选值的选定

目前国家及河北省没有 TN(总氮)和 TP(总磷)的土壤筛选值。总氮、总磷的含量因地区而异,背景值差距较大。合理确定背景值有利于科学合理地评价污染底泥的污染程度,并采取针对性的治理措施。针对白洋淀的地理、地质、生态环境等的情况,结合《土壤环境监测技术规范》(HJ/T 166—2004)初步考虑采用总氮、总磷的背景值累计概率95%的点对应的值作为筛选值,主要有以下两点:

(1)允许正常层少量取样点(小概率)的营养盐总氮、总磷含量超标,但超标点数量少,属于小概率事件,不影响总体评价。

(2)筛选值要求过高造成水环境治理成本过高,过低则可能达不到工程实施的目标及意义。背景值累计95%概率点对应的含量值不仅可有效划分营养盐污染底泥的层底深度,保证生态清淤污染物的去除效果,并尽可能的减少清淤工程量,进而有效的降低工程成本。

对白洋淀地区正常土层的 TN(总氮)445 个背景值样本、TP(总磷)522 个背景值样本进行统计分析,概率分布直方图及累计概率曲线见图 9-6~图 9-9。

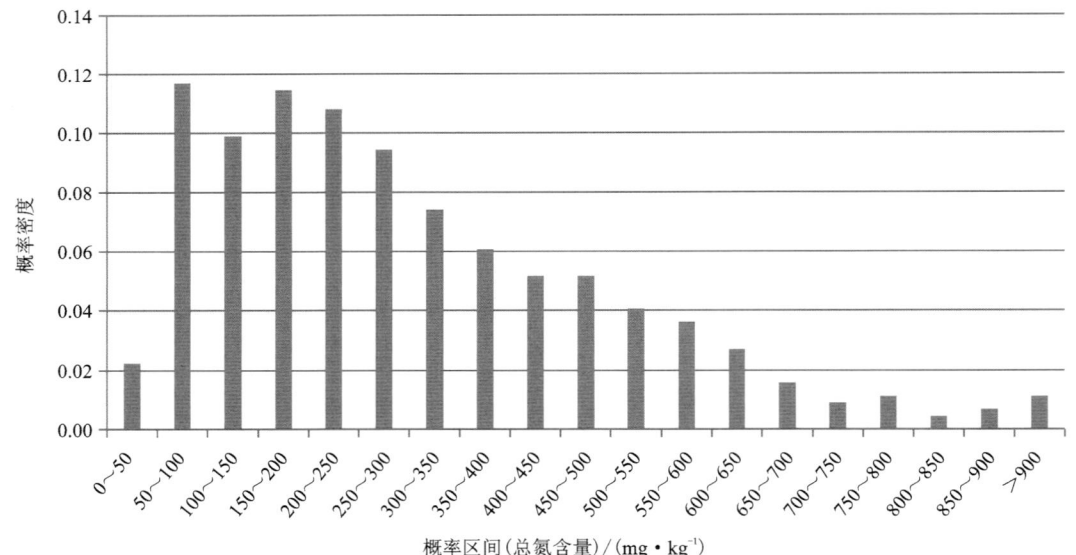

图 9-6 总氮含量概率分布

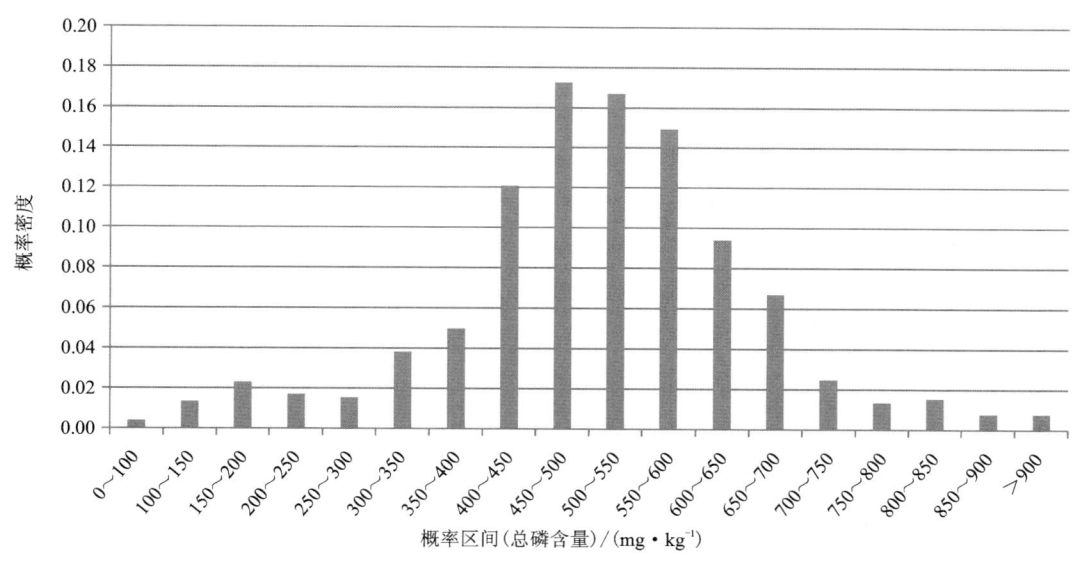

图 9-7 总磷含量概率分布

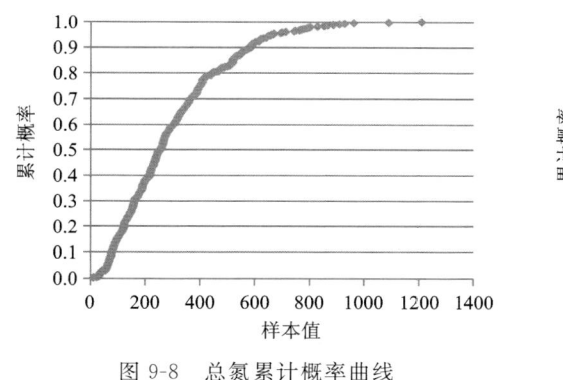

图 9-8 总氮累计概率曲线　　　　图 9-9 总磷累计概率曲线

暂以白洋淀底泥正常层累计概率95%对应的值作为分析评价的筛选值,具体取值见表 9-13。

表 9-13 总氮/总磷筛选值

名称	筛选值/(mg·kg^{-1})	备注
TN	600	95%对应值
TP	700	95%对应值

注：如设计对标准值有其他要求,可适当进行调整。

2) 重金属筛选值的选定

2002 年 11 月经河北省人民政府批准〔冀办字(2002)92 号〕正式成立白洋淀省级湿地自然保护区,故本次可供参考采用的 C_{in} 值(筛选值)包括《土壤环境质量　建设用地土壤污染风险管控标准(试行)》(GB 36600—2018),见表 9-14;《土壤环境质量　农用地土壤污染风险筛选值(试行)》(GB 15618—2018),见表 9-15;河北省《场地土壤风险筛选值》(征求意见稿),见表 9-16。

表 9-14 建设用地土壤污染风险筛选值和管制值

序号	污染物项目	编号	筛选值/(mg·kg^{-1})		管制值/(mg·kg^{-1})	
1	砷	7440-38-2	20	60	120	140
2	镉	7440-43-9	20	65	47	172
3	铬	18540-29-9	3.0	2.7	30	78
4	铜	7440-50-8	2000	18 000	8000	36 000
5	铅	7439-92-1	400	800	800	2500
6	汞	7439-97-6	8	38	33	82
7	镍	7440-02-0	150	900	600	2000
8	锌	—	—	—	—	—

表 9-15 农用地土壤污染风险筛选值

序号	污染物项目		风险筛选值			
			pH≤5.5	5.5<pH≤6.5	6.5<pH≤7.5	pH>7.5
1	镉	水田	0.3	0.4	0.6	0.8
		其他	0.3	0.3	0.3	0.6
2	汞	水田	0.5	0.5	0.6	1.0
		其他	1.3	1.8	2.4	3.4
3	砷	水田	30	30	25	20
		其他	40	40	30	25
4	铅	水田	80	100	140	240
		其他	70	90	120	170
5	铬	水田	250	250	300	350
		其他	150	150	200	250
6	铜	果园	150	150	300	200
		其他	50	50	100	100
7	镍		60	70	100	190
8	锌		200	200	250	300

第9章 环保疏浚岩土工程分析评价和成果报告编写

表9-16 场地土壤风险筛选值(河北)

序号	无机污染物			
	污染物	住宅用地	公园与绿地	工业/商服用地
1	镉	15	36	150
2	汞	10	10	14
3	砷	23	23	23
4	铅	400	400	1200
5	铬(Ⅵ)	20	20	500
6	铜	600	700	10 000
7	镍	50	80	300
8	锌	3500	5000	10 000

针对白洋淀的生态环境特征及其重要意义,暂采用《土壤环境质量 农用地土壤污染风险筛选值(试行)》pH≥7.5对应的各重金属风险筛选值作为分析评价的标准值。

4. 污染分层

1) 分层方法

通过观察钻探现场的岩芯样品,根据岩芯自上而下的颜色、气味、状态、包含物、岩性、土体结构等初步划分污染层、过渡层及正常土层。

根据室内化学检测结果形成污染物竖向分布曲线,结合现场分层结果、污染物竖向分布曲线、结合场地污染物分析评价筛选值最终确定污染层、过渡层和正常层的分层界限。

根据以上方法将藻苲淀污染底泥划分为污染层(W)、过渡层(G)和正常沉积层(Z)。

2) 污染层(W层)

污染层在水中颜色以灰黑色为主,岩性以淤泥质粉质黏土、淤泥为主。该层局部富含大量腐殖质、植物枝叶和根系富集,偶见螺壳,其沉积年代较新,水土交换性好,易对淀区水体产生内源污染。该层在陆地以黄褐色、灰色等颜色为主,局部为灰黑色,含有大量的植物根茎,受耕种、养殖等人为影响严重。该层污染程度较重,以氮、磷污染为主,暂未见重金属污染。污染物含量分析见表9-17,污染评价及重金属生态风险评价结果见表9-18~表9-20。

表 9-17 污染物含量统计分析(营养盐及重金属)　　　　单位:mg/kg

层号	统计指标	总氮	总磷	砷	锌	汞	铬	铜	铅	镉	镍
污染层	统计个数	244	215	289	289	267	289	289	289	289	274
	最大值	3 460.00	3 012.0	23.71	153.00	0.10	116.00	72.00	60.30	0.45	53.00
	最小值	940.00	469.00	2.76	45.70	0.00	28.00	11.11	15.50	0.05	21.00
	平均值	1 404.59	746.57	9.98	87.72	0.04	82.20	36.10	28.18	0.19	36.64
	C_v	0.28	0.24	0.30	0.20	0.25	0.17	0.27	0.22	0.21	0.17
过渡层	统计个数	108	116	129	129	120	129	129	129	129	129
	最大值	980.00	851.00	17.20	147.00	0.09	123.00	57.00	43.60	0.39	55.00
	最小值	340.00	164.00	3.25	47.40	0.01	40.00	14.00	11.60	0.04	21.00
	平均值	756.10	418.03	9.53	81.34	0.04	79.74	32.76	25.43	0.14	37.19
	C_v	0.25	0.23	0.24	0.22	0.26	0.20	0.27	0.24	0.25	0.19
正常层	统计个数	85	86	93	93	86	93	93	93	93	93
	最大值	690.00	578.00	19.80	103.00	0.10	106.00	50.00	36.60	0.36	52.00
	最小值	140.00	24.00	4.16	44.90	0.01	34.00	13.00	12.50	0.05	22.00
	平均值	364.82	301.62	8.98	69.46	0.04	72.77	27.69	21.67	0.12	34.15
	C_v	0.29	0.21	0.24	0.22	0.24	0.23	0.23	0.27	0.24	0.23

第9章 环保疏浚岩土工程分析评价和成果报告编写

表 9-18 有毒有害有机物统计分析表　　　　　　　　　　单位:mg/kg

孔号	项目	含量						
	指标	α-六六六	γ-六六六	β-六六六	δ-六六六	P,P'-滴滴伊	O,P'-滴滴涕	P,P'-滴滴滴
ZZ2-163 ZZ2-209 ZZ2-182	含量	$<0.49\times10^{-4}$	$<0.74\times10^{-4}$	$<0.80\times10^{-4}$	$<0.18\times10^{-3}$	$<0.17\times10^{-3}$	$<1.90\times10^{-3}$	$<0.48\times10^{-3}$
ZZ2-171 ZZ2-213 ZZ2-221	指标	P,P'-滴滴涕	PCBs 多氯联苯	2,4--二甲基苯酚	萘	敌敌畏	1-甲基萘	2-甲基萘
ZZ2-159 ZZ2-90	含量	$<4.87\times10^{-3}$	<2.5 (ug/kg)	<0.01	<0.01	<0.01	<0.01	<0.01
ZZ2-93 ZZ2-44 ZZ2-66	指标	苊烯	苊	芴	菲	蒽	甲基对硫磷	马拉硫磷
ZZ2-46 ZZ2-28 ZZ2-96	含量	<0.01	<0.01	<0.01	<0.01	<0.01	<0.01	<0.01
ZZ2-102 ZZ2-126 ZZ2-148	指标	荧蒽 (mg/kg)	芘	苯并(a)蒽	䓛	苯并(b)荧蒽(mg/kg)	苯并(k)荧蒽	7,12-二甲基苯并[a]蒽
ZZ2-243 ZZ2-88	含量	<0.01	<0.01	<0.01	<0.01	<0.01	<0.01	<0.01
ZZ2-111 ZZ2-176 ZZ2-220	指标	苯并(a)芘	3-甲基胆蒽	茚并[1,2,3-cd]芘	二苯并[a,h]蒽	苯并[g,h,i]苝		
	含量	<0.01	<0.01	<0.01	<0.01	<0.01		

表 9-19　底泥内梅罗污染指数计算评价表　　　　　单位:mg/kg

层号	统计指标	总氮	总磷	砷	锌	汞	铬	铜	铅	镉	镍
污染层	平均值	1 404.59	746.57	9.71	87.14	0.05	82.41	35.90	27.92	0.19	36.64
	S_i	600	700	20	300	1	350	100	240	0.8	190
	PI	2.34	1.07	0.49	0.29	0.05	0.24	0.36	0.12	0.24	0.19
	$PI_{均}$	1.70									
	$PI_{最大}$	2.34									
	PN	2.05									
	污染等级	中度污染									
过渡层	平均值	756.10	418.03	9.53	81.34	0.04	79.74	32.76	25.43	0.14	37.19
	S_i	600	700	20	300	1	350	100	240	0.8	190
	PI	1.26	0.60	0.48	0.27	0.04	0.23	0.33	0.11	0.18	0.20
	$PI_{均}$	0.93									
	$PI_{最大}$	1.32									
	PN	1.11									
	污染等级	轻度污染									
正常层	平均值	364.82	301.62	8.98	69.46	0.04	72.77	27.69	21.67	0.12	34.15
	S_i	600	700	20	300	1	350	100	240	0.8	190
	PI	0.61	0.43	0.45	0.23	0.04	0.21	0.28	0.09	0.15	0.18
	$PI_{均}$	0.52									
	$PI_{最大}$	0.61									
	PN	0.57									
	污染等级	清洁									

表 9-20 底泥重金属潜在生态风险指数及生态风险程度评价表　　　　单位：mg/kg

层号	统计指标	砷	锌	汞	铬	铜	铅	镉	镍
污染层	平均值	9.98	87.72	0.04	82.20	36.10	28.18	0.19	36.64
	T_i^r	10	1	40	2	5	5	30	5
	C_n^i	15	100	0.15	90	35	35	0.2	40
	C_f^i	0.67	0.88	0.29	0.91	1.03	0.81	0.97	0.92
	E_r^i	6.65	0.88	11.65	1.83	5.16	4.03	28.96	4.58
	风险程度	低风险	低风险	低风险	低风险	低风险	低风险	低风险	低风险
	RI	63.74							
	生态风险程度	低风险							
过渡层	平均值	9.53	81.34	0.04	79.74	32.76	25.43	0.14	37.19
	T_i^r	10	1	40	2	5	5	30	5
	C_n^i	15	100	0.15	90	35	35	0.2	40
	C_f^i	0.64	0.81	0.27	0.89	0.94	0.73	0.71	0.93
	E_r^i	6.35	0.81	10.76	1.77	4.68	3.63	21.28	4.65
	风险程度	低风险	低风险	低风险	低风险	低风险	低风险	低风险	低风险
	RI	53.94							
	生态风险程度	低风险							
正常层	平均值	8.98	69.46	0.04	72.77	27.69	21.67	0.12	34.15
	T_i^r	10	1	40	2	5	5	30	5
	C_n^i	15	100	0.15	90	35	35	0.2	40
	C_f^i	0.60	0.69	0.26	0.81	0.79	0.62	0.60	0.85
	E_r^i	5.99	0.69	10.47	1.62	3.96	3.10	18.03	4.27
	风险程度	低风险	低风险	低风险	低风险	低风险	低风险	低风险	低风险
	RI	48.12							
	生态风险程度	低风险							

3) 过渡层(G 层)

过渡层颜色以灰褐色—灰色为主,局部灰黑色,多呈软塑—可塑状,土质以淤泥质粉质黏土、粉质黏土为主,局部区域存在粉土。该层含有少量有机质和植物根系,与污染层之间的界线较为明显。该层污染程度较轻,且污染物以氮/磷为主,未见重金属污染。

4) 正常层(Z 层)

正常沉积层颜色多为黄褐色、褐黄色,岩性以粉质黏土、粉土(局部粉砂)为主,局部可见少量植物根系,污染物含量低,由白洋淀生态、水质环境良好的年代沉积形成。本层与 G 层之间的界线明显,基本未受污染影响,属尚清洁。

5. 底泥污染程度的分析与评价

1) 底泥污染物含量统计分析

对污染层、过渡层、正常层污染物含量剔除异常值(三倍标准差)后进行统计分析,结果见表 9-18 污染物含量统计分析(营养盐及重金属)和表 9-19 污染物含量统计分析(有毒有害有机物)。

对 22 个取样点的 16 类 33 种有毒有害有机物进行检测,检测结果分析见表 9-19。

根据河北省《场地土壤风险筛选值》(征求意见稿)确定的筛选值,33 种有毒有害有机物在底泥中的含量均低于筛选值,故不作进一步深入分析。

2) 底泥污染程度评价

通过对白洋淀淀区及入湖河口的取样试验成果的全面分析,结合各土层内梅罗污染指数及重金属潜在生态风险指数及生态风险程度评价的成果,本次勘探区域内分析的污染物质包括营养盐 TN(总氮)、TP(总磷)和重金属 Cd(镉)、Zn(锌)、Cu(铜)、Pb(铅)、Cr(铬)、As(砷)、Hg(汞),结合勘察区域污染物质的总体平面、竖向分析结果,勘察区域污染物的分布及污染程度有以下特点:

(1) 底泥内梅罗污染指数计算结果表明,淀区底泥污染层总体属中度污染,过渡层属轻度污染,正常层属清洁,具体见表 9-20。底泥重金属潜在生态风险指数及生态风险程度计算结果表明:污染层、过渡层及正常层重金属生态风险均属于低风险,具体见表 9-21。

(2) 勘探区域污染层以 TN(总氮)和 TP(总磷)污染为主,且氮、磷污染物质的含量从污染层到正常层逐渐减少,从上向下衰减明显。藻苲淀底泥总氮含量最大超标 4.7 倍,平均超标 1.33 倍;总磷含量最大超标 4.02 倍,平均超标 0.17 倍。

(3) 藻苲淀污染层底泥重金属污染物含量均较低(低于筛选值),生态风险也较低,目前的勘察钻孔中暂未发现某类重金属明显超标。

(4) 过渡层污染物以 TN(总氮)和 TP(总磷)为主,重金属含量较低,过渡层污染程度总体为轻度污染。

6. 污染底泥的分布特征分析

1) 底泥污染层的厚度分布特征

污染层(W 层)的底泥厚度变化范围为 0.20~1.20m,平均厚度 0.41m;层底高程变化范围为 2.22～9.88m,平均底高程 5.88m。

2)底泥污染物的水平分布特征

根据前述分析结果,勘察区域内主要污染物质为营养盐 TN,TP,藻苲淀底泥重金属污染含量不超标,故重金属分布特征不作为分析重点。营养盐水平分布特征见以下分析:

(1)营养盐 TN(总氮)。藻苲淀底泥总氮含量富集最高的区域为主要为中部有水区域,区域性较明显,属重度污染区域,其他区域的总氮含量稍低,污染程度降低,但含量也不同程度超标。

(2)营养盐 TP(总磷)。藻苲淀总磷含量富集程度总体较低,区域性较明显,属中度—轻度污染,超标量较少,仅局部区域发现高度富集,属超标严重。

3)底泥污染物的垂直分布特征分析

勘察区域各取样点底泥的污染程度一般随深度增大而逐渐减小,主要污染物含量随深度增大有以下变化特征:

(1)藻苲淀底泥中的总氮随深度增加,含量由污染层向过渡层、正常层逐渐减小,递减规律明显。

(2)藻苲淀底泥中的总磷随深度增加,含量由污染层向过渡层、正常层逐渐减小,递减规律明显。

(3)藻苲淀底泥重金属含量随深度增加,在污染层、过渡层及正常层中的含量变化不明显。典型钻孔总氮、总磷含量随深度的变化情况见图 9-10～图 9-15。

(4)根据经验有毒有害有机物的分布主要在底泥的表层,但藻苲淀底泥的表层亦未检测到有毒有害有机物超标,故对其垂向分布不作进一步深入分析。

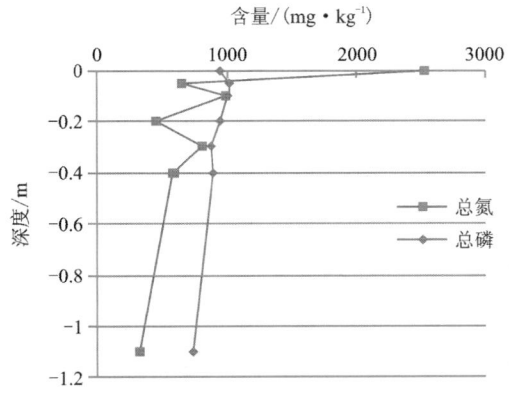

图 9-10　钻孔 ZZ2-125 总氮、总磷纵向分布

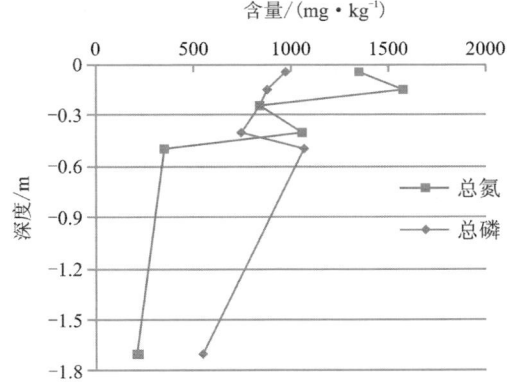

图 9-11　钻孔 ZZ2-210 总氮、总磷纵向分布

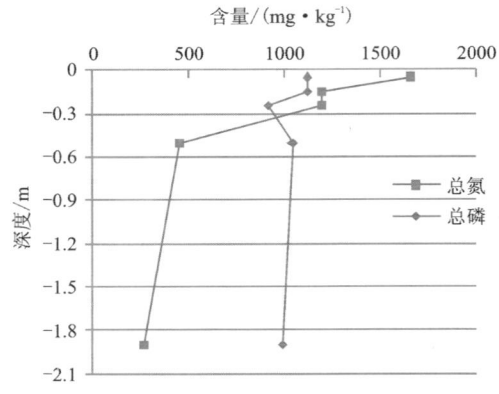

图 9-12 钻孔 ZZ2-229 总氮、总磷纵向分布

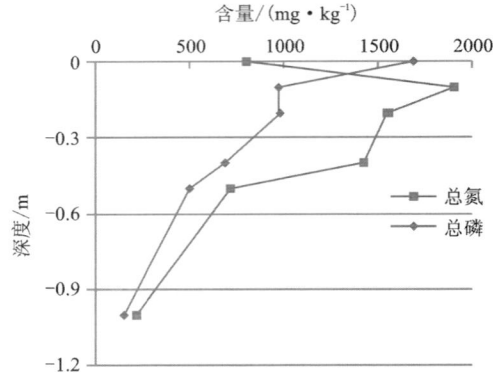

图 9-13 钻孔 ZZ2-208 总氮、总磷纵向分布

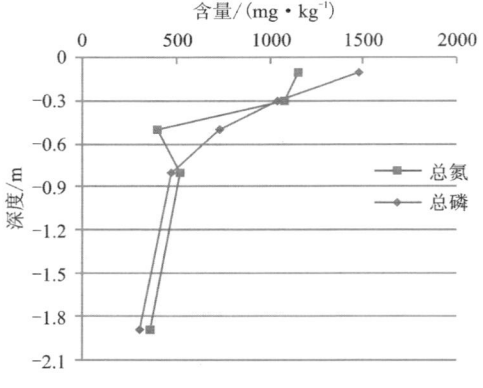

图 9-14 钻孔 ZZ3-9 总氮、总磷纵向分布

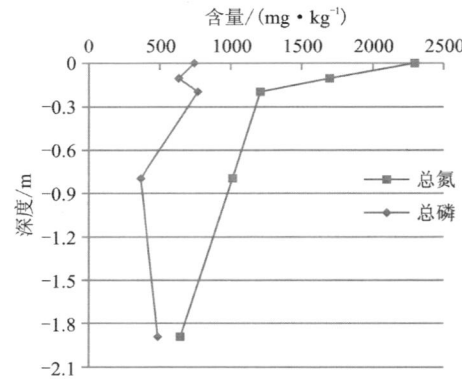

图 9-15 钻孔 ZZ2-198 总氮、总磷纵向分布

7. 污染底泥的三维建模分析

采用地质三维建模软件（Rockworks），以藻苲淀勘察取样位置、污染层和过渡层的层顶深度、层底深度等数据建立污染底泥三维地质模型，对污染土层的厚度、污染底泥的水平分布及垂向分布等进行了全面分析，并初步估算污染底泥的污染土方量。具体区域的疏浚土方量可根据后续确定的边界坐标及三维模型计算。

分析结果表明，污染层厚度平均约为 0.41m，局部污染层厚度稍大，水下地形总体较平坦，局部地形稍有起伏。

藻苲淀污染底泥三维模型见图 9-16，污染底泥工程量初步估算见表 9-21。

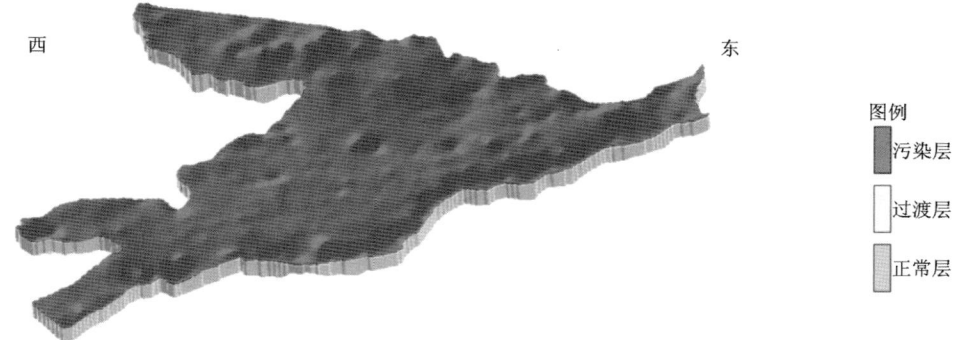

图 9-16 藻苲淀污染底泥三维模型

表 9-21 藻苲淀污染底泥工程量初步估算表

序号	方法	工程量/万 m³
1	反距离差值法	2 767.8
2	克里金差值法	2 836.6
初步建议工程量:2 802.2 万 m³		

9.6.11 结论与建议

1. 结论

(1)根据区域地质资料,经现场勘察揭露,勘探深度范围内自上而下依次如下:
①第四系全新统人工填土层(Qh^{ml})。①-1 素填土、①-2 耕土。
②第四系全新统冲洪积层(Qh^{al+pl})。②-1 粉质黏土、②-2 粉土、②-3 粉砂。
③第四系全新统冲湖积层(Qh^{al+l})。③-1 淤泥、③-2 淤泥质粉质黏土、③-3 粉质黏土、③-4 粉土、③-5 粉砂、④-1 粉质黏土、④-2 粉土、④-3 粉砂、⑤-1 粉质黏土、⑤-2 粉土、⑤-3 粉砂。

(2)本次勘察区域内底泥按其污染程度自上而下分为污染层、过渡层和正常层。污染层(W层)污染程度总体属中度污染,主要污染物为 TN(总氮)、TP(总磷),重金属及有毒有害有机物暂未见超标。底泥总氮及总磷含量自上而下逐渐降低,衰减规律明显,重金属竖向分布变化较小,暂未发现明显规律。

(3)藻苲淀底泥的二氧化硅含量平均为 58.26%,三氧化二铝平均含量为 14.43%,氧化钙平均含量为 4.15%。底泥的种植土物理化学指标如 pH 值、有机质含量、质地均符合规范主控指标要求,仅含盐量少量超过标准要求。

(4)本场地环境水在长期浸水条件下,除个别孔位(BX061 和 BX065)的水质分析结果按环境类型水和土对混凝土结构的腐蚀性为弱之外,其他孔位水质腐蚀性均为微,具体见表 9-9。

(5)根据《建筑抗震设计规范(附条文说明)》(GB 50011—2010),本场地抗震设防烈度为

7度,第二组,设计基本地震加速度值为0.10g。

(6)各岩土层的疏浚岩土工程特性及分级、管道输送适宜性分析评价结果详见表3-1。

2. 建议

(1)本次勘察为主要藻苲淀底泥状况初步调查,成果可为白洋淀环保疏浚方案设计、试点区的选择提供参考,要进一步论证污染底泥疏挖的必要性、疏挖厚度等,需进行底泥吸附-解吸试验等并结合淀区不同区域的水质、水域用途等综合确定。

(2)淀区芦苇、荷花、水草等各种植物生长茂盛,建议进行环保疏浚方案设计时,宜考虑该因素的影响,提前采取措施,避免这些因素对铰刀疏浚效率的影响,提高生产率。

(3)依据本次钻探、各岩土层的物理力学指标、污染物指标统计分析及评价结果,污染层(W层)总体属中度污染,应清除,建议疏挖至污染层(W层)底界面。

主要参考文献

陈尚士,程瑾,2012.环保疏浚污染底泥勘察与评价[J].城市建设理论研究(36):1-5.

程瑾,张云冬,赵海涛,2017.浅探水体下底泥环保疏浚岩土工程勘察中的关键技术[C]//中国第五届国际疏浚技术发展会议.北京:中国疏浚协会.

戴国华,刘新会,2011.影响沉积物-水界面持久性有机污染物迁移行为的因素研究[J].环境化学,30(1):224-230.

丁涛,田英杰,刘进宝,等,2015.杭州市河道底泥重金属污染评价与环保疏浚深度研究[J].环境科学学报,35(3):911-917.

范成新,张路,2008.污染水体底泥环保疏浚深度的确定方法:CN200810023224.9[P].2008-04-03.

范成新,钟继承,张路,等,2020.湖泊底泥环保疏浚决策研究进展与展望[J].湖泊科学,32(5):24.

《工程地质手册》编委会,2018.工程地质手册[M].北京:中国建筑工业出版社.

龚春生,2007.城市小型浅水湖泊内源污染及环保清淤深度研究[D].南京:河海大学.

何伟,商景阁,周麒麟,等,2013.淀山湖底泥生态疏浚适宜深度判定分析[J].湖泊科学,25(4):471-477.

胡开明,王水,逢勇,2014.太湖不同湖区底泥悬浮沉降规律研究及内源释放量估算[J].湖泊科学.26(2):191-199.

胡小贞,金相灿,卢少勇,等,2009.湖泊底泥污染控制技术及其适用性探讨[J].中国工程科学,11(9):28-33.

姜霞,王秋娟,王书航,2011.太湖沉积物氮磷吸附/解吸特征分析[J].环境科学,32(5):1285-1291.

姜霞,王雯雯,王书航,等,2012.竺山湾重金属污染底泥环保疏浚深度的推算[J].环境科学,33(4):1189-1197.

金相灿,李进军,张晴波,2016.湖泊河流环保疏浚工程技术指南[M].北京:科学出版社.

李宝,丁士明,范成新,等,2008.滇池福保湾底泥内源氮磷营养盐释放通量估算[J].环境科学,29(1):114-120.

李耀睿,2016.颤蚓生物扰动对水-沉积物界面附近理化特征的影响[D].长春:吉林大学:45-47.

刘德启,2005.富营养化水体生态修复效果识别研究[D].上海:华东师范大学.

龙佳,张宁,崔佳,2018.黑臭水体底泥污染源调查及污染特性评价方法研究[J].环境保护工程(6):171-173.

陆海建,邓一荣,邓达义,等,2021.城市地块土壤重金属污染及感应电磁阀与高密度电阻率法分析[J].华南师范大学学报:自然科学版,53(6):15-22.

吕广阔,徐吉平,李志豪,2022.生态清淤污染底泥调查及风险分析评价方法[J].价值工程,41(35):137-139.

马永刚,程瑾,励彦德,等,2020.氮、磷吸附/解吸法确定环保疏浚深度方法探讨:以太原汾河示范段为例[J].环境工程技术学报,10(3):392-399.

马永刚,吕士东,赵海涛,等,2020.一种利用氮磷吸附解吸法确定河湖底泥疏浚深度的方法:CN202010111904.7[P]2020-02-24.

梅明,文磊,戚俊磊,等,2016.河流底泥重金属形态分析及污染评价方法综述[J].价值工程,35(9):8-11.

梅晓庆,王帅,2019.关于山美水库环保疏浚范围和厚度确定方法的探讨[J].珠江水运(17):4.

孟令顺,杜晓娟,傅维洲,等,2012.地球物理勘探教程[M].北京:地质出版社.

宋倩文,2013.太湖沉积物磷形态空间分布的研究及其环保疏浚范围的确定[D].哈尔滨:东北林业大学.

王奎华,2016.岩土工程勘察[M].北京:中国建筑工业出版社.

王雯雯,2012.基于无机污染物风险分级的太湖污染底泥环保疏浚范围的确定方法研究[D].北京:中国环境科学研究院.

王学松,秦勇,2006.徐州城市表层土壤中重金属环境风险测度与源解析[J].地球化学,35(1):88-94.

吴时国,张建,等,2017.海洋地球物理探测[M].北京:科学出版社.

吴莹,2021.湖泊底泥环保疏浚技术研究展望[J].低碳世界,11(4):27-28.

吴永红,胡俊,金向东,等,2005.滇池典型湖湾沉积物氮磷化学特性及疏浚层推算[J].环境科学,26(4):77-82.

解兴春,白梅,李应飞,等,2022.底泥重金属污染评价方法对比分析:以云南某地河流、湖泊为例[J].环境科学导刊,41(2):79-85+89.

邢雅囡,阮晓红,赵振华,2006.城市河道底泥疏浚深度对氮磷释放的影响[J].河海大学学报:自然科学版,34(4):378-382.

羊向东,陈旭,2012.巢湖营养蓄积历史及对富营养化过程影响定量研究[M]//范成新,汪家权,羊向东,等.巢湖磷本底影响及其控制.北京:中国环境科学出版社.

张更生,赵海涛,程瑾,2012.太湖竺山湖环保疏浚土污染程度及特征评价分析[J].工程勘察,40(8):5.

张红,陈敬安,2015.贵州红枫湖底泥磷释放的模拟实验研究[J].地球与环境,43(2):243-251.

张亮,2013.典型小河流不同水力特征区沉积物氮磷污染及吸附-解吸特征模拟:以巢湖十五里河为例[D].安徽:合肥工业大学.

张思锋,刘晗梦,2010.生态风险评价方法述评[J].生态学报,30(10):2735-2744.

张鑫,张彬,齐彦博,2020.河湖污染底泥环保疏浚设计深度研究[J].水运工程(1):6-10.

张云冬,程瑾,等,2022.基于统计分析的土壤总氮与总磷参比值确定方法研究与应用[J].中国疏浚,45(2):34-38.

张云冬,程瑾,刘西平,马永刚,2017.疏浚吹填高程预测系统[J].水运工程,533(8):72-76.

张云冬,程瑾,张勇,2018.Rockworks软件在环保疏浚岩土勘察中的应用[C]//中国首届"与自然和谐"国际水环境生态建设技术发展会议.北京:中国疏浚协会.

赵海涛,程瑾,付浩,等,2012.滇池宝丰湾疏浚区底泥污染程度评价及环保疏浚深度的确定[J].环境监测管理与技术,24(2):6.

中国科学院南京地理与湖泊研究所,2005.太湖重污染区底泥环保疏浚与生态重建方案研究报告[R].南京:中国科学院南京地理与湖泊研究所.

周健,刘文白,贾敏才,2004.环境岩土工程[M].北京:人民交通出版社:45-78.

周小宁,姜霞,金相灿,等,2007.太湖梅梁湾沉积物磷的垂直分布及环保疏浚深度的推算[J].中国环境科学,27(4):445-449.

朱锐,李林泽,刘飞,2020.江阴城区河道沉积物氮磷吸附(解吸)特征分析[J].水利水电快报,41(7):49-53.

朱毅伟,2023.山美水库底泥环保疏浚深度推算分析[J].地下水,45(2):249-250+285.

朱月珍,1992.中国土壤中元素的地域背景值[J].中国环境监测,8(3):21-24.

CERMEL J B, BERTUZZI A, FAGANELI J, 1997. Modeling of pore water nutrient distribution and nuxes in sIlallow coastal waters (gulf of Trieste, northern Adriatic)[J]. Water, Air and Soil Pollution(99): 435-444.

DING T, TIAN Y J, LIU J B, et al., 2015. Calculation of the environmental dredging depth for removal of river sediments contaminated by heavy metals[J]. Environmental Earth Sciences,74(5): 4295-4302.

GUVEN D E, AKINCI G, 2013. Effect of sediment size on bioleaching of heavy metals from contaminated sediments of Izmir Inner Bay[J]. Journal of Environmental Sciences(9): 70-80.

HAKANSON L,1980. An ecological risk index for aquatic pollution control. A sedimentological approach[J]. Water Research,14(8): 975-1001.

JACOBSEN B N, ARVIN E, REINDERS M,1996. Factors affecting sorption of pentachlorophenol to suspended microbial biomass[J]. Water Research,30(1): 13-20.

LIU C, SHAO S G, SHEN Q S, et al.,2015. Use of multi-objective dredging for remediation of contaminated sediments: A case study of a typical heavily polluted confluence area in China[J]. Environmental Science and Pollution Research,22(22): 17839-17849.

LIANG Z, LIU Z, ZHEN S, et al.,2015. Phosphorus speciation and effects of environmental factors on release of phosphorus from sediments obtained from Taihu Lake, Tien Lake and East Lake[J]. Toxicological & Environmental Chemistry Reviews, 97(3): 335-348.

MORGAN E J, LOHMANN R, 2008. Detecting air-water and surface deep water gradients of PCBs using polyethylene passive samplers[J]. Environmental science & technology, 42(19): 7248-7253.

PANG Y, YAN R R, YU Z B, et al., 2008. Suspension-sedimentation of sediment and release amount of internal load in Lake Taihu affected by wind[J]. Huanjing Kexue, 29(9): 2456-2464.

STROM D, SIMPSON S L, BATLEY G E, et al., 2011. The influence of sediment particle size and organic carbon on toxicity of copper to benthic invertebrates in oxic/suboxic surface sediments[J]. Environmental Toxicology & Chemistry, 30(7): 1599-1610.